海外中国研究丛书

—

到中国之外发现中国

大萧条时期的中国

市场、国家与世界经济（1929—1937）

［日］城山智子 著
孟凡礼 尚国敏 译 唐磊 校

CHINA DURING THE GREAT DEPRESSION

Market, State, and the World Economy, 1929—1937

江苏人民出版社

图书在版编目(CIP)数据

大萧条时期的中国:市场、国家与世界经济(1929—1937)/(日)城山智子著;孟凡礼,尚国敏译. --南京:江苏人民出版社,2021.10(2022.1 重印)

(海外中国研究丛书/刘东主编)

书名原文:*China during the Great Depression: Market, State, and the World Economy, 1929 - 1937*

ISBN 978 - 7 - 214 - 25537 - 2

Ⅰ.①大… Ⅱ.①城… ②孟… ③尚… Ⅲ.①经济史-研究-中国-民国 Ⅳ.①F129.6

中国版本图书馆 CIP 数据核字(2021)第 038847 号

China during the Great Depression: Market, State, and the World Economy, 1929 - 1937 by Tomoko Shiroyama, was first published by the Harvard University Asia Center, Cambridge, Massachusetts, USA, in 2008. Copyright © 2008 by the President and Fellows of Harvard College. Translated and distributed by permission of the Harvard University Asia Center.

Simplified Chinese edition copyright © 2010 by Jiangsu People's Publishing House. All rights reserved.

江苏省版权局著作权合同登记号:图字 10 - 2009 - 126 号

书　　名　大萧条时期的中国:市场、国家与世界经济(1929—1937)
著　　者　[日]城山智子
译　　者　孟凡礼　尚国敏
校　　者　唐　磊
责任编辑　王　田
特约编辑　刘沁秋
出版发行　江苏人民出版社
地　　址　南京市湖南路 1 号 A 楼,邮编:210009
照　　排　江苏凤凰制版有限公司
印　　刷　苏州市越洋印刷有限公司
开　　本　652 毫米×960 毫米　1/16
印　　张　22.25　插页 4
字　　数　250 千字
版　　次　2021 年 10 月第 2 版
印　　次　2022 年 1 月第 2 次印刷
标准书号　ISBN 978 - 7 - 214 - 25537 - 2
定　　价　78.00 元

(江苏人民出版社图书凡印装错误可向承印厂调换)

序“海外中国研究丛书”

中国曾经遗忘过世界，但世界却并未因此而遗忘中国。令人嗟讶的是，20世纪60年代以后，就在中国越来越闭锁的同时，世界各国的中国研究却得到了越来越富于成果的发展。而到了中国门户重开的今天，这种发展就把国内学界逼到了如此的窘境：我们不仅必须放眼海外去认识世界，还必须放眼海外来重新认识中国；不仅必须向国内读者迻译海外的西学，还必须向他们系统地介绍海外的中学。

这个系列不可避免地会加深我们150年以来一直怀有的危机感和失落感，因为单是它的学术水准也足以提醒我们，中国文明在现时代所面对的绝不再是某个粗蛮不文的、很快就将被自己同化的、马背上的战胜者，而是一个高度发展了的、必将对自己的根本价值取向大大触动的文明。可正因为这样，借别人的眼光去获得自知之明，又正是摆在我们面前的紧迫历史使命，因为只要不跳出自家的文化圈子去透过强烈的反差反观自身，中华文明就找不到进入其现代形态的入口。

当然，既是本着这样的目的，我们就不能只从各家学说中筛选那些我们可以或者乐于接受的东西，否则我们的“筛子”本身就可能使读者失去选择、挑剔和批判的广阔天地。我们的译介毕竟还只是初步的尝试，而我们所努力去做的，毕竟也只是和读者一起去反复思索这些奉献给大家的东西。

刘　东

献　给

我的父母

佐々波洋子

佐々波秀彦

致　谢

许多人在本研究项目的不同阶段提供过友善的帮助。在哈佛大学，我的指导老师孔飞力（Philip Kuhn）教授热情地接纳我做他的研究生，并鼓励我将这一主题写成一本书。柯伟林（William Kirby）教授慷慨地与我分享他关于19世纪至今中国经济和国家地位的思考。在东京大学，当我走进滨下武志先生的办公室向他咨询毕业选题时，我便开始了作为历史学者的训练。从那时起，他就一直是令我受益无穷的老师和批评者。斯波义信和岸本美绪以他们对材料的缜密解读和对证据的细心分析，为我提供了优秀中国史学者的榜样。在南京大学，茅家琦先生督导我的研究。随后，严学熙指点我无锡缫丝业的重要特征，并安排我到南通去调研。上海社会科学院的黄汉民和沈祖炜非常慷慨地与我分享他们关于上海经济的高深学识。

在为本书收集材料时，我受益于许多图书馆和档案馆以及那里工作人员的帮助。在中国，我从中国第二历史档案馆、江苏省档案馆、上海市档案馆、南通市档案馆、南京大学图书馆和上海市图书馆收集了很多重要资料。在日本,东京大学东洋文化研究所图书馆、东洋文库、外务省外交史料馆、一桥大学经济研究所图书馆的馆员都为我提供了帮助。在美国,哈佛燕京图书馆、哈佛商学院贝克图书馆、哥伦比亚大学善本和手稿图书馆以及胡佛研究所图书馆和档案馆为我提供了专业支持,找到了与我的研究密切相关的文献。在英国,国家档案馆和汇丰银行集团档案馆为我提供了舒适的研究环境和热情周到的帮助。

我在哈佛大学的研究经费来自富布赖特计划和日本亚洲研究学会。博士后奖学金、海外研究奖学金、日本学术振兴会科学研究费补助金以及松下国际财团助成金,使我得以前往中国、美国和英国进行我的研究。

我要感谢老师、同事和朋友们的评论、建议和支持。要特别感谢杉原薰热心地在他宝贵的年假里阅读了我的全部手稿。在我定稿准备出版之时,琳达・格罗夫(Linda Grove)给了我非常有价值的意见。秋田茂、程麟荪、高家龙(Sherman Cochran)、远藤健、葛凯(Karl Gerth)、安克强(Henriot Christian)、笼谷直人、久保亨、松浦正孝、林满红、田所昌幸和韦立德(Tim Wright)诸人都对手稿初稿提了意见。感谢章力(音,Chang Li)、陈熙远、保罗・吉姆(Paul Kim),在我的研究生学年中,给予了我智力和精神上的支持。有白梅瑞(Mary Buck)、梅尔清(Tobie Meyer-Fong)做伴,我在南京度过了很多快乐的日子。我在一桥大学和从前北海道大学的同事们也以各种方式支持了本书的研究和写作。在他们之中,我要特别感谢江夏由树对我的热情鼓励。

本书的部分内容曾以"负债中的公司:长江三角洲地区纺织工业的财务安排"为题,发表于曾小萍(Madeleine Zelin)、欧中坦(Jonathan K. Ocko)和罗伯特・贾德拉(Robert P. Gardella)主编的《近代早期中国的合同与产权》(*From Contract and Property in Early Modern China*,斯坦福:斯坦福大学出版社,2004 年版,页 298—326)一书;以及以"20 世纪中国与国际货币体系的关系:历史分析与当代意义"为题,发表于秋田茂和尼古拉斯·怀特(Nicholas White)主编的《1930 年代至 1950 年代的亚洲国际秩序》(*International Order of Asia in the 1930s and 1950s*,伦敦:Ashgate,2010 年版)一书。感谢他们允许我再次印行这些章节。

最后,我无法表达我是多么感谢我的家人。我的父母,佐々波洋子、佐々波秀彦,一直赞成我从事职业学术研究,并给予我所需要的任何帮助。这里,谨以此书献给他们。特别是作为一个经济学家,我的母亲佐々波洋子与我分享了她对市场经济动力的洞见。尽管书中未曾提及,整部书中她的影响都是显而易见的。在起伏不定的写作过程中,我的丈夫城山英明给了我自始至终的鼓励。能够在最终完成这部书之际,表达我对他的深深感激,我感到非常幸福。

T. S.(城山智子)

目　录

图表目录

导 论

1929 年 10 月 24 日，星期四，纽约股票市场崩盘。这个被称为“黑色星期四”的事件标志着后来被称为“大萧条”的空前经济危机的开始。

这一灾难是全球性的，其影响至为深远，世界上任何经济体想要避开严重的衰退几乎都是不可能的。华尔街的崩溃引发金融危机，接着便是美国贷款政策告败。通货紧缩经由国际金融链条逐国蔓延，这些国家的购买力也随之下降。国际贸易因此低迷，并且促使美国和其他工业国家采取保护主义，而这只能导致对发展中地区初级产品生产国压力的增加。接连不断的困难和收支平衡恶化引发拉美(1931)、中欧(1932)和德国(1933)的债务拖欠，这种情况对诸如美国、英国等债权国带来损害，也令世界经济陷入日益深刻的危机之中。①

---

① 参见艾肯格林(Eichengreen)：《黄金铸镣：金本位和大萧条(1919—1939)》(*Golden Fetters: The Gold Standard and the Great Depression, 1919—1939*)，牛津大学出版社，1992 年版，页 12—21。另见艾肯格林的“大衰退的起因与特性再研究”[The Origins and Nature of the Great Slump Revisited，载《经济史评论》(*Economic History Review*)第 45 卷第 2 号(1992 年 5 月)]一文对近来研究成果的述评。不少研究著作都揭示了通货紧缩的冲击如何通过国际调解而被转移到外国，结果，其他国家购买力下降并迫使各国政府调整其货币、金融及贸易政策。到 1928 年夏天，这场危机的征兆已经很明显了。注意到金融市场的投机行为把生产资金抽走，美联储开始倾向从紧的货币政策。接踵而至的国内利率上升使美国减少(转下页)

中国如何渡过这场全球经济危机呢？我在本书中不仅要去呈现中国如同其他国家一样未能免于此次全球经济衰退的灾难性后果，而且还要提供一个新的视角去理解现代中国历史以及大萧条如何改变现代世界经济。① 一方面，大萧条是现代中国形成过程的分水岭，而这一点常被现有的研究中国现代史的文献所忽
1 略。② 当通货紧缩压力以一种不寻常的方式冲击中国经济时，中

（接上页）了对外贷款，使欧洲和拉美的对美债务国的国际收支状况变得更糟。为了应对上述压力，这些国家制定了严格的货币和财政条例来保护本国通货，以便继续偿还本国债务的利息和本金。艾肯格林总结指出两次大战间的萧条是一个全球性现象而非仅仅是美国的问题，这一点已经得到广泛认同。近来研究的另一特征是它们都关注政府间在财政和货币政策上的合作，由金本位联系起来的国民经济使这种合作成为必要。对国际合作的强调实际是对此前国际货币体系的标准评估隐约提出了批评，该体系突出大英帝国的领导角色。这方面研究，金德尔伯格（Charles P. Kindleberger）的《大萧条下的世界（1929—1939）》（*World in Depression, 1929—1939*，修订版，伯克利：加利福尼亚大学出版社，1986 年版）堪称经典。

① 据我所知，这是目前第一本研究大萧条时期中国经历的著作。1950 年，经济学者杨学昌（音译，Sueh-Chang Yang）曾在“中国的萧条与其后的复苏（1931—1936）”（China's Depression and Subsequent Recovery, 1931—1936: An Inquiry into the Applicability of the Modern Income-Determination Theory，博士论文，哈佛大学，1950）一文中对此问题进行细致研究，他深入考察了白银流动对国内金融市场流动性的影响，以及农村购买力变化对城市经济的影响。不过，杨的分析中缺少对中国金融市场同世界白银市场相联系的制度设置的考察，也缺乏对使城乡环节结成一体的本国金融体系结构的考察。而在“应对世界性萧条：国民政府与中国工商业的关系（1932—1936）”［Coping with the World Depression: The Nationalist Government's Realations with Industry and Commerce, 1932—1936，载《现代亚洲研究》（*Modern Asian Studies*）第 25 卷，第 4 期（1991 年 10 月）］一文中，韦立德（Tim Wright）把大萧条期间工商业对政府的要求和限制作为亚洲国家社会关系的一个案例来研究。

② 除了对大萧条给中国的影响予以轻描淡写，学者们还没能对这一事件在中国的严重性做出正确评价。比如认为在这一时期中国的货币供应保持增长，并且把这作为繁荣的商业和工业活动的表征，参见托马斯·罗斯基（Thomas G. Rawski）：《战前中国的经济增长》（*Economics Growth in Prewar China*，伯克利：加利福尼亚大学出版社，1989 年版，页 179），以及劳伦·勃兰特（Loren Brandt）和托马斯·萨金特（Thomas J. Sargent）：“关于中国和美国白银买卖新材料的解释”（Interpreting New Evidence About China and U. S. Silver Purchases，载 *Working Papers*（转下页）

国经济体制停止了正常运转。为应对这场前所未有的危机，政府令人瞩目地调整了其市场政策，从“放任政策”转向积极干预。我在本书中讨论了自 1930 年代以来国家与市场间关系的这种转变对中国政治和经济产生了深远影响。

另一方面，与其他国家相比，中国在大萧条期间的经历值得特别关注。大萧条的严重程度和波及范围显示了 20 世纪早期世界经济的一体性。在《全球化的终结：来自大萧条的教训》一书中，哈罗德·詹姆斯（*Harold James*）正确地论述了 1920 年代到 1930 年代的经济危机是对经济全球化第一个重要阶段的考验。随着危机蔓延到世界许多地区，开始出现对经济全球化的强烈不满，接踵而至的便是政府转向更严厉的保护主义政策。结果，维

（接上页）*in Economic*，E-87-3，斯坦福：斯坦福大学胡佛研究所，1987，页 5）。对上海金融市场的深入分析显示上述论断并不令人信服（见本书第六章）。韦立德正确地指出了量化评估中国萧条的严重后果的困难性（见“应对世界性萧条”，页 651）。根据章长基（John K. Chang）的研究，中国在这一时期工业产量指数始终保持增长，尽管增长率是下降的。他解释说这在欠发达国家是比较普遍的现象，这由许多因素造成，包括最初工业化的低水平起点以及恢复关税自主等[见章长基：《前共产主义中国的工业发展状况：一种定量分析》（*Industrial Development in Pre-Communist China*），爱丁堡：爱丁堡大学出版社，1985 年版，页 60—61]。在“遥远的震雷：中国西南地区经济与大萧条的影响”[Distant Thunder: The Regional Economies of Southwest China and the Impact of the Great Depression，载《现代亚洲研究》第 34 卷第 3 号（2000 年 7 月）]一文中，韦立德小心翼翼地不刻意夸大大萧条的影响，尤其对像西南中国这样的内陆地区，那里与世界经济的联系比起中国沿海地区来明显要少很多。假设外贸只占当地产量的一小部分，那么外来需求的减少也只会造成极小的经济波动。然而，本书接下来的章节将要论述，日用品贸易并非大萧条影响中国的唯一渠道。国际银价变化冲击了中国的银本位货币制度，动摇了城市和乡村的金融市场（见本书第四、五、六章）。这里，对财政金融方面的细致分析需要把它放在萧条对中国内陆地区影响这个框架下作为后者研究的一部分。例如，1934 年开始的白银外流破坏了四川金融市场[见“四川经济学社转陈计芳君关于中央统治下四川金融整理意见函”，收入中国第二历史档案馆编：《中华民国史档案资料汇编》第五辑第一编财政经济（4），页 640—642]。

系国际物流、资本和劳动力流动的体系受到严重干扰。[1] 中国无法免于国际金融机制的脆弱及别国政府致力于提振本国经济的外部影响。不过，由于在金本位占统治地位的国际货币体系里，中国是唯一的银本位国家，中国经济受到的外部冲击及其反应都不同于世界上其他国家。

我真正要展开论述的主要是如下两个议题，中国内部国家—市场之关系和中国在国际货币体系中的地位，且二者又紧密相关。大萧条期间国际银价的波动严重破坏了中国的银本位货币体系，并且动摇了它的经济。以一种不同的外汇标准建立一个新的货币体系，需要有力的政府干预；最终经济复苏和币制改革的过程导致整个中国经济政治化。通过分析萧条的影响和复苏的过程，并根据中国经济和世界经济的联系，我考察了国家—市场
2 关系的这种转变。

银本位的中国：国际货币体系的影响

研究大萧条在中国的产生和后果，关键要了解中国在国际货币体系中的独特地位。从 19 世纪晚期到 1931 年，除了第一次世界大战期间和 1920 年代早期，金本位构成国际货币关系的基本框架。大多数国家可以在要求支付时将通货兑换成一定数量的黄金并在固定汇率基础上形成跨国联系。而事实上中国是唯一一个以白银作为一国货币体系基础的国家，这使它在国际货币体

---

① 哈罗德·詹姆斯在《全球化的终结：来自大萧条的教训》(*The End of Globalization: Lessons from the Great Depression*，马萨诸塞州剑桥：哈佛大学出版社，2001 年版)的导言中称，在该书前四章中，他对货币政策、银行业、国际贸易和贸易政策、抵制跨国移民的反应以及限制国际资本流动等问题进行了分析。

系中独树一帜,但并未与这一体系隔绝不通。①

一方面,在中国之外,白银作为一宗国际贸易商品,其价格受多方面因素影响,不会顾及中国经济。而另一方面,中国的外汇交易——也就是银本位的中国货币和外国货币之间的贸易——并不受控制,中国的金融市场就这样同世界的白银市场紧密联系起来,中国的汇率也就不可避免地受到国际银价变化的影响。

中国在大萧条中的经历凸显了其在国际货币体系中的独特地位。1929 至 1933 年,世界多数地方正遭受严重通货紧缩的时候,只有银本位的中国没有经历大规模的物价下跌。因为银价相对金本位货币严重下降,使中国避免了大萧条最初两年的不利影响。

然而,1931 年 9 月以后,许多国家放弃金本位并使本国货币贬值,企图刺激本国经济。英国率先放弃金本位,其他国家也紧随其后,日本在 1931 年 12 月、美国在 1933 年 3 月相继放弃金本位。各国从金本位的国际货币体系中纷纷脱离给处于银本位的中国经济造成严重影响。物价随货币贬值上涨,继而国际银价抬高,中国货币的汇率也随之上升。较高的汇率使中国商品与外国商品在国内外的激烈竞争中均处于不利。于是,贸易逆差增加, 3
同时,来自海外的外汇输入和国外企业投资下降。中国只能眼睁睁地看着净白银外流和商品价格下跌。1934 年 6 月,美国通过了《白银收购法案》,进一步加剧银价上涨,造成大量白银流出中国。中国陷入了严重的通货紧缩之中,而此时世界其他地方的经济却在复苏。

由国际银价变化引起的不同经济变动趋势,暴露了中国的货

① 和中国经济紧密联结的香港,即使在大英实行金本位的情况下,也把自己的通货同白银关联。见雷文斯(Dickson H. Leavens):《银钱》(*Silver Money*),印第安纳州伯明顿:原理出版社,1939 年版,页 163—165。

币体系在面对国际白银市场动荡时的弱点。为什么这种结构性弱点——缺乏对国内货币体系和国际白银流通的区分——直到1934年金融危机爆发时还没有被广泛认识,这正是本书要探究的中心问题之一。

大众预期与金融危机

要理解中国经济衰退的原因,还需要格外注意的是,国际银价在1931年开始上涨之前经历过很长的贬值期。从19世纪中期开始,一些国家放弃银本位,转而使用黄金作为本位货币。随着白银作为货币使用的减少和白银供给的增加,国际银价逐渐下降。由于国际银价缓慢而持续的下降,从19世纪中期到1931年间,中国的物价水平总体呈上升趋势。在若干年的银价上涨和轻微的通货膨胀之后,要适应突然的形势逆转,这对中国老百姓来说显然是非常困难的。在考察国际银价巨涨对中国经济的影响时,我会着力关注1931年前的白银贬值如何调整了中国的经济体制并影响了中国的大众预期。

查尔斯·金德尔伯格(Charles P. Kindleberger)在参考了之前多次金融危机的大量案例研究(包括从17世纪早期三十年战争爆发时的货币危机到1990年代日本房地产泡沫的破灭)后,清楚地指出公众期待给危机埋下种子,尤其是当人们利用银行信贷进行金融投资的时候。金德尔伯格认为,人们出于诸如战争爆发
4 或作物歉收等各种不同原因的考虑,而投资初级产品或国内外有价证券。多数情况下,银行信贷的增长为经济繁荣提供保障。随着繁荣持续,物价上涨和新的获利机会的增加会吸引越来越多的企业和投资者加入。但是,价格最终会趋向平衡,投资者意识到

市场将不再发展。这时，人们寻求把他们的投资变成可靠的折现力，最典型的做法就是资产套现。结果资产贬值和物价下跌开始形成恐慌的恶性循环。物价下跌导致抵押物的贬值，这些抵押物是用来担保借款、保证银行收回贷款或拒绝新贷款请求的。结果，引发销售商倾销商品，工业企业拖欠还贷。如果公司倒闭，银行借款就成为坏账，接下来就是银行破产。再加上储户从银行挤兑现金，这会进一步加剧金融机构的压力。①

中国并没有出现像金德尔伯格重点关注的那种因投机性繁荣而出现的物价暴涨；相反，物价因国际银价的下降而缓慢增长。金德尔伯格的研究最能与中国情况合拍的是1930年代出于债务结构的中国经济萧条，这种结构极大地加重了其经济危机的程度。

中国的工业现代化起始于19世纪晚期，恰值银价贬值、通货缓慢膨胀的时代。② 笔者在本书中主要了考察长江三角洲地区的棉纺业和缫丝业，它们是20世纪早期中国头号工业中心的两大产业。为此，纺织行业的可观特征被设定为它们对银行信贷的依赖程度。借贷过程中金融机构的信任主要取决于担保借款的抵押物的价值。在价格呈上升趋势的20世纪早期，债权人和债务人都没有预料到作为抵押物的资产和商品的大幅贬值。

---

① 金德尔伯格：《狂热、恐慌与崩溃：金融危机史》（*Manias, Panics and Crashes: A History of Financial Crises*），纽约：约翰威利出版公司，2000年第4版，页15—17，页105—107。

② 国际银价下跌对中国经济包括20世纪早期中国工业现代化的影响常被忽视。一个罕见的例外来自科大卫（David Faure）的《解放前中国的乡村经济：江苏与广东的贸易扩张和农民生计（1870—1937）》（*The Rural Economy of Pre-Liberation China: Trade Expansion and Peasant Livelihood in Jiangsu and Guangdong, 1870—1937*），牛津：牛津大学出版社，1989年版。本书第四章基于科大卫的分析重点考察了通货膨胀对乡村信贷扩张的影响。

到了1931年，国际银价止跌，普遍通胀趋势结束，对持续繁荣的预期不再向现实转化。出口导向的工业如缫丝业失去了从前中国元汇率低时的比较优势。以国内市场为目标的工业如棉纺业则面临需求萎缩的局面。随着商业的萧条，企业发现再从银行取得信贷几乎是不可能的，金融机构的管理者也发现他们对建立在抵押物上的借贷安全的信心不再牢靠。于是，他们严格控制贷款规模，但这也不能避免因抵押物的贬值而遭受的损失。到了1934年，随着严重的白银外流，房地产市场崩溃，大量卷入抵押业务的金融机构严重受损。白银外流和物价下跌的不良后果被大萧条之前形成的信贷关系放大。

大萧条对中国的影响不仅是深重的，而且前所未有、难以预料。到1935年时，放弃银本位似乎成为走出通货紧缩局面的唯一途径。但是，正像我们将要看到的，重组金融体系有着极其重要的政治影响。

市场、政府和货币体系

为了抵御国际银价波动对经济的影响，1935年11月4日，国民政府实施了币制改革，宣布只有三家政府银行发行的纸币为法定货币。同时，新的法币不再由白银支撑，取而代之的是，它可以按照固定汇率兑换成英镑或美元。这样，几个世纪以来作为中国通货的白银退出了历史舞台，多元货币体系也自此结束。除三家政府银行发行的纸币外，其他货币不得进入流通。随着法币不再与白银捆绑在一起，并避免随外币贬值，中国的贸易便开始复苏，物价下跌导致的通货紧缩趋势也开始扭转。1935年11月实施的币制改革对于中国经济的恢复至关重要。

从银本位转向管理通货制(managed currency system)显然会产生重大的政治影响。中国历史上第一次出现政府掌控货币供应的情况,国民政府在货币和金融体系中的地位被大大提升。尽管如此,要就此断定政府在经济恢复过程中取得对经济的控制,我们还需要就货币体系中市场与政府的关系做更深入的考察。 6

关于国民政府在市场中扮演的角色及其整体经济政策的效力问题,已经有过不少讨论,但是也存在许多争议。柯博文(Parks Coble)在他关于上海资本家与南京国民政府的著作中写道:"从1935年到1937年,南京政府对工商业的介入迅速加强。"柯博文认为政府利用经济衰退期上海资本家面临困境的机会夺取经济控制权。① 确实,在"南京十年"(1927—1937)中,国民政府在经济中的重要性自1931年开始显著增加。但近来一些研究中,学者认为中国政府的干预是为了回应陷入困境的企业的求助。② 如哈罗德·詹姆斯指出,在某些遭受大萧条负面影响的国家里,人民一般会期望政府保护本国产业不受全球经济趋势影响。③ 而国民政府在其有限地控制经济这点上显示出与别国政府的不同,许多国家政府在恢复经济过程中控制贸易、外汇交易或者工业产量,国民政府则没有这样做。

论及国民政府的软弱,研究中国史的学者喜欢将原因归结为

---

① 柯博文(Parks Coble,一译小科布尔):《上海资本家与国民政府(1927—1937)》(*The Shanghai Capitalists and the Nationalist Government, 1927—1937*),第2版,马萨诸塞州剑桥:哈佛大学东亚研究理事会,1991年版,页160,页250。

② 韦立德(Tim Wright)和卜睿哲(Richard Bush)说企业要求政府支持。近来日本研究成果指出国民政府的政策虽有局限,但远比以往估计的要有效,见野澤豐編《日本の中華民国史研究》,東京:汲古書院,1995年版;以及久保亨:《戦間期中国の綿業と企業経営》,東京:汲古書院,2005年版。

③ 詹姆斯:《全球化的终结:来自大萧条的教训》,第5章。

内政因素:国民政府缺少建树主要由于其内部弊病,例如农村地区缺少组织机构、脆弱的税基、政府官员中的派系主义和地方主义等。① 不过,内政因素无法解释币制改革这一最重要的经济政策何以成功。政府如何成功地使新币发行合法化?如果政府真的腐败无能,为何大众还能承认政府发行的货币呢?在本书中,我讨论了市场和政府都在其中起到关键作用的新货币体系如何生成与发展,这对我们理解为何国民政府经济管理表现得忽强忽弱十分重要。

历史上,中国政府极少介入货币体系,帝国政府把白银经营
7 权下放给私营炉房,把货币安排交给市场。如茶叶、丝绸一类外贸所需的外国银币和非币化的银条在市场中自由流通。货币本位因地域不同而有差异。②

按照一国有一国之法定货币的世界常规来看,中国的货币体系看似罕见,然而,正如本杰明·科恩(Benjamin Cohen)在《货币

① 例如,关于农村一级管理的研究,杜赞奇(Prasenjit Durar)在《文化、权力与国家——1900—1942年的华北农村》(*Culture, Power, and the State: Rural North China, 1900—1942*,斯坦福:斯坦福大学出版社,1988年版,页246—250)中指出,由于对传统企业家的破产加以利用,国民政府不仅没能创造现代化建设所需的资金,也失去了在地方统治的合法性。另可参见曾玛琍(Margherita Zanasi)《拯救国家:民国时期经济现代性》(*Saving the Nation: Economic Modernity in Republican China*,芝加哥:芝加哥大学出版社,2006年版)一书对国民政府内部派系斗争下经济政策的形成的分析。

② 有关11—18世纪政府对货币体系的失控,见万志英(Richard von Glahn):《财富之源:中国的货币与货币政策(1000—1700)》(*Fountain of Fortune: Money and Monetary Policy in China, 1000—1700*),伯克利:加利福尼亚大学出版社,1996年版,页246—257。有关18世纪早期白银外流对中国经济和中国政府的严重影响,见林满红(Man-houng Lin):《中国之逆转:世界银荒与嘉道咸秩序》(*China Upside Down: Currency, Society, and Ideologies, 1808—1856*),马萨诸塞州剑桥:哈佛大学亚洲中心,2006年版。有关19世纪中期中国政府为应对外国经济影响加重和本国政治动荡而展开的货币体系改革未能成功,见景复朗(Frank H. H. King):《中国的货币与货币政策,1845—1895》(*Money and Monetary Policy in China, 1845—1895*),马萨诸塞州剑桥:哈佛大学出版社,1965年版。

地理学》一书中所指出的,19 世纪之前,在不同政治辖区内或区域之间,多币种流通的现象普遍存在。① 政府很少指望在其统治区域内垄断货币供给。反倒是作为市场需求方的货币使用者选择通货种类以此实现货币的三个主要功能,即作为交易媒介,作为会计单位和保值。

科恩指出,为满足此三种功能而被选用的货币需要信用(trust),即大众对它在发挥支付和会计功能时合法性的信任。这种信任的来源各不相同,既有诸如法律法令的国家行为,也有市场实践的缓慢积累。前现代社会中不同货币各自争取信用的局面到 19 世纪中期开始转变。国家开始在其辖区内同时掌控货币的制造和管理。控制货币是国家建设过程的重要一环。而政府又力图打造一个在强有力的中央权威下政治经济一体的国家,于是政府着手巩固和统一本土货币秩序。所有形式的货币,无论硬币还是纸钞,相互之间绑定,且依托统一的金银本位。货币供给的最终权力机构被限定为由政府主导的中央银行。不仅如此,外币的自由流通在国内绝大部分地区被禁止,曾经作为法定货币的外币退出流通。同时,能用于缴税或其他合同义务的货币也被政府限定为本国货币。在西方,19 世纪行将结束时,每种货币的势力版图已与政治辖区重合。②

而对中国来说,关键问题是,帝制时代的货币体制被中华民国继承,在辛亥革命后依旧运转。由于严重依赖金本位国家的外债,因此银本位货币汇率的下降成为国家沉重的负担,政府几次 8

① 科恩:《货币地理学》(*Geography of Money*),纽约:康奈尔大学出版社,1998 年版,页 6。

② 同上书,页 11,页 32—34。

试图改革货币体制，但直到 1935 年 11 月前都未能实行。[1] 在 1910 年代至 1920 年代的混乱时期，银本位为抵御政治干涉提供了保障。每当军阀和地方政府想操控货币体系来填平财政赤字时，都因大众拒绝接受不是完全由白银支持的纸币而受阻。通过保留选择货币的权力，奉行市场规则的市场参与者约束了政府权力的武断行使。

然而，当 1930 年代世界经济衰退冲击到中国经济时，中国发现它缺少一种能够停止白银外流或者阻止通货紧缩趋势的制度。显然，长久以来的货币和金融体制自治不能继续实行下去了，但公众对政府强制发行的银行纸币仍心存疑虑。

这层历史背景以及银本位制的遗产即使在 1935 年 11 月新币制施行后仍造成持续的影响。尽管中国公众放弃白银而支持法定通货，但他们还是小心翼翼地关注着法币（中国元）的对外汇率。一旦感觉到通货价值有轻微波动，他们就在外汇市场抛售法币。国民政府的官员也十分清楚公众对他们所承诺的稳健的货币管理心存怀疑。因此，他们把保持法币的可兑换性和汇率的稳定当作加强公众对新币制信心的根本要素来对待。另一方面，市场又不断地通过货币体系影响政府决策。

问题是，保持法币可兑换性和汇率稳定需要政府协调一系列相关的经济政策。最重要的是，为保持通货价值，政府不能过分地发行纸币或公债。由此产生的对财政政策的约束递次影响到其他国内经济政策。政府虽然成功施行了币制改革，但由于预算

---

① 有关晚清和民国早期一系列为付诸实行的币制改革方案，见滨下武志："中国幣制改革と外国銀行"，《現代中国》第 58 号，1984 年 4 月；另见斯里尼沃斯 · 瓦格尔(Srinivas R. Wagel)：《中国的货币与银行业》(*Chinese Currency and Banking*)，上海：字林西报社，1915 年版，页 76—144。

扩张受限而在振兴工业和改进农业方面变得有心无力。国民政府在经济政策上表现出的优势与劣势不是纯粹偶然。决策者虽 9
对二者孰轻孰重有具体的想法,但实际效应由于违背了政策的初衷而应重新估量。① 决策者们达成的一致是,币制改革的成功是他们的首要目标,即使因此牺牲政府治理的自主性也在所不惜。

中国与世界经济的联系:两次危机及其后

国民政府为保持汇率稳定和货币可兑换性而在财政政策上牺牲自治权的开放做法赢得了特别关注,尤其在当时世界大多数国家的政府都在封闭其国民经济的情况下。② 在本书中,我指出

---

① 考虑到资源有限,国民政府不得不在政策目标上做出选择。在研究了 1927—1940 年间设立的各种制度后,朱莉(Julia Strauss)在《软弱政治下的强力机构:民国时期政府建设(1927—1940)》(*Strong Institutions in Weak Polities: State Building in Republican China, 1927—1940*,牛津:牛津大学出版部印刷所,1998 年版)中指出,国民政府集中关注几个关键机构如财政部、外交部。见该书页 7—9。

② 大萧条对欧美的影响已经得到了学界太多的关注,但它对包括中国在内的发展中经济体的政治经济影响还没有得到充分认识。莱瑟姆(A. J. H. Latham)在《大萧条与发展中世界》(*The Depression and the Developing World, 1914—1939*)中讨论了这一问题。有关非洲和亚洲这一问题的文章收录在伊恩·布朗(Ian Brown)编辑的《在两次大战之间萧条期中的亚非经济》(*The Economies of Africa and Asia in the Inter-War Depression*)。迪特玛尔·罗德蒙德(Dietmar Rothermund)在《大萧条的全球影响》(*The Global Impact of the Great Depression, 1929—1939*)中讨论了大萧条对亚非拉和欧美的影响。1997 年亚洲金融危机后又引发了学界对大萧条时期的兴趣,希尔(Hal Hill)和托马斯·林德布拉德(J. Thomas Lindblad)编辑一份《澳洲经济史评论》(*Australian Economic History Review*)的专刊来比较这两次危机对东亚地区的影响。收录在岩田規久男编的《昭和恐慌の研究》中的文章通过比较日本 1990 年代中期后的通胀年代来考察 1930—1931 年大萧条对日本的历史和理论意义。不过,系统比较大萧条时期亚洲和非洲经济的研究才刚起步。比较大萧条对不同地区(尤其是非西方国家)政治经济的影响应该得到学界更多的关注。彼得·博姆高(Peter Boomgaard)与伊恩·布朗编的论文集《渡过难关:1930 年代大萧条期的东南亚经济》(*Weathering the Storm: The Economies of Southeast Asia in the 1930s Depression*)对萧条期的东南亚(转下页)

这一决定反映了20世纪早期中国经济与世界经济的密切联系。汇率不稳和货币混乱会阻碍贸易、资本流动和劳动力流动这些保证中国经济健康发展的活动。由于认识到可能付出的惨痛代价，国民政府的决策者不得已才设计出这样的对策。

在本国经济同世界经济紧密联结的情况下，如何保持充分自治以制定经济政策，这是1930年代国民政府面对的问题，也是国际经济一体化迅速发展的当今世界里许多国家政府面对的问题。类似问题的出现并非巧合。为了应对大萧条的毁灭性影响，各国政府纷纷限制国际贸易、资本流动和劳动力流动，而在此之前这些大体上是不受限的——世界回复到一种几乎自给自足的国民经济管理形态。许多年之后世界才从大萧条的沉重打击中恢复过来。1960年代，世界一体化进程重新启动，随后才开始稳步加速，向着1990年代的那种景况发展。[①] 在这个过程中，政府统治常常受到跨境交易的挑战，尤其在银行业和货币体系方面。[②]

1997年，另一场严重的金融危机席卷亚洲，泰国、马来西亚、印度尼西亚、韩国和日本等国首当其冲，而此时距大萧条已经过去数十年，亚洲各国无论是跨境交易网络还是政治紧张关系都较

(接上页)经济体进行了开创性研究。苏加达·博斯(Sugata Bose)的《农业孟加拉：经济、社会结构与政治(1919—1947)》(*Agrarian Bengal: Economy, Social Structure, and Politics, 1919—1947*)纪录了1920年代至1930年代孟加拉农场金融体系的衰落，并举例比较了同时期的中国。凯莉·史密斯(Kerry Smith)在《危机时刻：日本、大萧条与乡村复兴》(*A Time of Crisis: Japan, the Great Depression, and Rural Revitalization*)中提出，在日本乡村，从二战直到战后繁荣时期，为克服大萧条带来的严重经济危机而付出的努力塑造了乡村社会的结构。对1930年代的深入比较研究将使我们解开发展中经济体的谜题，并拓展我们对这一现代经济灾难的理解。

① 詹姆斯:《全球化的终结》,页5。

② 科恩:《货币地理学》,第7章。

之过去有所增强。[①] 尽管解释不一,但学者们都一致强调,来自 10
外部的短期巨额资金流冲击了上述亚洲国家本国的金融市场。相对而言,中国在 1997 年的亚洲金融危机中幸免重创。虽然从 1979 年开始实行开放政策,但中国始终没有完全开放其资本市场,因此在此次危机中躲开了最严重的影响。在躲过危机之后,中国经济随着与世界经济联系的加快而增长,特别是在对外贸易和外资直接投资输入方面。同时,在制定其货币和银行政策时,中国政府也面临越来越大的来自外国投资者、贸易伙伴和他国政府的外部压力。[②]

中国经济的长期轨迹表明,它与世界经济的关系已经影响到政府对经济的决策自由,最终也影响了政府对本国经济与社会的掌控。政府官员们很清楚世界经济的上述影响,所以他们不仅受着前辈们制定的货币和银行政策的影响,同时也从中吸取教训。基于这样的历史视角,我集中考察的是国家、市场和世界经济之间的关键动力头一次经受危急考验的大萧条时期。

本书结构

本书有两重目标:一是把中国放在世界经济的历史中考察,二是对现代中国的国家—市场关系进行批判的透视。本书上半

① 有关讨论这次危机起源的总结,见安妮·布斯(Anne Booth)的"东南亚经济危机的起源:有关争论的批评"(Causes of South East Asia's Economic Crisis: A Skeptical Review of the Debate),《亚太事务评论》(*Asian Pacific Business Review*)第 8 卷(2001 年)。

② 理查德·库珀(Richard Cooper):《与全球不平衡相伴而行》(Living with Global Imbalances: A Contrarian View),见《国际经济政策摘要》(*Policy Brief in International Economics*),no. PB05-3(国际经济研究所,2005 年 11 月),页 7—10。

部着眼1931年前的几十年，从由通胀时期产生的经济制度导致的中国经济衰退说起。第一章中，我解释了银本位以及它如何成为中国与世界经济的关键纽带。第二章勾勒了纺织业的发展。第三章根据对最新可获资料诸如公司文档、商务合同和银行纪录的详细分析，揭示了城市纺织企业和金融机构之间信贷关系的动态变化。

本书下半部首先考察了大萧条的影响，尤其是银价的波动，接着分析了其政治后果。在第四章，我研究了农村的崩溃。第五
11 章论及城市工业部门的不景气。第六章说明了上海金融恐慌是不断加重的经济衰退发展到顶点的结果。第七章分析了经济危机的政治影响，并通过考察国民政府与影响东亚的列强国家（英国、美国和日本）之间的经济外交以及它同国内金融市场的谈判，理清了中国政治经济复杂的国际国内网络。第八章，我考察了政府的优势和弱势以及政府政策在长三角地区纺织业复苏过程中所扮演的角色。本书结语我总结了研究结果并在比较和历史的视角下评价它们的意义。通过探究经济危机的根源，我追溯了20世纪早期中国工业化和信贷扩张的进程，为考察国家—市场
12 关系提供了一种新的视角。

上　卷

通货膨胀与自由放任的年代：1931年之前的经济趋势

第一章　银本位：国际货币体系中的中国

大萧条时期，国际白银价格的波动对中国产生了直接而重大的影响。要理解为什么会这样，就必须考察世界白银市场如何通过一整套机制不仅影响到中国的货币体系，并且影响到中国经济各部门的联系。本章集中考察其对中国货币体系的影响（城乡之间的经济关系是随后几章的主题）。在此我的主要目的是提供关于中国金融货币体系的背景信息，这有助于解释经济危机逐步加深的原因和机制，以及 1935 年币制改革的意义。

中国的银本位

早在 13 世纪，白银就是中国货币体系的基础；纸币，以及随后的未铸成银币的银块取代铜币，成为本位货币。这种转变是逐渐的，铜币仍然继续流通。因此，明清时期的中国货币体系是以“平行本位制”为特色的。银块和铜币有不同的用途：昂贵的白银 15
用作批发生意、长途贸易以及缴税的支付手段，而铜币则用于零售交易。①

---

① 关于 19 世纪之前中国货币体系的最全面的概览，参见万志英（Richard von Glahn）：《财富之源：中国的货币与货币政策》（*Fountain of Fortune: Money and Monetary Policy in China, 1000—1700*），伯克利：加利福尼亚大学出版社，1996 年版。

在17、18世纪，中国已经习惯于用诸如丝绸、陶瓷、纺织品来换取白银，尤其是从美洲新大陆获得白银。[①] 由于有稳定的白银供应，中国政府财政和各省之间的交易开始依赖于白银。然而，19世纪初，从印度输入的鸦片与日俱增，国际上对中国丝绸和茶叶的需求下降，与此同时，来自拉丁美洲的白银供应逐渐减少，导致那种17、18世纪中国相对欧洲白银价格较高的情况消失了。因此，自1809—1856年，中国眼睁睁看着白银净外流，这对国家的冲击是毁灭性的。国内，因银价上升使税负加重而在整个帝国引发社会动乱。国际则因抵制大英帝国的鸦片贸易而最终引发了一场战争，这场战争从1839年持续到1842年。[②]

白银外流和鸦片输入是众所周知的事件。但相反，19世纪中叶之后，国际银价下跌及其对中国经济的影响迄今却没有得到应有的重视。

1929年，普林斯顿大学经济学教授甘末尔(Edwin Kemmerer)，应国民政府之邀考察中国的货币和银行系统。在此之前，作为一名货币和银行专家，甘末尔绰号叫“钱博士”，曾经率领财经使团出使哥伦比亚、智利、波兰、厄瓜多尔和玻利维亚，在1924年曾受命提交关于德国赔偿问题的道威斯计划(Dawes Plan)。甘末尔通过比较发现，中国的货币体系迥异于美国、欧洲、拉丁美洲诸国。他在最终调查报告中重点指出中国货币体制的特殊性在于：“如果说存在一个法国的或英国的或美国的货币体系，那么严格

① 关于17、18世纪中国的贸易构成和贸易额，参见岸本美緒：《清代中国の物価と経済変動》，東京：研文出版，1997年版。

② 林满红在其《中国之逆转：世界银荒与嘉道咸秩序》一书中，详细分析了19世纪之前的中国经济是如何与世界白银市场连在一起的。林所研究的19世纪上半叶的白银外流危机，是有关白银进出对中国经济何等重要的一个更早的例子，在本书中，我也将对此问题加以分析。

来说,中国并不存在这样的货币体系。”①实际上,中国的货币体
系不仅不同于别国,并且还相当复杂。例如,中国没有由中央银 16
行发行的唯一国币,而是各种货币在全国流通。

20 世纪早期的中国货币可以粗略分为三个主要类别:硬币、纸币、银锭(银两),尽管这三种货币形状、用途、流通区域不同,但相互有着密切的联系。②

硬　币

硬币种类似乎举不胜举,币制各省有别,乃至一省之内也会有不同。硬币主要有三类:银元、小洋和铜币。

银元　银元又叫“大洋”,是中国流通最广的银币。在国外,它被视作标准的中国硬币。除了东三省的黑龙江、吉林、辽宁(即原来的奉天)外,大洋通行全国(见表 1.1,基于 1929 年甘末尔调查制表)。这些银元有的在国内铸造,有的由国外币厂铸造,只是在重量和含银量上略有差别。

银元出现于 17 世纪初,那时候中国用货物换得国外的白银。从 18 世纪早期开始,英国东印度公司携带大量白银,来中国广州购买茶叶。这些白银大多是西班牙银元(本洋),上面铸刻有查理三世(1759—1788 年在位)或查理四世(1788—1808 年在位)的半身雕像。19 世纪早期,美国帆船也驶入广州,用西班牙银元购买

① 中华民国国民政府财政设计委员会:《中国逐渐采行金本位币制法草案》,南京,1929 年,页 47。

② 本节关于中国货币的描述基于上引书(页 47—56)及耿爱德(Eduard Kann):《中国货币论:关于白银黄金交易影响中国的调查》(*Currencies of China: An Investigation of Silver & Gold Transactions Affecting China*),第 2 版,上海:别发印书馆(Kelly & Walsh Ltd,今译必发),1927 年,第 2、5、6 和 17 章。关于 19 世纪末银元使用开始逐渐增多,从华南向东北地区蔓延,参见王业键:《中国近代货币与银行的演进》,台北南港:中央研究院,1981 年版,页 43—45。

中国茶叶。虽然流入中国的西班牙银元在增多，但更多的白银，而且多数也是西班牙银元，从中国流向孟买，在那里换回中国需求日增的鸦片。

纵观整个18世纪和19世纪，西班牙银元渗透到中国内部的广东、福建、浙江、江苏、安徽诸省。直到1856年，西班牙银元还
17 在长江三角洲地区通行。但到了1840年代初，西班牙银元停造，本洋的供给就枯竭了。

表1.1　银币在中国的流通

主要流通银币种类	流通地区
Ⅰ 流通中国及外国银币，外币主要为香港银元	河北、山东、山西、陕西、甘肃
Ⅱ 流通中国及外国银币，外币主要为墨西哥鹰洋	江苏、安徽、浙江
Ⅲ 流通中国及外国银币，外币主要为香港银元和日本银元	福建、广东
Ⅳ 流通中国银币，外国银币极为少见，可忽略不计	江西、湖南、贵州
Ⅴ 有限流通中国银元和西贡元	云南
Ⅵ 仅流通中国银元	河南、湖北、四川
Ⅶ 少见大洋流通，银辅币为标准货币	广西
Ⅷ 无大洋流通	黑龙江、吉林、辽宁

资料来源：中华民国国民政府财政设计委员会：《中国逐渐采行金本位币制法草案》附录E（根据原书附录地图制表）。

其结果是中国本地银币价格平均猛涨了20%—30%，这给商业带来严重的混乱。在这次货币危机中，墨西哥和一些南美国家（如玻利维亚、智利、秘鲁）的银币从广州进入中国。其中，墨西哥银元（鹰洋，亦称英洋）取代了西班牙银元。其实，西班牙银元也

曾在墨西哥制造，后者直到 19 世纪初都是前者的殖民地。1821 18
年，墨西哥成为一个独立的共和国。墨西哥从 1824 年一直铸造墨西哥银元，直到 1905 年实行金本位制为止。由于墨西哥银元含银量高、质地均匀并且信誉良好，因而得以广泛流通。截至 1870 年，它已被美洲、西印度群岛（大西洋上的岛屿）、日本和乃至亚洲大部分地区所采用。墨西哥银元在中国广泛流通，甚至迟至 1920 年代末，东南沿海地区和长江下游地区仍在使用它。

在西班牙银元和墨西哥银元先后渗入大英帝国的亚洲殖民地后，伦敦政府曾试图用英国银币来取代它们。1895 年，英国政府铸造英国银币，用于英国海峡殖民地和香港。随着金本位被引入英国海峡殖民地，到 1906 年，新的货币在那里取代了英国银币。[①] 然而，在孟买和加尔各答的英国皇家铸币厂仍大量铸造英国银币，其中大部分被中国吸纳。由于英国银币的成色和 1866 年在香港铸造的银币相同，因此，它在中国还叫香港银元。英国银币（香港银元）与墨西哥银元一道，成为北部中国最通用的货币。

另外，还有两种外国银元在中国流通：日本银元和西贡元。如同许多其他亚洲国家一样，直到 1860 年代，大量的墨西哥银元仍在日本流通。1871 年，新成立的日本维新政府下令在大阪发行新银币。1871—1897 年间，超过 16 500 万元的银币被铸造，其中 11 000 万运往海外。在 1895 年英国货币出现之前，日本银元是海峡殖民地的主要通货，而作为日本银元的竞争对手，墨西哥银元则被广泛使用于中国、朝鲜、法属印度支那（译者按：指越南、

① 海峡殖民地的货币并非由黄金而是由使用金本位的英镑支持，因此，严格说来，这不是金本位制，而是金汇兑本位制。

老挝、柬埔寨等地)和泰国的主要港口。1897 年,日本采用金本位制,废除日本银元,但日本银元并未在海外消失。日俄战争(1904—1905)使日本在关东租借地及其毗邻的满洲地区获得立足点,壮大势力。日本银元尽管流通量不大,但仍然是一种重要的交换媒介,作为纸币的基础和结算货币的一种发挥着重要
19 作用。

西贡元主要在云南流通。在印度支那,西班牙银元以及后来的墨西哥元和当地货币一起流通使用。1863 年,在印度支那成为法国殖民地的一年后,法国政府推动法国法定货币在当地的流通。然而这项措施失败了,因为印度支那的大部分贸易是与香港、新加坡和中国进行的,而在这些国家和地区,法币既很少见也不被接受。1885 年,法国开始铸造殖民地银币,即新的西贡元。不过由于它的含银量比墨西哥元高,因此在头十年里,西贡元很少进入流通,而是被存起来或熔铸掉。1895 年减少了含银量之后,西贡元才广为流通,不仅在印度支那,而且也在印度支那的贸易伙伴中国东南部地区流行起来。

*　　　　*　　　　*

尽管外国银币大量流通,但直到 19 世纪,中国政府还没有自己的银币。中国本土制造的银元 1830 年代和 1840 年代出现在福州和厦门,但从未得到广泛使用。直到 1889 年,两广总督张之洞在广州开了一个铸币局,中国制造的银元才开始在中国货币体系中发挥重要作用。银币上铸有龙的图样,所以又称龙洋。随后其他省份也开设币局,仿制龙洋,但含银量却各不相同,相差在几个百分点之内。

清政府没能制止各省铸造银币,建立一种统一的国家货币。到民国早期,1914 年 12 月,袁头币(银币)正式发行,一时通行于

中国各地,基本上取代了一堆成色各异、斑驳庞杂的中国龙洋以及自 19 世纪中期以来就一直在中国和亚洲各地广泛流通的墨西哥元和其他外国银元。袁头币用进口银条制成,当进口银条短缺时,则由上海的银锭铸造。各省铸造银元是为了获利,需要计算银条价格、铸造和其他必需的费用。例如,理论上说,100 银元需 20
要 70.811 两上海银,加上铸造、运输、支付的利息和佣金,等等,每 100 银元的成本达到 72—73 两上海银。实际上,当每个银元的市场价格跌落到 0.72 两上海银以下时,各省就停止铸币了。

银辅币　许多省级政府铸币局发行小洋——10 分和 20 分的银辅币。虽然省当局和国家当局希望这些辅币跟大洋平等流通,但是由于铸造过多,相对大洋来说,小洋在中国几乎每一个地方都贬值。辅币主要在两广地区被大量使用,成为主要的交换手段(表 1.1)。

铜币　铜币在中国各地广泛流通。尤其是在日常小额的零售交易中,铜币起着重要作用。铜币的分值有 1、2、5、10、20 文(理论上 1 000 文铜币合 1 银元)。这些铜币并非在中国所有的地区都流通,铜币与银币比价在各地也有所不同。

实业部下属的银价物价讨论委员会,对 1930 年代初中国白银使用状况进行调查。因为银币与铜币是更重要的表征物价水平和债务量的基础,他们对此尤为关注。在被调查的 22 个省的 118 个地区中,95%的农民要用银币偿还债务;只有 7%的地区可以用铜币偿还债务。另在 121 个地区的调查显示,79%的地区的农民出售产品的价格用银币表示,只有 19%的地区价格以铜币表示。在涉及 124 个地区的调查中,80%的地区农民购买商品的价格是用银币表示的,用铜币表示的只有 29%(百分比总数可能超过 100%,因为在每个地区有好几个调查员,有几例中不同的

调查表根据不同的货币来表示）。许多地区，铜币只用于小宗买
21 卖。通常，农民出卖的产品要比购买的用品多得多，所以，相比出
售价格，购买价格更多地是用铜币表示。[①] 大体上，在偿还债务和商品交易中，银币占绝对优势。例如，即使在主要用铜币来进行贸易的湖北，多数情况下还是要用银币来偿还债务。[②]

纸　币

除了发行硬币，国内外金融机构，以及国家和省级政府还发行纸币。印制纸币的机构有五大类：(1) 中央银行，(2) 省级银行和其他政府机构，(3) 私营的中国金融机构，(4) 外商银行，以及(5)工业及各色机构、私人机构。根据 1914 年颁布的有关印刷纸币的国家法律，纸币必须由 60%的现金储备和 40%的有价证券来担保。然而，发行纸币的私有银行和其他政府机构的担保远低于规定水平。

银两(银锭)

中国的货币体系被它的货币单位“两”搞得大为复杂。历史上，两是重量单位。由于是约定俗成而不是由法律来规定，所以一两的精确重量难以确定。一般说来，各种不同的两重约 500—600 喱(约合 1.0—1.25 盎司或 32—39 克)。作为货币的银两每种都有自己特定的纯度，而地方习俗要求它的重量和别地银两只能略有一点点差异。作为会计单位，银两在几乎整个中国被不同程度上使用。作为实体的银两被铸成貌似一种中国鞋的样子，在通常口岸，它被称为“银锭”。上海有几家熔铸银锭的私营炉房，

---

① 世纪之交印度原棉进口受银铜比价的影响，参见本书第二章。

② 实业部银价物价讨论委员会：《中国银价物价问题》，上海：商务印书馆，1935 年版，页 68—76。

是具有悠久声誉的特许商行。这些商行把进口的白银倒入大致
5 寸×3 寸×3 寸大小的鞋型模具中铸成型,通常约 50 两重。上
海的中外银行和商人们通常认为上海银锭含有 518.512 喱白银。
为了确保质量,由中国钱庄发起组织的公估局,称量每个银锭,并
在上面用墨标出重量。这样,在银锭转手的时候就不需要再重新
称量。像西方国家的金条一样,中国的银锭基本都用于银行储备 22
和大宗贸易。没有中央银行来协调货币体系。

*　　　　*　　　　*

尽管不同类型的货币和各种各样的发行机构使中国的货币体系结构变得复杂,但它并非紊乱和无组织。相反,它坚持了银本位。正如甘末尔所说,中国的货币制度可以从两个不同的视角来看:(1) 不同类型的货币充当交易媒介,(2) 白银作为金属本位,用来进行国内大宗交易和绝大部分国内债务的清偿。就后一种意义来说,中国是标准的银本位国家。[①] 无论中外的甘末尔同时代人,都认同中国的货币体系建立在白银的基础上。在这种货币体系中,白银不仅是法定的价值标准,还是本国的货币供给,无论硬币、纸币,抑或是保证金,都与白银的供给直接相关。[②]

---

① 中华民国国民政府财政设计委员会:《中国逐渐采行金本位币制法草案》,页 68—76。这 22 个省是:甘肃、山西、河南、陕西、宁夏、山东、安徽、辽宁、湖北、四川、江西、江苏、浙江、湖南、广东、福建、广西、贵州、云南、青海和绥远。

② 林维英(Lin Wei-ying):《中国之新货币制度:一项个人解读》(*The New Monetary System of China: A Personal Interpretation*),芝加哥:芝加哥大学出版社,1936 年版,页 5(该书有商务印书馆 1941 年中译本,译者朱羲析——译者注)。甘末尔和林维英的观点得到了上海东亚同文书院经济学家宫下忠雄的回应,参见其《支那貨幣制度論》(大阪:宝文館,1943 年版),页 142—146,有关中国货币本位讨论的回顾。

当时报纸的金融版为中国货币体系的动态提供了图示(见图 1.1)。例如,根据上海《申报》1911 年 12 月 31 日的一则布告,1 龙洋可兑换0.795 5两上海银锭,1 墨西哥元可兑换 0.797 5 两上海银锭,1 西班牙银元相当于 0.9 两上海银锭,100 分小洋等于 0.695 75 两上海银锭。布告还显示,165 000 铜币等于 100 两上海银锭。1 000 两上海银锭的日息是 0.15 两上海银锭。随着银币的普遍流通,报纸上不再公布龙洋、鹰洋和本洋的报价。1919 年 6 月 11 日以后,银币成为报纸上唯一报价的银元。例如,1925 年 5 月 30 日早晨,银币值 0.727 5 两上海银锭,到了下午,升为

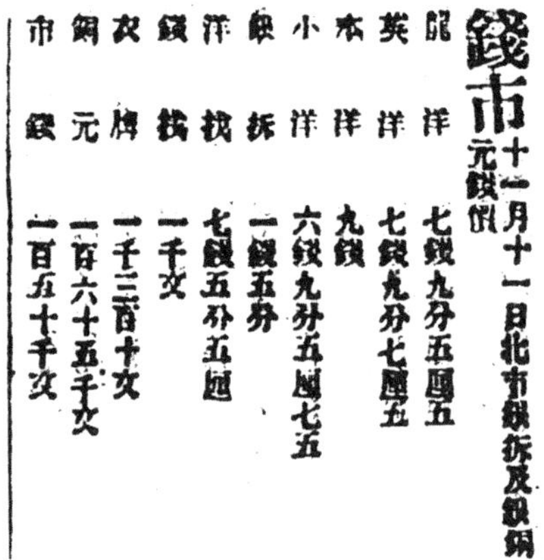

錢市

十二月十一日北市銀拆及銀銅元錢價

龍洋	七錢九分五厘五
英洋	七錢九分七厘五
本洋	九錢
小洋	六錢九分五厘七五
銀拆	一錢五分
洋拆	七錢五分五厘
錢拆	一千文
衣牌	一千三百十文
銅元	一百六十五千文
市銀	一百五十千文

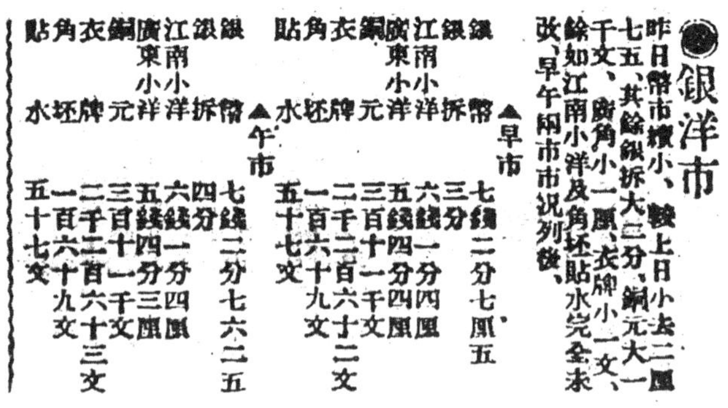

銀洋市

昨日幣市續小、較上日小去二厘七五、其餘銀拆大三分、銅元大一千文、廣角小一厘、衣牌小一文、餘如江南小洋及角坯貼水完全未改、早午兩市市況列後、

	▲早市	▲午市
銀幣	七錢二分七厘五	七錢二分七六二五
銀拆	三分	四分
江南小洋	六錢一分四厘	六錢一分四厘
廣東小洋	五錢四分四厘	五錢四分三厘
銅元	三百十一千文	三百十一千文
衣牌	二千二百六十二文	二千二百六十三文
角坯	一百六十九文	一百六十九文
貼水	五十七文	五十七文

图 1.1　报纸的金融版

来源:《申报》,1911 年 12 月 31 日;1925 年 5 月 30 日。

0.727 625 两。每天的汇率变化都在主要报纸上刊登。据此,人们可以估算出他们拥有的货币值多少白银。通货价格不是由国家而是由白银来保证的。中国货币体系的重要特征是,各种各样的货币在市场上无限制地自由兑换。 23

作为货币或商品的白银

尽管白银是中国货币体系的基础,但在中国的开采量并不
多;而是从世界各地的市场进口白银。北美和南美是主要产地,
中国和印度是主要的进口国,白银在全球自由流动。[①] 伦敦、纽 24
约、上海和孟买是四个重要的白银交易中心,在世界白银市场上
发挥着各自不同的作用(图 1.2)。

基于一系列因素,伦敦长期以来是首要的白银市场。其中一个因素是由于伦敦金融的突出地位。伦敦的白银贸易紧跟外汇交易形势,尤其是在很多亚洲国家采用金本位之前的年代里。英国银行遍布整个东亚,并为大部分使用英镑的国际世界贸易提供融资。因此,伦敦成为金本位和银本位国家之间的结算中心。

---

① 自 16 世纪起,中国就从欧洲国家取得新世界铸造的白银作为钱币使用。关于国际白银贸易作为近代早期世界经济主要特征的近来研究著作有:弗林(Dennis O. Flynn)、吉拉尔德斯(Arturo Giráldez):“近代早期的套汇、中国和世界贸易”(Arbitrage, China, and World Trade in the Early Modern period),载《亚洲经济社会史杂志》(*Journal of the Economic and Social History of the Orient*),第 38 卷第 4 号(1995 年);彭慕兰(Kenneth Pomeranz):《大分流:欧洲,中国及现代世界经济的发展》(*The Great Divergence: China, Europe, and the Making of the Modern World Economy*),普林斯顿:普林斯顿大学出版社,2000 年版,页 269—274。弗林和吉拉尔德斯认为,相对世界其他地区,中国白银价格较高,导致白银大量流入中国。本书的研究显示,类似的“套汇”进程一直持续到 19 世纪末 20 世纪初,那时,白银贸易与国际金融交易已紧密联系在一起。

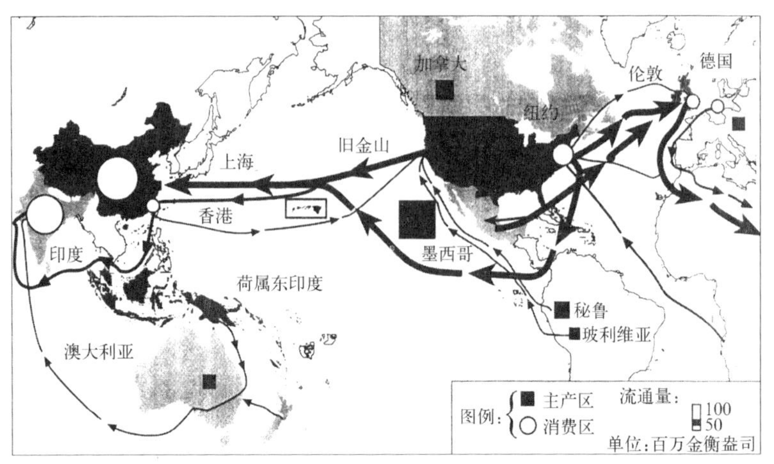

图 1.2　1930 年白银生产、流动和消费

26 来源：摘编自赫伯特·布莱特(Herbert Bratter)：《白银市场》，华盛顿特区：政府印刷局，1932 年版。

在实际的白银交易中，英国也占据有利地位。大英帝国的商业利益操纵着生产、消费和流通白银的地区，英国的船队和电缆以伦敦和南安普敦为中心伸向世界的主要港口。

不过，伦敦市场中最重要的资产恐怕是金银经纪人的专业知识。伦敦仅有四家金银经纪公司，但它们都历史悠久且久负盛名。这些公司拥有白银交易各个阶段的专业知识：买卖、运输、保险(投保)和套汇。据称“伦敦经纪人不能拥有自己的账户”，以确保他们能够公正地履行对顾客的职责。

每天，这四家经纪公司决定银价，这一活动被称作“定价”(fixing)。然而，伦敦的白银市场不是一个封闭系统，而是一个真正的市场，是全球白银买卖流程的终端。因此，在供求决定价格的情况下，伦敦银价可以径直视为世界银价。

伦敦市场提供两种报价：现货和期货。现购白银，买方要按卖方选择的方式，7 日内收到货银。期货则是在某个指定的日子交货。对中国境内的外商银行来说，伦敦市场的期货交易十分重

要,因为,为了避免陷入汇率波动的风险,这些银行经常通过反向
交易来冲抵其外汇买卖。他们用伦敦白银期货来抵付中国的货 25
币交易。其结果是将中国同伦敦市场紧密联结起来。

由于美国出产银条,所以纽约是北美的白银交易中心。在20世纪早期,世界上大部分的矿产白银经过纽约或旧金山输往亚洲。与此同时,还有大量白银从北美和南美输入不列颠,等待出售或转运到东方。第一次世界大战(以下简称“一战”)期间,大英帝国禁止白银出口,美国纽约白银市场因此活跃起来。与伦敦不同,纽约市场没有经纪人;而是银矿主和买家直接交易,买家绝大多数是在东亚地区经营业务的银行。①

上海是吸纳白银的最重要港口,其次是孟买。除了偶尔例外,中国的白银交易是通过上海和香港结算的。在中国,白银是本位货币,不仅是交易媒介,还用于平衡结算,而在其他国家,白银只是商品,这构成国际白银贸易最重要的特点。下一节将说明白银是如何在上海和伦敦之间交易的。

作为白银交易商的银行:平价与市场汇率

在上海,外汇银行管理着白银的进出口。尽管伦敦白银市场上的所有交易都要求将现银运往伦敦,但上海的外汇市场也是白银市场的一部分。这些银行就操控着中国与外国通货间的买卖。

在金本位国家中,货币兑换是以两种货币的含金量的比率为依据。实际中的汇率一般在黄金输送点的有限范围内波动,主要

① 赫伯特・布莱特(Herbert Bratter):《白银市场》,华盛顿特区:政府印刷局,1932年版,页1—19。

受黄金的运输费用影响。但在银本位的中国和金本位国家之间，货币兑换没有固定的汇率。不过，每当伦敦报出一个银价（多少先令/盎司），根据伦敦的金本位货币就可以计算上海单位白银的
27 价格（多少先令/两或元）。这是专为白银价格定出的“平价”，随着伦敦白银价格的变动，平价相应变动。

例如，按规定，1 两上海银含 518.512 喱（1.000 纯度）白银。因为伦敦银价是基于 480 喱（0.925 纯度）给出，因此比率是 1.168[518.512÷（480×0.925）]。这个 1.168 的数字是“理论恒值”，其意味着上海两所含白银是 1 标准盎司（0.925 纯度）的 1.168 倍，因此其价值也是它的 1.168 倍。

实际上，伦敦白银通常被处理为 0.998 纯度的银条运往上海（尽管白银价格是基于 0.925 纯度给出的）。它在作为上海通货银两前还必须被铸成银锭。炉房要收取熔铸费，但是会根据协议按每 100 广州两银条（0.998 纯度）交付 110.90 两上海银锭。① 广州两重 579.84 喱。依此可以计算出 1.175 的恒值[（579.84×0.998×100）÷（480×0.925×110.90）]。在这个恒值和理论恒值之间有0.007的差额，就是炉房收取的加工费用。因此，每 1.175 标准盎司的白银可以换取 1 上海两。②

这样，将伦敦银条的价格乘以 1.175 就能得出平价。只要上海的汇率高于平价，就会诱使伦敦购买白银；当其低于平价时，则有利于伦敦的白银销售。还需要把两项不断变动的附加费用（运

---

① 广州两被用于结算是由于广州贸易的遗产。第一家在上海开展业务的外商银行雇用了广东买办，他们习惯于使用广州两。后来，广州两被继续使用（见耿爱德：《中国货币论》，页 32）。

② 雷文斯（Dickson H. Leavens）：“白银与外汇平价表”，见《中国经济期刊》（*Chinese Economic Journal*）第 3 卷（1928 年 8 月），页 394—396。

输、保险等等)和支付利息计入平价,才能确定是进口还是出口白银是获利的。例如,1.1%的费用,再加上 45 天交易期内 4% 的年利率,也就是相当于再加上0.5%的费用,就会增加 1.6%的成本;0.016×1.175(在上海进口白银的实际恒值)=0.019。加上上述费用和利息,白银的进口恒值便是 1.194(1.175 + 0.019)。

假如伦敦的现货银价是 25 便士(1 先令等于 12 便士)/两,白银输入点价格就是 1.194×25=29.85 便士/两。如果上海地区英镑的汇率高于这一平价,比如说是 2 先令 7 便士(或 31 便士),银行就会卖出上海银换回英镑,如卖出 1 000 两上海银换回英镑(1 000×31=31 000 便士)以备未来交割,然后在伦敦购买 28
同等数量的白银(1 000×29.85=29 850 便士)运回上海,银行就会在上海实现预期的收益。这笔交易的净利润就是 1 150 便士(31 000 − 29 850)。[①] 输入点和输出点操纵着白银交易。实际汇率通常在两个点之间浮动。如果汇率超出了输入点或输出点,诸如上述例子中的套汇交易会使汇率重新接近平价(见图 1.3)。

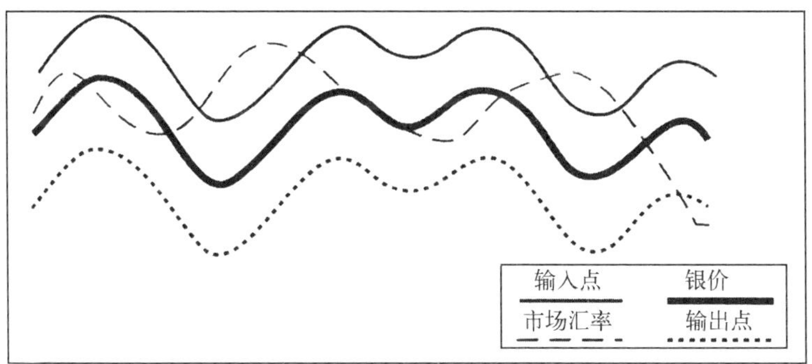

图 1.3　白银平价、市场汇率与输入/输出点

① 雷文斯(Dickson H. Leavens):"白银与外汇平价表",见《中国经济期刊》(*Chinese Economic Journal*)第 3 卷(1928 年 8 月),页 396—398。

中国的“官方汇率”由汇丰银行设定，从这个意义上讲，它充当着市场领导者的角色。不过，因为并未强制规定接受汇丰银行的决定，故实际交易不必一定按照该汇率进行。如果汇率被认为过高或过低以至带来严重损失，其他银行则不向汇丰银行购买白银从而迫使其改变汇率。[①] 虽然乍看之下可能会觉得外商银行控制了上海的外汇市场，但上海市场包括众多的参与者，他们共同确立了上海作为中国首要的白银市场的地位。

白银价格及其对中国货币供应的影响

1873—1931 年之间，与黄金相比，白银大大贬值。除了短暂
的逆升，大部分时期白银价格呈持续下降的趋势。大体说来，银
29 价是由供求决定的。供给量的增加和需求量的逐年减少，使白银
的价格越来越低(图 1.4)。

开采新的白银和回收成色降低或废止的白银通货，是主要的供给来源。白银的生产并非一定与需求关联，因为白银是铅、铜、黄金和其他矿物金属开采的副产品。除了新开采的白银，外国政府还在伦敦市场上出售他们废止的白银通货。1850 年以前，白银和黄金一直是主要的金属货币，不过大宗交易首选黄金。在 1860 年代到 1870 年代，欧洲国家利用黄金产量增加的机会，逐渐实行金本位制。欧洲国家需求的降低和美洲白银大量开采，使白银的可供给总量增加。在 1880 年代，黄金产量减少，白银对黄

① 景复朗(Frank H. H. King)：《汇丰银行史》，第二卷，剑桥大学出版社，1988 年版，页 212。

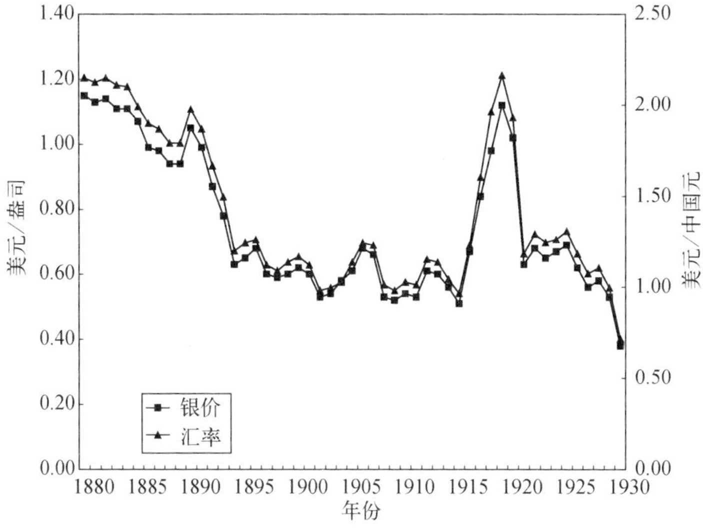

图 1.4　纽约银价、中国元与美元的汇率,1880—1930 年

来源:白银价格:实业部银价物价讨论委员会编:《中国银价物价问题》,页 6—7;汇率:萧亮林(音,Hsiao Liang-lin):《中国国际贸易统计手册,1864—1949 年》,马萨诸塞州剑桥:哈佛大学出版社,1974 年版,页 109—191;原始数据单位海关两已经转换为元(按 1 海关两兑 1.558 元换算)。

金的比价下降。当 1890 年代黄金产量重新恢复时,美国结束了事实上的复本位制,并于 1900 年采用金本位制。① 30

银价下降使得采用金本位的西方国家和以白银作为最重要的交易媒介的亚洲国家之间的贸易变得不稳定。到 1914 年,大多数亚洲国家政府或殖民地当局——包括荷属东印度、印度、海峡殖民地、泰国、菲律宾和日本——不得不改变它们的货币体系并稳定其货币与黄金之间的比率。它们采取的措施有:废止银

① 雷文斯(Dickson H. Leavens):《银钱》(*Silver Money*),印第安纳州伯明顿:原理出版社,1939 年版,页 34—63。

币，出售白银以换取黄金储备，这使白银价格进一步降低。[①] 只有中国大陆、香港和印度支那，还继续沿用银本位。

对白银的需求，大部分来自中国和印度。印度是金本位，进口白银是为了制造卢比、银饰品和储存。印度的白银进口与农作物的收成和出口量联系在一起，但在5月份印度人的婚季，白银进口会增加。先是印度的白银需求抬高了伦敦的报价，然后再影响到其他白银市场。[②]

毫无疑问，中国是最主要的白银购买国，中国的需求影响伦敦市场、纽约和孟买市场，但是，其他持续发生的供求变化，却不是中国能够控制的。

中国白银贸易的悖论：其原因及结果

在1890—1930年间，中国有15年的白银净出口量纪录(1890—1892，1901—1908，1914—1917)和26年的净进口纪录(1893—1900，1909—1913，1918—1930)(见图1.5)。纪录表明，除了1891—1892、1894—1895和1897几个年份，该时期的中国对外贸易是入超的。商品贸易和白银贸易同时入超是令人费解的，因为，一个国家输出黄金或白银是通常为了支付过量的进口。中国输出的黄金无论是数量还是价值都微不足道，无法解释这种贸易的不平衡现象。

---

① 皮埃尔·范德昂(Pierre van der Eng)："银本位与亚洲和世界经济的联结"(The Silver Standard and Asia's Integration into the World Economy, 1850—1914)，见《经济史工作论文》(*Working Papers in Economic History*)第175卷，澳大利亚国立大学，1993年8月。

② 赫伯特·布莱特：《白银市场》，华盛顿特区：政府印刷局，1932年版，页42。

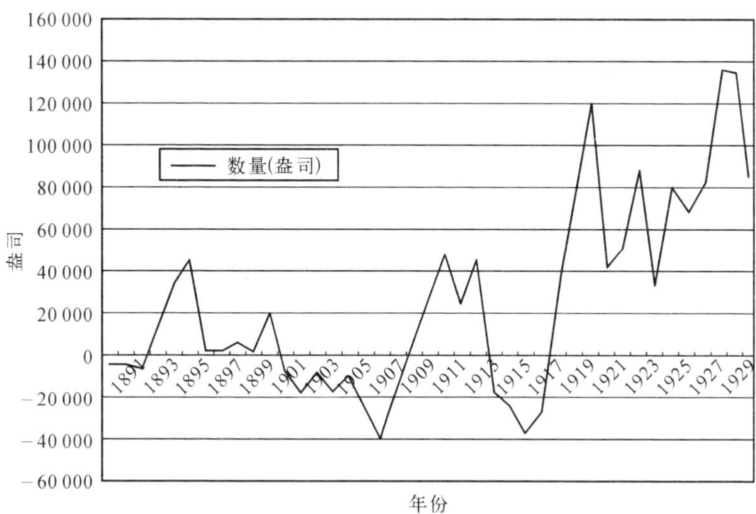

图 1.5　中国白银净流动额,1890—1930 年

来源:萧亮林(音):《中国国际贸易统计手册,1864—1949 年》,页 128—129。

1930 年代,密歇根大学教授雷麦(C. F. Remer)和太平洋国际学会(the Inistitute of Pacific Relations)的一位助理提出:"中国如何支付它从国外的进口? ……我们经常说中国是与众不同的,的确如此,而且中西种种差异已经彰显了其重要性。但是,中国年复一年的入超而不支付黄金,却与这种差异毫不相关。"①很多人持有与雷麦教授相同的疑问,比如曾任中国海关总税务司赫德的秘书马士(H. B. Morse),还有日本银行家以及中国政府的官员们与学者们。② 通过分析中国贸易支付平衡,雷麦认为,中 31

① 雷麦(C. F. Remer):《外人在华投资》,纽约,麦克米兰,1933 年版,页 149—150(该书有商务印书馆 1959 年中译本,蒋学楷等译——译者注)。

② 至少有十本关于中国收支平衡的书或文章在 1936 年前发表,例如:塞缪尔・马士(Samuel Morse):《中国商业负债与资产调查》(*An Inquiry into the Commercial Liabilities and Assets of China*),中国:海关总税务司署,1904 年版;斯里尼沃斯・瓦格尔(Srinivas R. Wagel):《中国金融》(*Finance in China*),上海:字林(转下页)

国支付入超的最重要货币来源是海外华侨的汇款，其次是国外贷款以及其他杂项来源。尽管推算细节不尽相同，其他学者也都同意雷麦的观点，认为海外汇款和外国贷款在中国对外贸易中起关键作用。按照对中国国际贸易收支平衡的估算，汇款总额和贸易赤字的比率，1903 年是 168%，1909 年是 98%，1912 年是 39%，1913 年是 47%，1920—1923 年是 41%，1928 年是 105%。可能
32 因 1911 年辛亥革命之故，海外汇款在 1912 年和 1913 年减少，这降低了它与贸易赤字的比率，但它在中国对外贸易的支付平衡中的作用依然明显。

即便没有海外华人和外国政府直接向中国输送白银，平价和汇率的规则仍然会主宰中国白银贸易。伦敦或者纽约白银价格与上海市场汇率之间的差价，决定了中国是进口还是出口白银。这些无形贸易项目，比如海外汇款和海外贷款，是如何影响平价和汇率的？简单来说，大量出口、海外华侨汇款或国外投资，都刺激了上海外汇市场的中国货币兑换外国货币的需求，中国货币对外国货币的汇率也随之上升。一旦汇率超过白银输入点，向中国输入白银就有利可图。

也有人曾指出，当汇率低的时候，海外汇款和外国投资就会增加。当银价下降，中国货币的报价也随之下降。在华外商为了避免资产损失，就会推迟收回红利。① 侨民们会往中国汇更多的

（接上页）西报社，1914 年版；土屋計左右：《中華民国の国際貸借》，東京：出版者不详，1932 年版；参见陈争平：《1895—1936 年中国国际收支研究》，北京：中国社会科学出版社，1996 年版；濱下武志：《中国近代経済史研究——清末海関財政と開港場市場圏》，東京：汲古書院，1989 年版。关于中国国际收支平衡的估算，参见本书附录。

① 柯宗飞（音，Koh Tsung Fei）："白银行情"（Silver at Work），《金融与商业》（*Finance and Commerce*），第 25 卷第 11 号（1935 年 3 月 13 日），页 296—297。

钱,因为白银汇率低使汇款更有有吸引力。他们会把储蓄转成白银通货,在中国投资,在家乡置地或建造房屋。或者,侨民在中国的亲属需要更多的汇款,因为汇率降低意味着物价升高。当白银汇率低的时候,上述需求更容易满足。①

就中国采用的是银本位制而言,其货币价格随国际银价变化而变化。但是,上海外汇市场的汇率变动滞后于国外市场的银价跌落。在 1880—1931 年间,纽约白银价格高于美元在上海外汇市场的汇率,除了日俄战争(1904—1905)和一战(1914—1918)期间。在 1880—1931 年的 51 年间,有 23 年(1883、1886—1889、1892—1895、1899、1908、1910—1911、1913、1915、1917—1919、1922—1923、1926—1928)汇率高于输入点。这种差价使更多白银流入中国。 33

白银流动与中国货币供应

大部分进口银条用作货币。② 进口的银条不是被运往炉房熔成上海银锭,就是被运到几个地方铸币厂铸成银币。白银进口的增长增加了货币的供应量。

一战期间白银从中国流出,1920 年代白银向中国流入,这种反差说明了白银流动对中国货币供应的影响。一战期间,由于墨西哥白银供应的减少和欧洲国家的出口限制,1915 年国际白银价格开始上涨,一直持续到 1920 年。③ 世界市场白银价格的上升,使中国出口白银变得有利,相当数量的白银从中国运出,从而

① 雷麦:《外人在华投资》,页 185。实际上,当 1929—1931 年国际银价大幅下跌的时候,中国收到了海外华侨的大量汇款和外国投资。参见本书第六章。

② 耿爱德:《中国货币论》,页 87。

③ 雷文斯:《银钱》,页 135—139。

引起白银短缺。银行提供的溢价和利率比平常高很多。当 1918 年大战结束时，形势倒转过来，中国自 1913 年以来首次出现了白银净进口。尽管这样，中国还是不能得到它所需要的全部白银，因为美国和英国限制白银贸易。1918 年夏到 1920 年春的大部分时期，在中国出售白银都是有溢价的。①

1920 年，大英帝国解除了对白银出口的限制，国际银价回落。整个 1920 年，白银如潮水般涌向中国。因为，即使加上利息和运费，在中国以外币折算的银价多半比在纽约和伦敦为高，于是，银行和商人们在纽约和伦敦买入白银，然而再在上海出售，换成美元和英镑。中国把这些白银铸成银锭或银币。②

白银在这期间的供应增加引起轻微但平稳的通货膨胀。1913—1931 年间，批发价格在上海上涨了 62.7%，华北上涨了 82.4%，在广州上涨了 74.2%。③一战期间，物价跌落，但战争一结束，物价又开始上升。上海的年平均通货膨胀率是 3.0%，华北是 3.4%，广州是3.2%。学者王玉茹把收集到的原始价格数据
34 应用到天津、上海和广州的批发价格指数上，估算出 1913—1914 年的城市批发价格指数；她的估算表明，从 1913—1931 年，生产品和消费品的价格逐渐上涨（见图 1.6）。④

① 杨荫溥：《中国金融论》，上海：黎明书局，1936 年版，页 167。

② 雷文斯：《银钱》，页 144。

③ 中国科学院上海经济研究所、上海社会科学院经济研究所编：《上海解放前后物价资料汇编》，上海：上海人民出版社，1958 年版，页 4，126，175，184。

④ 根据天津（1913—1936，1938—1942）、上海（1926—1948）和广州（1924—1934）的物价数据，王玉茹首次计算出了每个城市的物价指数，并分别根据华北、华东、华南（三个城市的所在地）的人口估算出了每个指数的加权平均值，参见王玉茹："近代中国の都市における卸売物価変動と経済成長"，《鹿児島国際大学地域総合研究》，第 31 卷第 2 号（2004 年 3 月）。

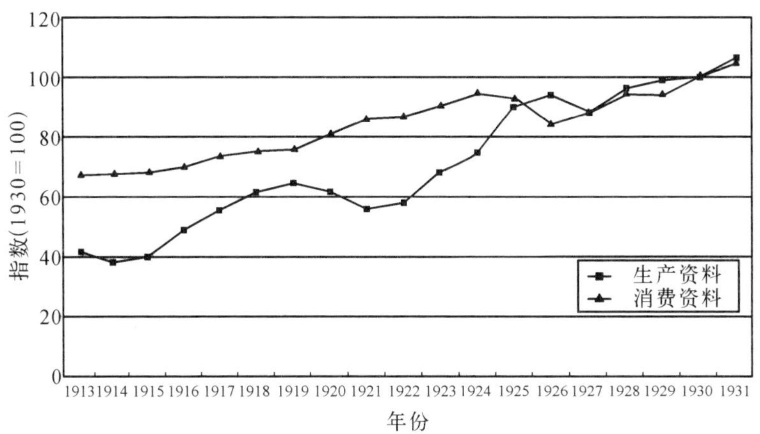

图 1.6　城市批发价格指数,1913—1931 年

来源:王玉茹:"近代中国の都市における卸売物価変動と経済成長",表 3,见《鹿児島国際大学地域総合研究》,第 31 卷第 2 号(2004 年 3 月),页 25。

有许多因素影响物价,但是白银供给的增加是其主要原因。[①] 白银增加不仅提高了物价,而且还给银行信贷成倍扩张提供了基础。尽管人们逐渐接收纸币,但他们信任的是银币。纸币必须以硬通货为支撑,否则就无法流通。[②] 在农村地区购买农产品仍需付银元。再者,物价上涨间接导致信贷抵押品的扩大,在这个意义上说,增加了通胀压力。

小　结

20 世纪初,在以金本位主导的国际货币体系中,中国实际上是唯一的持银本位的国家。从 19 世纪中叶开始,由于白银需求

① 久重福三郎:"物価より見た支那経済の一面",《支那研究》第 36 卷(1935 年 3 月),页 105—112。

② 杨荫溥:《中国金融论》,页 157。

35 下降而供应持续增加，白银价格呈螺旋式下跌。中国不能控制国
际银价的变化；白银是一种商品，它的市场价格受供需因素的影
响，而无关中国经济。与此同时，私营银行从事白银和外汇交易，
白银进出口数量的变化，取决于潜在的利润。这种白银流动影响
中国货币市场和物价。在这个意义上说，中国易受国际银价波动
的影响。即使白银的贬值和货币供应的增加限定了中国经济参
与者的预期，中国却无法控制白银的价格和进口量。波动的国际
36 银价对中国的经济来说，是一种潜在的威胁。

第二章　工业化的到来：长江三角洲地区的纺织业

全球白银贬值所引起的汇率下降和物价微涨，对19世纪晚期到1931年的中国经济产生了决定性的影响。中国最初的工业化浪潮就发生在这种环境之下，这一事实本身并没有受到应有的重视。这个背景有助于解释，为什么直到1931年，白银价格一上升，中国城市工业部门和农村农业部门就立即陷入严重危机之中。本章主要考察19世纪末到20世纪初中国的城市工业化。

中国的现代工业萌芽于1890年代或更早一些。[①] 据罗斯基(Thomas Rawski)估计，1912—1934年中国工业的年平均增长率是9.4%，超过了日本(6.6%)、英国(4.4%)、俄罗斯(苏联)(7.9%)。然而，正如罗斯基认为的那样，工业化对其他经济部门的影响不甚清晰。相对于整个经济体而言，1933年，工业只占国内生产总值的2.2%，而农业占到了60%。[②] 另外，还需注意工业增长的区域性。现代工业和服务行业过多集中在长江中下游 37
地区，尤其是上海和长江沿岸的一些城市。学者马德斌(Debin Ma)近来估算出，1933年，长江下游(江苏省、浙江省)的人口占全国总人口的12%，农业产值占全国的15%，手工业产值占

① 托马斯・罗斯基(Thomas G. Rawski)：《战前中国经济增长》(*Economic Growth in Prewar China*)，伯克利：加利福尼亚大学出版社，1989年版，页XX。

② 同上书，页65，页69—74。

32%,工业产量占57%。该地区还拥有占全国65%的金融服务业和包括水、电、天然气在内的57%的现代公共服务业。[①] 仅上海一地的制造业产量就占全国的40%,它的工业在1895—1936年间以9.5%的年增长率迅速发展。[②] 江苏省的工业产量约占中国本部的13%(不包括满洲);仅次于上海和日本人控制下的满洲,排名全国第三。像无锡和武进这样在沪宁铁路沿线的工业城市,二者的工业产量占到江苏省的79%。南通虽然位于长江北岸,但生产了江苏省36%的棉纺品和8.9%的面粉,进入了江苏省工业中心的行列。[③] 因此,1933年长江下游地区的人均国内生产总值超过中国平均数的60%,也超过日本统治下的朝鲜和满洲的40%—50%。[④] 鉴于中国工业分布的集中性和资源多样性,与其从整个经济还不如着重考察这几个地区,来揭示中国工业化的关键动力。下面,我就来探讨长江下游地区工业增长的几个方面,尤其是对照着20世纪初白银价格下降和轻度通货膨胀的大背景。

基于以下原因,我把考察重点放在棉纺业和缫丝业。首先,它们是这个地区的龙头产业。由于轻工业是现代机械化制造工业的主导力量,这两个产业的重要性因此不言自明。例如,1933

① 马德斌:"长江地区现代经济的增长:数量与历史视角"(Modern Economic Growth in the Lower Yangzi:a Quantitative and Historical Perspective),该文为全加州大学经济史组(All-UC Group in Economic History)"历史视角下的汇聚与分流:现代世界财富和贫穷延续的根源"(Convergence and Divergence in Historical Perspective:the Origins of Wealth and the Persistence of Poverty in the Modern World)主题会议论文,加利福尼亚大学尔湾分校,2002年11月,页13—14。

② 同上书,页7—8。

③ 林刚,唐文起:"1927—1937年江苏机器工业的特征及其运行概况",见《1927—1937江苏省工业调查统计资料》,南京图书馆特藏部、江苏省社会科学院经济史课题组编,南京:南京工业大学出版社,1987年版,页602—603。

④ 马德斌:"长江地区现代经济的增长",页1。

年，在江苏省27家主要工业企业中，棉纺业占总产量的43.87％(8 662.9万元)，缫丝业占9.37％(1 851.4万元)；分别占第一位和第三位。[①] 这两个产业是该地区工业发展的引擎。 38

其次，这两个行业的发展面临着亚洲其他国家纺织业的激烈竞争。近来，有日本东亚经济史学者强调，19世纪中期日本、朝鲜等亚洲国家开放通商口岸，不仅使西方人能够到亚洲旅行，而且还可以整合亚洲经济。“自由贸易”制度尽管为西方国家所强加，但亚洲商人和西方商人一道，使亚洲贸易大大发展起来。据学者杉原薰推算，1883—1913年，亚洲国家向西方国家出口的年增长率达到3.8％，进口的年增长率达到4.2％，几乎与同一时期世界贸易年增长率相当。1913年，亚洲与西方的贸易总值为21 506万英镑，亚洲内部的贸易总值为16 730万英镑。亚洲内部贸易的增长给人以更深刻的印象。1883—1913年，亚洲内部贸易增长率估计达到5.5％，高于亚洲与西方的贸易增长。[②]

由于贸易增长，在价格和质量上国际竞争更趋尖锐。对于工业化刚刚起步的亚洲国家来说，如何应对日益全球化的经济成了最大的挑战。中国的棉纺业和缫丝业也不例外。在中国国内市场上，日本和印度的产品与中国产品展开竞争。同样，在欧洲和美洲市场上，中国缫丝业也面临日本同行的竞争。通过考察这两个行业，我分析中国工业增长与亚洲其他国家工业化的关系。在这方面，因白银价格下跌所引起的汇率下降，既对面向国内市场

---

① 林刚、唐文起：“1927—1937年江苏机器工业的特征及其运行概况”，页595—596。第二大工业是面粉加工业，其主要瞄准中国国内市场与外国进口同类产品竞争。为了从一个更为宽广的视野考察汇率变化对中国经济的影响，我将集中考察出口导向的缫丝业。

② 杉原薰：“アジア間貿易の形成と構造”(《亞洲間貿易的形成與結構》)，京都：ミネルヴァ書房(密涅瓦书房)，1996年，页13—14。

的棉纺业，也对面向国外市场的缫丝业产生了巨大的影响。

第三，长江下游的棉纺业和缫丝业与农村紧密结合在一起。城市工厂从周边农村地区获取大部分原材料。上海、宝山、川沙、南汇、松江、金山、青浦、太仓、嘉定、南通、海门、启东和崇明的棉
39 花产区，为上海、无锡、武进、太仓和南通的纺织厂提供原棉。①1933 年，江苏省棉纺厂所需原棉有 60%来自上述地区。② 由于缫丝业主要在上海和无锡，太湖北岸和浙江绍兴的农村地区，成了主要的蚕茧供应地。1910—1926 年间，从江苏和浙江输往上海市场的蚕茧，超过一半来自无锡、常州、江阴的农村地区。③

城乡一体化引起了这样一个问题：传统的农业部门如何影响现代城市工业部门的发展？④ 长江下游的传统经济引起众多学者的兴趣，尤其是与前现代的欧洲经济两相比较。历史上，长江三角洲又称江南，以经济发达闻名（这里的“长江三角洲”，特指长江下游地区上海、无锡、南通等工业城市以及城市周边农村地区，见图 2.1）。⑤ 在从事农业生产的同时，很多农村家庭同时经营各

① 江苏省实业厅第三科：《江苏纺织业状况》，南京，1919 年，页 11。

② 实业部国际贸易局编：《中国实业志：江苏省》，第八编第一章，上海：实业部国际贸易局，1933 年，页 17—20；上海商业储蓄银行：《上海之棉花与棉业》，上海，1931 年，页 19。

③ 曾田三郎：《中国近代製糸業史の研究》，東京：汲古書院，1994 年版，页 13—14；高景岳、严学熙编：《近代无锡蚕丝业资料选辑》，南京：江苏人民出版社，1987 年版，页 108。

④ 另一个相关但不同的问题是，城市工业的增长是如何影响农村经济的。这个问题在研究中国经济史的学者中间一直存有争议。原因是快速的工业增长对农村部门产生了积极影响，但其他一些人认为农产品为城市工业而商业化，并没有改善农村家庭的福利。由于我这里把焦点放在了城市的工业化上，故没有直接触及农村的生活水准问题。本书第四章将详细分析大萧条期间农业部门的危机。关于近来长江三角洲地区农村经济的研究，参见本书第 99 页注③。

⑤ 包含以下诸县：上海、宝山、川沙、南汇、松江、金山、奉贤、青浦、昆山、太仓、常熟、嘉定、无锡、武进、江阴、宜兴、南通、海门、启东和崇明。我所说的周边农村地区的棉产区和桑蚕区，不与上述行政区划重叠，而是位于它们周边。

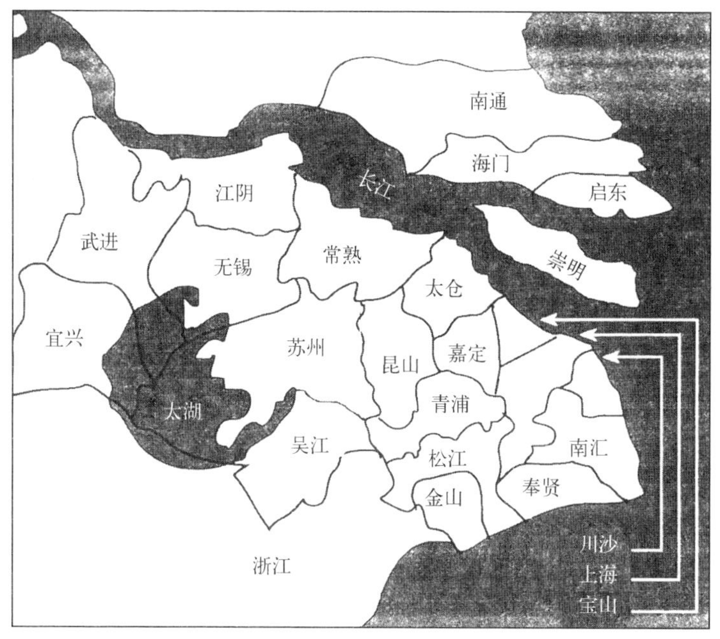

图 2.1　长江三角洲地区(民国时期)

来源：摘编自张心一：《各省农业概况估计报告》,《统计月报》第 2 卷第 7 号(1930 年 7 月),页 45。

种各样的副业，以获得额外的收入。棉织和丝织是两项主要的手工业。农业生产与农村手工业紧密相联。棉花产区的农户，种棉、纺纱、织布；桑蚕区的家庭养蚕、缫丝、织绸。彭慕兰(Kenneth Pomeranz)在关于这个地区经济高度商业化的文章中指出，18 世纪长江三角洲地区的居民生活水准，与同时期的西欧、北欧居民不相上下。[①] 基于对长江三角洲地区的研究，王国斌(R. Bin Wong)通过对长江下游地区的个案研究提出，在近代

① 彭慕兰："超越东西二元：重新定位 18 世纪世界的发展道路"(Beyond the East-West Binary: Resituating Development Paths in the Eighteeth-Century World)，载《亚洲研究期刊》(*The Journal of Asian Studies*)第 61 卷第 2 号(2002 年 5 月)。

早期，中国与欧洲的发展水平旗鼓相当。[1] 李伯重（Li Bozhong）在新出的两本著作中对中国经济在明清时期（14—19 世纪）停滞不前的观点提出挑战，论证了无论是在农业还是在工业领域，当时中国的技术和生产力都得到了改进和提高。[2] 因为侧重于对18 世纪前中国和欧洲经济的轨迹进行比较，彭慕兰和王国斌对
40 19 世纪中期以后的状况并没有深入挖掘。下面，我将在这些有关长江三角洲地区农村经济最新研究的基础上，来考察 19 世纪末期以来农产品、手工业品的商业化以及商品的市场化如何影响了城市经济的模式。像李伯重一样，我也认为，19 世纪中期长江三角洲发达的农村经济有助于该地区在 20 世纪初迅速工业化。[3] 然而，1910 年代之后国际竞争加强，加之城市纺织业和本地区农业部门的关系密切，城市纺织业随时调整以适应变动的商业环境的能力受到了限制。

现在，我就在我的分析视角之下，来考察现代纺织工业的发
41 展与城乡一体化的情况。

棉纺业

印度棉纱的进口与农村棉业的转变

历史上，长江三角洲地区早在元代（1279—1367）就成为主要棉产区。明代（1368—1644），棉纺织手工业伴随棉花种植而发展

---

① 参见王国斌：《转变的中国：历史变迁与欧洲经验的局限》（*China Transformed: Historical Change and the Limits of European Experience*），纽约：康奈尔大学出版社，1997 年版，特别是其关于前工业化的论述（页 38—42）。

② 李伯重：《江南农业发展（1620—1850）》，纽约：圣马丁出版社，1998 年版；《江南的早期工业化（1550—1850）》，北京：社会科学文献出版社，2000 年版。

③ 李伯重：《江南的早期工业化》，页 542。

起来。江南布匹售往满洲和整个中国本部。纺纱织布的活动绝大多数在私人农户家中进行。到 17 世纪中叶的明清之际，江南地区已经变得高度商业化，农民们专门种植棉花和从事棉纺织手工业，然后再从长江上游地区购买大米。①

通常，农民除纺出自己织布所需的棉纱外，会将剩余的原棉出售。对于他们来说，致力于种植棉花和织布更为有利。因此，棉纱的供应就成为长江三角洲地区农村棉纺业的瓶颈，并阻碍了纺织工业突破有限的生产量。

1842 年中国开设通商口岸后，在华英国商人就尝试输入机织的英国棉布和棉纱。但是，他们打入既有市场的努力不太成功，主要是英国棉织品不适合普通中国人的需求。② 英国棉布太薄，而中国农民更喜欢保暖耐用的衣料。只有富有的城市居民才买得起英国棉布；农民喜欢手织的土布。同样，英国棉纱比 20 支纱还要细，对于手工织布来说太细了；而家用手纺棉纱要比 12 支纱粗。③

1870 年代，中国开始大量进口机纺棉纱。尽管经常被冠以
洋纱或西洋纱，但它的产地是印度而不是英国。1860 年代，由于
美国内战，全球原棉的供给量减少。棉花原料的不足严重影响了
英国的棉纺工业，随之上涨的棉价迫使英国政府鼓励从殖民地印 42
度进口棉花。印度原棉的产量迅速增加，所获利润又投资到纱厂
上。长期以来，印度向中国输入鸦片。因着鸦片贸易的经验，印
度主要的出口商，比如沙逊集团（the Sassoons），极大地推动了印

① 西嶋定生：《中国経済史研究》，東京：東京大学出版会，1966 年版，页 732。

② 同上书，页 439—459。

③ “支”指的是每磅棉花所纺纱线的码数，如 1 支纱，就是每磅棉花纺出 560 码的纱。译者按：支数越高，表示纱越细。

度对中国的棉纱出口。[①] 印度原棉纺成的棉纱对于印度本地的手纺业来说太粗，它们主要生产的是平纹布和白棉布等细织布。

但与英国同行不同，印度的棉纺工业在中国发现了巨大的市场。印度机纺的粗纱结实耐用，深受中国农民喜爱[②]，加之其价格低廉，足以和中国本土的手纺棉纱竞争。1874—1892 年间，印度棉纱的价格稳步下降。在 1873—1895 年世界经济萧条期间，工业品价格跌落。但由于白银价格也在下降，因此中国从金本位国家进口货物的价格并没有降低。当时印度和中国都使用银本位，进口印度棉纱并不受汇率影响。铜对银的高比价也助长了印度棉纱的渗透。1870 年代中期，铜的价格开始上升，并在 1890 年代中期加速增长，这样的局面一直持续到 1904 年。印度棉纱进口时候是用白银价格计算的，但在地方出售时候是使用铜币计价。[③] 相对白银价格来说，1890 年代之后，尤其是 1899 年印度采用金本位之后，印度棉纱的价格是上升了。然而，以铜币计算的棉纱价格因铜对银比价的持续上涨而保持相对稳定。在上述环境影响下，大致在 1870—1904 年间，地方市场上印度棉纱的零售价格呈下降趋势。[④] 中国进口印度棉纱迅速激增，尤其值得注意的是，1898 年，进口棉纱的总价值（417 万英镑）超过了长期在中印贸易中占主导地位的鸦片进口总价值（357 万英镑）。[⑤]

---

① 杉原薫：《アジア間貿易の形成と構造》，京都：ミネルヴァ書房，1996 年，页 65—66。

② 小山正明："清末中国における外国綿製品の流入"，载近代中国研究委員会編《近代中国研究》第四輯（1960 年），重印于小山正明所著《明清社会経済史研究》，東京：東京大学出版会，1992 年版，页 459—507。

③ 铜钱的使用及其与银币的关系，见本书页 17 注①。

④ 森时彦：《中国近代綿業史の研究》，京都：京都大学学术出版会，2001 年版，页 14—15。

⑤ 杉原薫：《アジア間貿易の形成と構造》，页 23。

印度棉纱最早进入南方和西南诸省，如广东、福建、广西、贵州和云南。这些地区的人们原来是从长江三角洲购买棉布，现在他们购买便宜的印度棉纱自己织布。同样，北方和东北各省也开始购买印度棉纱来织布。这些地区的农民以前从不自己织布，因 43
为手纺纱在极端干燥的气候里太不耐用。用印度棉纱为经线、国内手纺纱为纬线，中国农民织成一种新土布。传统棉产区的长江三角洲地区的农民，很迟才接受印度棉纱。即使手纺棉纱需要更多的劳动且产量有限，他们也不愿意花钱购买印度棉纱。然而，为了继续向其他地方销售布匹，他们不得不设法降低成本。从1885—1894年，长江三角洲地区的大部分农民放弃了效率低下的手纺纱，转而购买印度棉纱。① 他们虽不再纺纱，但继续织布出售。不过，他们并没有完全放弃种植棉花，只是仅种植少量供自己消费。这样，印度棉纱就改变了中国棉织品的生产和消费。

中国纱厂的出现

作为得到政府大力支持的进口替代项目，棉织品的机械化生产始于1890年代，用以抵制1880年代以来印度棉纱进口的迅速增长。但是，直到1895年，中国的棉纺制造业才开始发展。《马关条约》保证了日本和其他外商有权在中国建厂。这触动了中国商人的爱国情怀，同时在政府的鼓励下，他们开始着手发展自己的制造业，其中就包括纱厂。在1896—1899年间，有8所纱厂建立起来，产能从1895年的174 564锭上升到1899年的336 722锭。长江三角洲地区的城市开始成为中国的工业中心，上海纱锭存量161 084枚，占该地区总数的48%，无锡10 192枚，苏州

① 徐新吾编：《江南土布史》，上海：上海社会科学院出版社，1992年版，页115；小山正明："清末中国における外国綿製品の流入"，页507—514。

18 200 枚，南通 20 350 枚(纱厂的数目参见表 2.1)。①

表 2.1 纱厂的数目，1890—1931 年

年份	上海	江苏	其他地区
1890—1895	6	0	1
1896—1913	10	6	8
1914—1919	11	9	9
1920	21	18	23
1921	23	22	28
1922	24	24	28
1923	n. a.	n. a.	n. a.
1924	26	21	29
1925	22	19	28
1926	n. a.	n. a.	n. a.
1927	24	19	30
1928	24	19	30
1929	24	19	30
1930	28	19	35
1931	28	21	35

来源：严中平：《中国棉纺织史稿》，页 327—340；上海市棉纺织工业同业公会筹备会编：《中国棉纺统计史料》，页 1。

作为城市棉纺业发展的一部分，农村地区同城市紧密地结合
44 在一起，这种紧密的城乡关系同时塑造了城市工业和乡村农业。工厂从通州地区(南通、海门、启东和崇明)、太仓—嘉定地区和上海地区(上海、宝山、川沙、南汇、松江、金山、青浦和奉贤)获取原棉。产自通州地区的通州棉，因纤维结实、质地均匀，在上海原棉市场被誉为上品。产于上海地区的棉花质量比较差，售价相对较低。所有这三个地区出产的短绒棉适合纺成粗纱。② 为了和印

① 严中平：《中国棉纺织史稿》，北京：科学出版社，1963 年版，页 184。

② 上海商业储蓄银行：《上海之棉花与棉业》，页 7；实业部国际贸易局编：《中国实业志：江苏省》，第八编第一章，页 125。

度棉纱竞争,这些纱厂需要附近地区短绒棉的充足供应。讽刺的是,正是与内地的密切联系使它们处于竞争劣势。

1895—1904 年中国棉纺业的发展。中国市场对粗纱的需求
不是无限的。就在鸦片战争之前的 1840 年,国内手纺纱产量约 45
610 万担(一担相当于 133.33 磅)。其中,290 万担(47.5%)用于自足性的织布制衣。剩余 320 万担棉纱(52.5%)织成布匹向市场出售。[1] 农民不会购买机纺棉纱来制作自穿用的衣服。但用机纺棉纱可以制作大量质量更好的衣服。因此,对用于市场生产的这 320 万担来说,农民有足够的动力去使用机纺棉纱。早在 1899 年,包括进口的和国内生产在内的机纺棉纱的总供给量已达到 371.4 万担,超出了预计的需求。

尤其是头十年经营中(1895—1904),棉纺厂遇到了种种困难。粗纱的市场需求有限,中国纱厂不得不面对与印度和日本进口棉纱的竞争(见图 2.2)。相对于银价的高铜价又降低了中国国内市场上国外棉纱的进口价格。为了与印度纱竞争,中国纱厂与国内布匹经销商(布庄)订立合同,赊给他们棉纱;这些商人把棉纱分送给农民,织成布匹,再由商人收购回来;当商人把布出售之后,纱厂才收回货款(这种做法叫做"放纱收布")。[2] 用这种办法,中国纱厂设法撑过了从 1898—1904 年这入不敷出的五年。

1904 年,相对白银而言铜价急剧下降,这对中国纱厂是有利的。那一年,以印度棉纱为主的进口棉纱数量开始下降,而在过

---

① 许涤新、吴承明编:《中国资本主义发展史》第 2 卷,北京:人民出版社,1990 年版,页 331。

② 徐新吾编:《江南土布史》,页 330。

去的十年里,洋纱的进口增长了七倍以上。[①] 得益于铜价下跌,中国纺纱企业占国内市场的份额开始扩大。[②] 总体上,从 1899 到 1919 年,机纺棉纱的供应总量大约仍保持在 400 万担,只是这时期中国棉纱的比重增加了。但是,直到 1920 年代,局面始终是中国、印度、日本共同竞争中国农村市场有限的粗纱需求(见图 2.2)。

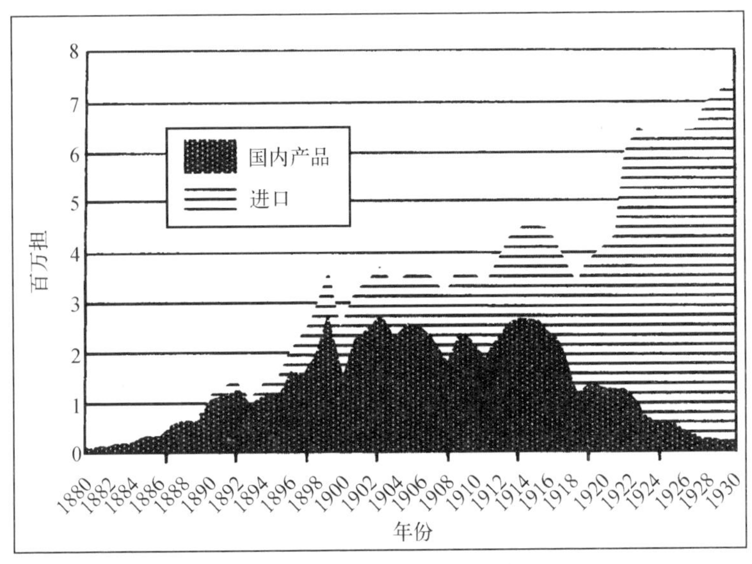

图 2.2 机纺棉纱在中国的市场份额,1880—1930 年

来源:赵冈,陈钟毅:《中国棉业史》,台北:联经出版公司,1977 年版,页 294—296;丁昶贤:"中国近代及其棉纺工业设备、资本、产量的统计和估量",见《中国近代经济史研究资料》第 6 辑(1987 年 4 月),页 87—89;萧亮林(音):《中国国际贸易统计手册,1864—1949 年》,马萨诸塞州剑桥:哈佛大学出版社,1974 年版,页 86。

注:赵冈、陈钟毅给出的数量单位为包,图中数据已经根据 1 包=3 担的比率换算成担。中国出口棉纱已经从国内产量中扣除。

① 如上所述,印度棉纱的进口价格在通商口岸是以银两表示的,但在地方农村市场却以铜钱表示。

② 森时彦:《中国近代綿業史の研究》,页 36。

由于原材料占成本的80%,并且中国纱厂主要依靠本地的
棉花供应,所以原棉价格决定着纱厂的利润。地方棉花价格明显 46
随着年产量而波动。另外,中国原棉市场与包括美国、印度、埃及和中国本地在内的国际原棉市场紧密相连。就粗纱来说,中国纱厂购买印度棉花来补充国内原棉的不足,仅进口少量适合纺细纱的美国长绒棉。① 然而,美国对中国棉价的影响主要出自日本对国际棉花市场的需求。虽然日本生产棉产品,但却不产棉花。当美国原棉价格抬高时,日本的纱厂和商人就会大量购买中国原棉,从而推升中国的棉价。通过这样的方式,中国的棉价响应了美国棉价的变化。②

在19世纪末之前,中国、印度和日本的棉纺织业已经紧密关
联起来。所有这三个国家的棉纺业都消费印度和中国的原棉,日 47
本和印度生产粗纱供给中国农村市场。在这三个国家的激烈竞争中,金本位的日元和卢比与银本位的中国元之间的汇率波动起到了关键作用;汇率的变化既影响进口棉纱价格,也影响出口原棉的价格。

一战和中国棉纺业的黄金时代

一战期间和战后,棉纱需求和原棉获得方面都利于中国工业,中国纱厂遂走向繁荣。国际局势大体上也成为中国工业发展的一个有利因素。一战的爆发使银价50年来头一次大幅上升。不过,随着西方国家商品价格的上涨,中国的进口货物价格也上涨了,其中大多数是工业品。国内市场上,中国棉纱和印度、日本棉纱相互竞争,进口价格的上升也自然抬高了国内市场价格。

① 上海商业储蓄银行:《上海之棉花与棉业》,页2。

② 森时彦:《中国近代綿業史の研究》,页197。

五四运动也令中国纱厂所占市场份额得以扩大。在“抵制日货”和“提倡国货”等口号的影响下，低于 20 支的日本粗纱在中国市场上几乎全部消失了。① 高涨的民族主义也给棉纺工业带来了繁荣，生产规模明显扩大。自 1914—1922 年间，有 49 家工厂建立，其中 39 家都是在 1920—1922 年间开张的。仅在棉花工业中心的上海地区，就有 15 家新厂成立。② 在短短一年半内(1919—1920)，纱锭的数量增加了 883 700 枚：24 家新建工厂拥有 416 800 枚，另有 23 家工厂在纺机上新增了466 900枚纱锭(见表 2.1)。③

尽管不能取代更细的日本纱(大于 20 支)，但中国纱厂成功
48 地抓住了日本人曾经主导的粗纱市场。中国棉纱供应在 1913 年
只占国内市场的 1/3，但战后达到了 70%，甚至在 1921 年达到了
约 90%(见图 2.2)。

纱厂利润基于生产成本(主要是原棉购买开支)和销售价格之间的差额。1919—1921 这几年，中国棉业进入了“黄金时代”。1918 年和 1919 年，中国喜获棉花丰收，充足的原棉供给使价格保持在低水平。通常，中国出口原棉几乎 80%被日本购买，但在 1919 年，白银汇率的上涨和印度棉花大丰收使印度棉更加便宜。结果，日本纱厂转而从印度购买原棉，将从中国的进口降低了 25%。这导致中国国内市场上原棉泛滥，价格持续低迷。1919 年，棉纱价格上升到每包 41.5 两，而原棉下降到每担2.75两。在“纱贵花贱”的有利条件下，中国纱厂可获得高达每担50.55两的利润。④

---

① 森时彦:《中国近代綿業史の研究》，页 205—222。

② 严中平:《中国棉纺织史稿》，页 175。

③ 同上书，页 325；森时彦:《中国近代綿業史の研究》，页 227。

④ 严中平:《中国棉纺织史稿》，页 186。

新纺织品市场与日本的挑战，1926—1931 年

在景气的年头里，中国棉纱产量从 1913 年的 140 万担上升到 1922 年的 500 万担，超过了据实际估算的供应农村市场所需的 400 万担。而且，市场对粗纱的需求减少了；由于机械织布在战后的农村地区得以立足，这些织布机以及城市纺织厂的产出便取代了传统的土布，机织布需要更细的棉纱，通常要大于 20 支，有时需要 36 支或 42 支。用这样的纱线织成的布又宽又薄，而且耐用。中国人管这种机织布叫“改良土布”，这表明人们认识到它比传统手工纺织品更为精良。但却是日本工厂而不是中国工厂能满足这种新生需求。①

就如印度的棉纺工业一样，日本纱厂最先是向中国市场出口
粗纱。当成本增加迫使日本企业退出粗纱市场后，日本的贸易公 49
司转而向中国出口大于 20 支的细纱。直到 1916 年，向中国出口的日本纱平均支数仍低于 16，但 1917 年就超过 20 支，1919 年达到 26 支，最终达到 1924 年的 29.5 支。② 但是，日元对中国白银高汇率妨碍了日本纱的出口。1925 年前后，日本对中国的细纱出口几近停滞。鉴于此，日本企业开始在中国建厂，以避免汇率的负面影响，并利用廉价的中国劳动力获利。1920 年代初，在华日本棉纺厂（“在华纺”）迅速增加，截至 1924 年，共有 35 个纱厂，拥有纱锭 1 062 288 枚，较 1919 年增长 3.7 倍。到 1930 年，日本在华纱厂数量达到 39 个，拥有纱锭 1 593 000 枚。③ 其中大部分在上海（26 家纱厂，1 109 316 枚纱锭）。日本在华纱厂专门生产

① 徐新吾编：《江南土布史》，页 481。
② 森时彦：《中国近代綿業史の研究》，页 323。
③ 高村直助：《近代日本綿業と中国》，東京：東京大学出版会，1966 年版，页 116。

一种适合机织布的超过 20 支的细纱。1920 年,这种细纱的平均支数是 16.8,1925 年是 19,1927 年是 21.7,1931 年是 27.1。① 由于中国短绒棉不适合生产细纱,日本纱厂就从美国进口长绒原棉。进口数量无案可查。但是,考虑到日本纱厂在细纱市场中占据优势,那么很可能在 1920 年代至 1930 年代,它们进口了大量美国棉花。

日本纱厂还生产布匹。在 1924—1930 年的 6 年里,日本纱厂的织布机增加了一倍多。其产品在中国北方找到了市场。通过纺纱和织布,日本企业加强了在中国市场的竞争力。②

自 19 世纪晚期以来,长江三角洲地区用当地的原棉纺粗纱。1920 年代中期,来自农村手工织布业的需求最好时也就是停滞不前;相反,适合机器织布的新兴棉纱市场却兴旺起来。这种发展迫使中国转产适合机织的细纱。1920 年代晚期,申新和永安等地一些较大的中国纱厂试图学习日本纱厂,但这样做需要购买新的机器设备并找到合适的原棉供应。③ 长江三角洲生产的原
50 棉数量不能满足该地区日益增长需求,而且因是短绒棉,只适合纺粗纱。纱厂不得不去中部、西北部以至美国另寻合适的原棉。大部分中国纱厂承受不起这样的生产成本。于是,直到 1930 年代初,上海和长三角的其他城市的纱厂所需的原棉仍有约 60% 来自周边的内地农村。因此,大多数中国纱厂仍继续生产粗纱。

*　　　　*　　　　*

在 20 世纪初期,长江三角洲地区的棉纺织业利用临近棉花产区的优势发展起来。城市纱厂适应短绒棉供应为国内市场生

---

① 森时彦:《中国近代綿業史の研究》,页 327—328。
② 高村直助:《近代日本綿業と中国》,页 118—119。
③ 森时彦:《中国近代綿業史の研究》,页 330—331。

产粗纱。即使在日本和印度同行的激烈竞争下，中国纱厂还是扩大了粗纱市场占有份额。只是到了 1920 年代晚期，随着粗纱需求出现饱和，中国纱厂才发现必需转产以扩大细纱市场份额，后者已被日本企业垄断。因为当地原棉不适合纺细纱，购买新机器又花费巨大，中国纱厂很难实现转产。不久，当作为粗纱主要买方的农村地区开始感受到经济大萧条的影响时，中国纱厂所面临的需求萎缩要比日本纱厂严峻得多。

缫丝业

19 世纪初长江三角洲地区的养蚕业

16 世纪，长江下游地区成为中国首要的丝绸产区。太湖南
岸的附近乡村是桑叶种植和蚕丝生产的中心。浙江湖州所产的
辑里丝（或称七里丝，英文 tsatlee 即为“七里”的音译）是公认最
好的蚕丝，在国内和国际市场上都价格不菲。明末清初，养蚕和 51
丝绸纺织业成为江南地区农业经济和商业化活动的重要部分。①
当地农民在种植稻米之余，植桑养蚕、缫丝纺绸。

直到 19 世纪中叶，太湖南岸各县仍是中国的桑蚕中心。1850 年代，法国发生了一场可怕的蚕瘟，生丝出口由 1853 年的 433.3 万担滑落至 1865 年的 6.7 万担。蚕瘟蔓延到欧洲其他国家和中东地区，使欧洲的养蚕业遭受毁灭性的打击。蚕瘟造成丝绸市场严重短缺，而中国能填补这个空白。1851 年，上海出口了 14 486 担生丝；两年后，这个数字翻了一倍，上升到 33 034 担；

---

① 在清代，江南指的是江苏省南部的五个辖区常州、松江、苏州（及太仓的一部分）、镇江和江宁，以及浙江北部的三个辖区杭州、湖州和嘉定。参见李伯重：《江南农业发展》，页 3。

1854 年，达到 44 430 担，是 1851 年的三倍。

1860 年代初，太平天国运动破坏了养蚕区和城市的丝织业。叛乱发生后，长江下游地区丝织业的传统分布有了明显变化。除了太湖以南的地区外，新的桑蚕中心出现在太湖北岸，如无锡和武进。太平天国运动之前，无锡从来没有生产过如此多的蚕丝，而到了 1880 年，每年可以生产 2 000 担生丝，其中 40%通过上海出口，其余供应本地的丝织业。[①] 这种新产区出产的生丝叫太丝，不如传统的辑里丝质地优良。

1870 年代和 1880 年代，国际市场发生重要变化。在需求方面，法国的桑蚕业一直没有从 1850 年代蚕瘟所带来的衰退中完全恢复过来，因此，法国增加了从海外的进口。美国丝织业的发展也增加了对生丝的需求。对于中国这一传统的国际市场供应方而言，这是刺激出口的一个机会。但多数时候，中国没有满足这些新需求。当丝织业从太平天国运动中的破坏中恢复过来，国内市场对生丝需求的增加使出口受到抑制。与此同时，日本的生丝出口却迅速增加。与日本生丝比，中国生丝粗细不均、韧性不强。1870 年代和 1880 年代的国际市场上，日本生丝的声誉更
52 好，于是中国生丝的价格就下跌。[②] 要提高竞争力，必须改善生丝质量。不过，中国缫丝业的改革不是由中国商人而是由从事生丝贸易的外商发起的。

机械缫丝工厂的出现

外商在上海建立机器缫丝厂，为海外市场生产高质量的生丝。

---

① 李明珠(Lillian M. Li)：《中国的丝贸易：现代世界的传统工业(1842—1937)》(*China's Silk Trade: Traditional Industry in the Modern World, 1842—1937*)，马萨诸塞州剑桥：哈佛大学出版社，1981 年版，页 109。

② 曾田三郎：《中国近代製糸業史の研究》，東京：汲古書院，1994 年版，页 48。

1862年，怡和洋行(Jardine, Matheson & Company)在上海建立了第一个机器缫丝厂——纺丝局(Silk Reeling Establishment)。这完全是一家欧式工厂，开始有丝机100台；1863年又增加了100台。该厂由一个曾在意大利经营缫丝厂的英国人管理。发动机、锅炉和卷轴机由香港制造。另外，雇用法国的女技师训练中国女工。

纺丝局的产品销往法国，声誉不错，售价也高。然而，这家工厂遇到了严重的困难，尤其是不能得到充足的蚕茧以保证连续生产。这个问题既有技术性因素又有政治性因素。新鲜蚕茧容易变质，难以长时间储备大量蚕茧。蚕茧一旦从农村收购过来，工人们就必须尽快缫丝。蚕季结束时，丝厂也就不得不停产。工厂还遭遇中国官员和当地丝商的抵制，他们认为它购买蚕茧对当地的丝织贸易是一种威胁。纺丝局无法克服上述困难，终于在1870年关闭。[①] 它的失败突显出从农村地区获取蚕茧的困难性。

纺丝局关闭后，只有少数几家小缫丝厂得以维持，但都好景不长。上海第一家成功的缫丝厂是由美国旗昌洋行(Russell and Company)创办的旗昌丝厂。虽然这家缫丝厂在1878年建立时只有50台丝机，但在1880年就增加到150台。后来它改名为宝昌丝厂，到1891年拥有850台丝机。[②] 另有几家外商缫丝厂也获得了成功。1882年怡和洋行开办了它第二家缫丝厂——上海 53
纺丝局，后来改名为怡和丝厂，拥有200台丝机。到1894年，上海已有四家缫丝厂。

外国缫丝厂并非都是外商独资。例如，怡和就是40%的外资和

---

① 徐新吾：《中国近代缫丝工业史》，上海：上海人民出版社，1990年版，页127。
② 同上书，页135。

60%的中资。瑞纶为中德合资企业,公和永丝厂是在英国公司公和洋行名下注册的。由中国商人出资创立和经营的乾康丝厂,隶属于一家法国公司。参与丝织业的外商公司买办和中国丝商喜欢有个外国名头,这样可以避免中国政府的干涉和享受治外法权。①

1882年,一个名叫黄佐卿的湖州丝商在上海开办了第一家自主全资的缫丝厂。此后十余年,到中日甲午战争后,中国政府开始支持现代工业发展,才有了第一家机器缫丝厂。正如棉纺工业一样,许多中国企业家选择在上海建立丝厂。到1894年上海有10家缫丝厂,1898年增加了三倍,总数达到29家。与此同时,从前产权归于外商的丝厂也转入中国商人名下。除怡和丝厂之外,其他都属于中国商人。②

但直到1906年,城市丝业的发展仍受制于几个因素。其一是资金问题。建立一个工厂需要大量资金。许多缫丝厂都把大笔资金用于添置设备,进口新的意大利缫丝系统(tavelle system),生产规模也颇大。一位研究中国江浙地区蚕桑业的日本观察家在1891年指出,过于巨额的厂房和机器投资风险高、回报小。③

蚕茧的供应也成问题。在1890年代至20世纪头几年,丝厂主遇到了和当年纺丝局同样的难题:他们得不到足够数量的高质量蚕茧。尽管长江下游盆地是主要桑蚕区,但提供给城市机器缫
54 丝厂的蚕茧有限。在太湖南岸传统的养蚕区,农民们把多数蚕茧留下为自己手工缫丝用。农村传统的手工丝织业令城市新建的缫丝厂在收购蚕茧上遭遇困难。只有像无锡、武进、江阴等太湖北岸新的养蚕区为上海的丝厂供应蚕茧。无锡与上海水路相连,

① 徐新吾:《中国近代缫丝工业史》,上海:上海人民出版社,1990年版,页133。
② 同上书,页140。
③ 農商務省:《清國蠶糸業調查復命書》,東京:農商務省農商務局,1899年。

交通便利，遂成为供茧的主要中心。① 1850 年代后期，当地农民开始从事桑蚕业，但他们发现自己不能缫出能卖高价的优质丝。因此，他们选择专门为城市缫丝厂养蚕。② 甲午战争后，城市丝厂的蚕茧需求猛增，尽管太湖北岸新桑蚕区的产量有所增加，但需求还是远远超出了供给。于是，在短短几年内，蚕茧的价格就增加了一倍多。③

机器缫丝厂的发展，1905—1908 年

资金和蚕茧供应问题大致在 20 世纪头几年得到解决，城市丝业由此迎来迅猛发展。1906 年后，丝厂的数量和产量都增加了（见表 2.2）。

表 2.2　上海和武进的丝厂和丝机年平均数，1890—1930 年

年份	上海		无锡	
	丝厂	丝机	丝厂	丝机
1890—1895	9.3	2 516	0	0
1896—1900	24.0	7 315	0	0
1901—1905	22.6	7 819	0.4	38
1906—1910	38.0	10 568	2.6	492
1911—1915	53.6	13 954	6.4	1 805
1916—1920	65.2	17 958	10.4	3 157
1921—1925	67.4	17 418	18.0	5 632
1926—1930	99.2	23 158	36.2	10 734

来源：徐新吾：《中国近代缫丝工业史》，上海：上海人民出版社，1990 年版，页 611—613。

① 徐新吾：《中国近代缫丝工业史》，页 196。

② 1913 年，无锡总数 142 134 户农村家庭 99%都养蚕，但仅有 7%的家庭缫丝（参见江苏省实业厅编：《江苏省行政报告书》，转引自高景岳、严学熙编：《近代无锡蚕丝业资料选辑》，南京：江苏人民出版社，1987 年版，页 9）。

③ 曾田三郎：《中国近代製糸業史の研究》，页 178。

工厂租赁制度(租厂制)提供了一种减少开厂成本的途径。在这种体制下,中国企业家把工厂的所有权与经营权分离。丝厂的所有者,也就是产业主,修建厂房,装配设备,然后把它租给丝厂营业主,后者生产生丝,用所获利润支付工厂的租金。鉴于缫丝业的不稳定性,产业主更喜欢向营业主收取固定的租金。营业主虽然肩负风险,但能用有限的资金启动自己的生意。租厂制的出现完全是偶然的。在 1894 年甲午战争后的商业萧条中,一些丝厂的产业主不得不出租他们的设备。产业主并不局限于像丝商、西方贸易公司的买办这些行业中人。一些常驻商和钱庄也建
55 设丝厂以供出租。租厂制先是在上海出现后又传到无锡。到一战前,上海 55 家丝厂有 44 家(80%),无锡 15 家丝厂有 10 家(66%)是租营性质。①

为了保证足量的蚕茧,茧行在农村中心地区建立起来。茧行从当地农民手中购来蚕茧,在烤箱中烘干,然后船运到上海储存,在那里抽出蚕丝。茧行须经官方特许才能经营,往往因垄断一方而获利。② 多数茧行为当地权贵所有。建一个茧行,平均费用约 2—3 万银元,大的可能需要 6—7 万,小的也需要 1 万。早期,有些茧行为丝厂所建,但这种运作方式并没有继续发展。例如,1930 年,在 1 318 个茧行中,大约只有 10%为丝厂所有。丝厂不得不为此增加额外费用支付给茧行业主,但依靠这些当地精英,丝厂获得了稳定的蚕茧供应。

丝厂的生产能力与出口增长相当。1894 年,厂丝首次与手

① 曾田三郎:《中国近代製糸業史の研究》,页 186;徐新吾:《中国近代缫丝工业史》,页 184;陈慈玉:《近代中国机械缫丝业,1860—1945》,台北:中研院近史所,1989 年,页 31—33。

② 陈慈玉:《近代中国机械缫丝业,1860—1945》,页 21—25。

丝分开单独计算，白厂丝仅占白丝出口总量的 7%。但是随着厂丝的快速发展，到一战前夕，这个数字是 55%，到 1920 年代初， 56
这个数字上升到 60%。法国在一战结束前一直是中国丝的主要进口国。1906—1919 年间，厂丝占出口法国的中国丝总量的 59%—72%。① 法国要在手织机上织出质地精良的丝织品，必需用细线丝，中国丝尤其从无锡茧中抽取的丝完全符合这一要求。②

战后中国缫丝业的挑战，1919—1930 年

一战结束之后到 1930 年间，长江三角洲地区的上海和其他城市的缫丝业保持发展，丝厂数量和丝机数量都在增加（见表 2.2），产能随之增长。无锡成为仅次于上海的第二大丝业中心。③ 1904 年，上海的一个买办周舜卿在他的老家无锡东泽镇成立了无锡市第一家缫丝厂。1909 年，另一个上海买办薛南溟在无锡开办了锦记丝厂。④ 继这两家之后，在 1904—1919 年之间，又有 11 家丝厂相继开办，共有丝机 3 620 台。一战之后增长加速：从 1919 到 1922 年，8 家丝厂成立，共有丝机 2 600 台。在接下来的六年里，又涌现了 18 家丝厂，共增加丝机 3 946 台。这样，到 1928 年，总产能计有 37 家丝厂，10 166 台丝机。⑤

虽然经济萧条中有不少丝织厂停业，但总体生产能力的提高使繁荣期保持了一段时间。生丝出口数量和总值都持续增长。比如，据文献记载，1922 年上海 67 家丝厂中有 64 家盈利，盈利

---

① 曾田三郎：《中国近代製糸業史の研究》，页 67。

② 李明珠：《中国的丝贸易：现代世界的传统工业（1842—1937）》，页 81—84；曾田三郎：《中国近代製糸業史の研究》，页 381。

③ 陈慈玉：《近代中国机械缫丝业，1860—1945》，页 79—83。

④ 高景岳、严学熙编：《近代无锡蚕丝业资料选辑》，页 46。

⑤ 徐新吾：《中国近代缫丝工业史》，页 197。

率从 2%—15%不等。① 1925 年和 1926 年是最好的年份；上海的一些丝厂纪录表明，利润可高达 100%。②

但是，一战之后，中国养蚕业的商业环境发生了变化。在战后年代，法国对生丝的需求萎靡，中国丝厂只好向美国寻求新的市场。上海销往美国的蚕丝占蚕丝出口总额的百分比，从 1900 年的 15.7%升到 1910 年的 25%，1920 年升至 32.9%，1925 年则
57 达到 44%。19 世纪末期，美国就成为重要的生丝消费国，进入 20 世纪时已是最大消费国：美国生丝进口总量超过 3 100 万磅（约 23.3 万担），约占国际生丝贸易的 60%。到 1920 年代末，美国每年进口生丝总额达 45 万担。

中国丝厂打入美国市场并不容易，因为那里原本被日本生丝所占领。自 19 世纪晚期以来，日本向美国市场而不是欧洲市场供应生丝——美国使用机器织布机，要求使用标准的生丝，日本生产的生丝虽然品级不高，但均匀而有韧性，更符合美国市场的需求。中国能够供应的是传统欧洲市场需要的细纱。

中国丝厂与日本同行的另一个不同是机器的使用。中国进口欧式蒸汽缫丝机。尽管投资这些昂贵的钢制机器有风险，但租厂制使一般人能以较少的资金开展缫丝业务。这种管理方式使中国丝厂能为欧洲市场生产生丝。但是，中国丝厂不能经常地更新进口机器，因此技术陈旧落后。相比之下，日本改进欧洲技术使之适合本土需要，缫丝技术更加复杂而多样化。一些人采用蒸汽机，另一些人使用水力机器。丝厂多是小规模的，大多不到

---

① 罗伯特·昂（Robert Y. Eng）：《经济帝国主义在中国：生丝生产与出口（1861—1932）》（*Economic Imperialism in China: Silk Production and Exports, 1861—1932*），伯克利：加利福尼亚大学东亚研究所，1986 年版，页 187。

② 刘大钧：《上海缫丝业》，上海：出版者不详，1931 年版，页 113—114。

100 个丝盆。这种技术和企业经营上的灵活性使日本丝厂在价格上更具竞争力。①

为了进入美国市场，中国丝厂需要提供符合美国质量标准的产品。1920 年代后期，丝厂尝试几种方案以提高质量，比如在丝厂增加额外的丝机，检查出口生丝的质量，但收效甚微。更糟的是，战后蚕茧质量变差。不断攀升的茧价诱使无锡、武进和宜兴
的蚕农在现有桑叶供应的条件下饲养更多的蚕。这样做增加了 58
蚕茧数量，却牺牲了质量。② 结果，中国蚕丝很难大举进入美国市场：在 1920 年代，中国蚕丝在美国市场上所占份额大约在 10%—20%，而日本是 70%—85%。③

小　结

长江下游地区棉纺业和缫丝业具有以下几个重要特征。第一，城市工厂依赖附近内陆农村的原材料。当地原材料的供应对纺织业至关重要，但企业却无法控制原料的种类和质量。1920 年代末，当他们遭遇挑战，需要调整产品以开拓新市场的时候，对当地原材料的过度依赖就成为一个不利因素。第二，这两个产业都面临海外同行的激烈竞争：在国内的粗纱市场，棉纺业与印度和日本的纱厂竞争；在欧洲和美国市场，缫丝业与日本丝厂竞争。第三，白银相对金本位外币的贬值导致的汇率下降，是另外一个影响竞争力的重要因素，1920 年代日本从中国进口棉纱量的下降就说明了这一点。

---

① 曾田三郎：《中国近代製糸業史の研究》，页 86—87。

② 高景岳、严学熙编：《近代无锡蚕丝业资料选辑》，页 231。

③ 徐新吾：《中国近代缫丝工业史》，图 13，页 644—645。

尽管国际竞争激烈，原材料供应缺乏灵活性，对棉纺业和缫丝业构成潜在的威胁，但这些企业仍然在中国主要的工业地区建立起自己的关键产业。在下一章，我将更详细地研究企业的发展
59 过程，尤其关注企业家的创业和运营战略。

第三章　公司负债：资本积累问题

19世纪末20世纪初，随着物价逐渐持续上升，中国企业家认定将要发生通货膨胀，并制定出相应的经营战略。然而，与他们的预测相反，1931年，物价突呈逆转趋势，他们料定的种种结果都成为泡影。融资行为在1931年前的企业发展和其后的衰落中都扮演着重要角色。

纺织行业一个最显著的特点是严重依赖金融机构的贷款。学者们一直批评中国的纺织业，就是因为他们大多数深陷债务之中。例如，严中平在他的经典著作《中国棉纺织史稿》中认为，尽管进口棉纱和在华外国纱厂的竞争阻碍了中国棉纺业的顺利发展，但是中国纱厂自身也存在问题，尤其是对金融贷款的严重依赖。[1] 赵冈也把中国纺织厂遇到的困难归为管理不善、财务不健全，而不是缺乏关税保护或者技术落后。赵冈认为，对信贷的依 60
赖削弱了中国纱厂的竞争力和稳定性。支付利息的负担不仅削弱了他们与财务状况良好的外国企业的竞争力，而且有时候还迫使他们宣告破产。[2]

---

① 严中平：《中国棉纺织史稿》，北京：科学出版社，1963年版，页189。

② 赵冈：《中国棉纺织业的发展》（*The Development of Cotton Textile Production in China*），马萨诸塞州剑桥：哈佛大学出版社，1977年版，页142。

缫丝业也是如此。在1930—1931年的调查基础上，刘大钧指出，在上海所有工业企业中，丝厂的财务状况最不稳定。许多工厂都是租赁的，所有权和经营权分离。资金短缺的经营者经常依赖钱庄获得周转资金。在这种情况下，正如刘大钧所指出的，经营者更喜欢通过投机而获利，从而阻碍技术创新。① 后来的学者大多同意刘的以下观点：租赁制在小规模丝厂中的流行，对该产业产生了危害。②

纺织企业不顾借贷的负面影响不断举债。既然以借贷为前提的业务扩张损害了纺织行业这一结论似乎成立，那么我们需要追问的是，为什么这种做法如此根深蒂固？如果纺织业的商人们一直在充分利用可能的机会，那一定有什么利益使得他们不惜向银行借贷。③

贷款使放贷者与借贷者之间建立某种关系。要结合它们各自的机构背景和经济环境来观察纺织企业与金融机构间的这种关系。中国的纺织厂如何向银行证明它的信用良好？同样地，金融机构在向纺织业放贷时如何降低自身风险？债务合同条款是什么？纺织厂如何遵守这些条款？为回答上述问题，我研究了贷

① 刘大钧：《上海工业化研究》，上海：商务印书馆，1937年版，页68—69，77。

② 参见李明珠：《中国的丝贸易：现代世界的传统工业（1842—1937）》，页169—173；罗伯特·昂：《经济帝国主义在中国：生丝生产与出口（1861—1932）》，页70—75。

③ 利用外部借款从事一项新的风险行业，并不是独一无二的。在集中考察了欧洲小型企业后，安德鲁·古德利（Andrew Goodley）和邓肯·罗斯（Duncan Ross）指出了为新风险行业融资的困难和金融市场中间商的功能类似于中国。参见安德鲁·古德利、邓肯·罗斯：《银行、关系网和小企业融资》（*Banks, Networks, and Small Firm Finance*），“导论”及“不满的边缘”（Unsatisfied Fringe）两章，伦敦：Frank Cass，1996年版。

款合同,其中有形抵押品是获得贷款的先决条件。

本章分为三节。第一节,通过对长江三角洲棉纺业和缫丝业个案研究,考察工厂为什么要贷款。第二节,利用工厂纪录和债务合同档案分析贷款条款,一种是开办工厂的长期贷款,一种是 61
提供周转资金的短期贷款。在第三节,以申新纱厂和久成丝厂为例,分析债务在这些工厂管理经营中的作用,并说明在这个时期的金融环境下,贷款制度是如何运作的。

资本积累:企业家的初始问题

要想开办一家纺织厂,第一个挑战就是积累足够的资金。传统上,许多中国商行采取合股制,即亲友合伙开办,共担责任,分享利润。[1] 而建一个机械化的纺织厂比开办传统商行需要更为庞大的原始投资,用以购买土地和进口机器设备,然而中国经济体缺乏便于募集大量资本的机构。科大卫(David Faure)认为传统中国文化严重影响了中国商人去组织企业。他认为,在中国,礼仪、道德、信仰和社会行为都同儒家伦理而不是与规定社会准则的法律相关联。在这种社会背景下,人们通过血缘关系纽带组织起来,因而群体比个体负责更易获得认可,官方支持比法定的商业权利更具合法性。这种制度安排的缺点在19世纪中叶愈发明显,中国人善于经营朋友、家庭结成的商业小团体,但在轮船、

---

① 就资本总额来说,很多合伙企业都是很小的。但是,因为有能够让股东承担无限责任的信贷存在,他们中的一些能够筹集到远比资本大得多的营运资金。因此,在商行和钱庄中,合伙企业非常普遍。研究20世纪初期中国经济的日本专家根岸佶提供了合股企业的详细数目,见東亜研究所编:《商事に関する慣行調査報告書:合股の研究》,東京:東亜研究所,1943年版。

矿山和铁路等资本密集型的企业运营上则十分落后。[1] 正如曾小萍(Madeleline Zelin)所论证的那样,筹措一大笔资金,用传统的经营方法并非完全不可能。她举例说明,在 19 世纪的四川自贡,像开掘盐井这样的大型工程,熟练的掮客们会从众多亲属和熟人中筹措资金。[2] 但到 20 世纪初,募集开办工业企业所需的大笔资金仍然很困难。费维恺(Albert Feuerwerker)指出,1908 年,在农工商部注册的 227 个公司中,只有 72 家企业的注册资金
62 超过 10 万两。[3] 尽管其中有少数使用机器生产的大型企业,但大多数仍然是在很小规模上使用西式技术的公司以及传统钱庄和小型商业企业。[4] 费维恺的观点得到柯伟林(William Kirby)的回应,柯伟林认为,在 20 世纪初,中国商人不愿意让公司股份公开交易或把他们的公司注册为股份制企业,因为他们既对外来参与者保持警惕,也不愿意向政府公开财务信息,那样会招致额外的税费。[5] 因此,直到 1920 年,中国还没有股票市场或者证券

① 科大卫:《中国与资本主义:近代中国工商企业史》(*China And Capitalism: A History of Business Enterprise in Modern China*),香港:香港大学出版社,2006 年版,页 97。

② 曾小萍:《自贡商人:近代中国早期的企业家》(*The Merchants of Zigong: Industrial Entrepreneurship in Early Modern China*),纽约:哥伦比亚大学出版社,2005 年版,第 2 章。

③ 费维恺:《中国的早期工业化:盛宣怀(1844—1916)与官办企业》(*China's Early Industrialization: Sheng Hsuan-huai (1844—1916) and Mandarin Enterprise*),马萨诸塞州剑桥:哈佛大学出版社,1958 年版,页 4。

④ 费维恺举出了张謇的大生纱厂作为大型工业企业的例子(见上引书)。但是,大生的资金并不是仅仅通过发行股票募集到的。详见下面关于大生融资的讨论。

⑤ 柯伟林:"中国的非法人社团:20 世纪中国的公司律与工商企业"(China Unincorporated: Company Law and Business Enterprise in Twentieth Century China),载《亚洲研究期刊》(*Journal of Asian Studies*)第 54 卷第 1 号(1995 年 2 月),页 50—51。

交易公司一类的金融机构就不足为奇。[1] 甚至在1920年之后，证券交易的主项还是政府债券而不是私人公司股票。[2] 由于中国商业环境中缺乏一个在直接联系的亲友圈外发掘投资人的机制，所以积累足够的启动资金成为纺织业的长期问题。[3]

棉纺业

在中国，一个准备开办棉纺厂的企业家，往往首先要邀集亲朋好友投资，然后再计算还缺多少资金。在棉纺业工业化的早期，寻找足够的外来投资者始终成问题。中国第一家棉纺厂——上海机器织布局总办曾哀叹:"难以得到公众的信任。"投资者必须相信投资棉纺厂有价值才会出钱。[4] 毕竟，投资者还有很多诱人的投资选择，如土地、官位，或传统当铺。像机器棉纺厂这样的新式企业要想吸引资金实在是难上加难。

为了吸引投资，企业家不得不对出资人承诺很高的年回报率。所有股东都获得定数的股息("官利")。股息分配一开始就被明确宣布，并写进公司章程。早在1872年，中国第一家股份公

① 1891年，上海西商组织成立了上海股票掮客公会(Shanghai Sharebrokers' Association)，1903年，公会改组并重新命名为上海众业公所(Shanghai Stock Exchange)。包括中国钱庄在内的公会成员，从事西方公司、东南亚橡胶制造公司的债券和股票交易，以及倒卖中国政府公债。1910年，梁启超公开提倡成立股票交易公司。4年后的1914年，《交易所法》出台。同年，中国公司股票交易商成立了股票公会。1920年，政府成立了上海证券物品交易所，股票公会逐渐发展成为上海华商证券交易所。参见洪葭管、张继风:《近代上海金融市场》，上海:上海人民出版社，1989年第1版，页136—154。

② 杨荫溥:《中国金融论》，上海:黎明书局，1936年版，页369。

③ 传统行业的商人，如盐井开凿，也遇到难以筹集启动资金的问题。见曾小萍:"富荣盐场商"[收入《中国地方精英与统治模式》(*Chinese Local Elites and Patterns of Dominance*)，Joseph W. Esherick，Mary Backus Rankin 编，伯克利:加利福尼亚大学出版社，1990年版]。但是，对纺织行业的企业家来说，问题可能更为艰难，因为他们需要大量的启动资金建厂和购买设备，等等。

④ 严中平:《中国棉纺织史稿》，页85—86。

司轮船招商局，召集全体股东在 8 月 1 日出席会议领取各自投资
63 额 10%的官利。到 1956 年中华人民共和国实行国营化前，官利制还在股份公司流行。①

如果工厂获得盈余利润，股东有权得到其中一部分，是为“红利”，而官利则不论盈亏，工厂必须按年支付给股东。官利率因不同企业和不同时期而有差别；通常，在 1870 年代和 1880 年代，官利率为 10%，1910 年代是 8%，1920 年代和 1930 年代是 6%。② 以上海机器织布局为例，年股息率是 9.6%，年利润的 40%作为红利拿出来分配。另外，企业主还必须在一定期限内偿还资本：不到 1 万两的，要在 3 年内偿还；2 万—5 万两之间的，5 年内分三次偿还；超过 5 万两，7 年内分三次还完。

正如这个例子表明，在固定官利制之下，投资者既被视作股东，同时也是一般意义上的债权人，其投资份额作用更类似于公司债券。和纱厂的经理人不同，投资人本可以不用承担巨大风险就可获利。但鉴于棉纺业的风险性，向投资者证明既“安全”又“盈利”是很难的。

例如，1895 年，江苏南通的士绅企业家张謇受总督张之洞之命在南通开办大生纱厂。③ 张謇说服了三名上海人和三名南通

---

① 朱荫贵：“近代中国における株式制企業の資金調達”，载《中国研究月報》第 59 卷，第 11 号(2005 年 11 月)，页 2—3。

② 同上书，页 3。朱荫贵指出，官利率的逐渐降低是 1914 年颁布的《公司条例》的结果，条例规定最高年利率为 6%。

③ 关于大生的情况，参见大生系统企业史编写组：《大生系统企业史》，南京：江苏古籍出版社，1990 年版，页 10—16。关于通过张謇的士绅背景考察他对纱厂和垦牧公司的管理，请参见中井英基：《張謇と中国近代企業》(札幌：北海道大学図書刊行会，1996 年版)，关于张謇所建企业在 1890 年代到 1949 年之间法人构成的演变，参见 Elisabeth Köll：《从纱厂到企业帝国：近代中国地方企业的出现》(*From Cotton Mill to Business Empire: The Emergence of Regional Enterprises in Modern China*)，马萨诸塞州剑桥，2003 年版。

本地人投资纱厂。上海召集人负责筹募 40 万两，南通召集人筹集 20 万两。公司股本的年利率设为 8%。然而，到第二年，六名投资人中有两人因担心企业发展前途而退出。直到张之洞承诺购买英国机器后，才招来两名新的投资者加入南通资方；两方答应各筹集 25 万两。但当 1897 年六名投资人和张謇在上海会面时，上海方面仅筹集了 2 万两，南通方面 5.9 万两。最终，上海方面的投资者撤资，四名南通的投资者只得决定依靠政府支持来开 64
办大生纱厂。

其后，张謇还遭遇了大量的财务困难。从私人投资者手中筹集大笔资金始终不易：在纱厂开工前一天，私人投资才达到17.83 万两。而同时，已有 19 万两被预定用于修建厂房、购买机器和其他杂项费用。他手中四五万两的营运资金还不够购买原棉和支付工人的工资。此外，即使在这段艰难时期中，他还必须向股东支付固定的股息。除了发行股本和争取政府支持外，张謇还不得不寻找其他途径筹集资金。他求助于银行贷款，即便那时的月息高达 1.2%（年息 14.4%）。

尽管随着棉纺业所展现的收益性使融资变得容易，但在 1914—1922 年间，纱厂还是继续向银行贷款。原因之一是官利和红利的支付；纱厂但凡有盈利就必须同股东们分享。纱厂经营者发现他们陷于两难：尽管借贷保证了工厂的繁荣，从而吸引更多新的投资者，但一旦投资回报率降低就会促使投资者转向其他行业，包括购买政府公债。

上海大中华纱厂就是一个典型例子。1920 年，大中华的经理聂云台发行认购股建立新厂，一月内筹集 90 万两资金。投资者不仅有棉纺业的行家如纱厂老板、布匹商和原棉商，还包括行业外的银行家、官僚和军阀，他们为占利润 40%的巨大红利蜂拥而来。在纱厂繁荣的年代里,大中华不断扩大生产规模,聂云台也因此召集到了更多的股本。

然而,当1922年整个棉纺业不景气时,投资者很快转向其他投资。一年多之后,在第三届股东大会上,大中华纱厂实收资本
65 总额约172万两,不到聂计划筹集的300万两的60%。实收资本勉强能满足固定资本的需要。聂云台不得不以13.2%的年息向一些金融机构借贷。但是,因为170万的贷款只够支付固定资本,所以大中华纱厂不得不向另外5家钱庄筹借运营资本。最后,大中华不堪债负,于1924年8月被永安纱厂以159万两低价收购,而就地理位置和设备价值来说,大中华纱厂在1922年应值300万两。①

为了保持投资者的信心,纱厂主必须备有可靠的资金流以作现金分红。然而,因为棉纺业固有的不稳定性,官利始终是一个负担。因此,贷款是唯一切实可行的筹措附加投资的办法。②

缫丝业

中国缫丝业也面临同样的挑战,需要筹集充足的固定资金来购买厂房和进口机器。例如,要建一家300台丝机规模的缫丝厂,再加上购买厂房的费用,大约需要固定资本12.6万两;其中每台丝机购置费260两,运营资本每台160两。③ 只有在租赁制

① 上海社会科学院经济研究所编:《恒丰纱厂的发生发展与改造》,上海:上海人民出版社,1958年版,页41—42。

② 针对所研究的从1932—1939年的100个公司,陈真指出,贷款对纺织企业尤其重要;贷款为纺织企业提供了36.66%的资金,而其他行业才是13.38%。陈认为,为了取得厂房和机器,纺织企业不得不筹集比其他行业多得多的大量资金(见陈真编:《中国近代工业史资料第四辑:中国工业的特点、资本、结构和工业中各行业概况》,北京:三联书店,1961年版,页68—71)。

③ 曾田三郎:《中国近代製糸業史の研究》,東京:汲古書院,1994年版,页187。

实行之后,丝厂的经营商才得以从这些沉重的负担中解脱出来,这才使城市丝业得以蓬勃发展。

上海丝业流行的租赁制度被推广到无锡。到一战,上海80%—90%的缫丝厂是租赁的。在无锡,1922至1928年间新建的23家缫丝厂多数采用租赁制。在这种制度下,丝厂的营业主和产业主是分离的。产业主负责购买厂地和建房,营业主租赁工厂,从盈利中支付租金。租赁合同通常为期仅一年,从6月到来年的5月。①

租赁制对产业主和营业主都是有利的。对丝厂的产业主来
说,购买场地、修建厂房和进口机器是相对安全和有利可图的投
资;据估计,在好的年份,丝厂产业主可得到15%的利润率。② 投 66
资于丝业的房地产经纪人、钱庄和商人的利润来自丝厂的其他业
务。对丝厂的营业主来说,他们可以用有限的资金来开业。每台
丝机平均成本为100—150两,一笔3万—4万两的资金就足以
租赁一个中等规模的丝厂。这意味着经营者可以节省75%的资
金,白手起家将一个丝厂运转起来。③

很多丝厂都是从小规模开始的,近90%的经营者拥有不足3万两的流动资金。④ 但是,由于行业本性,他们经常没有足够的现金去购买生丝。在长江中下游地区,只有在春季某月中可以买到蚕茧。据估计,无锡有80%的蚕茧产于春季。⑤ 因此,丝厂必须在6月中用现金购买足够全年生产的茧。直到该地区引进蚕

① 徐新吾:《中国近代缫丝工业史》,页184;张迪恳:“丝厂租赁制原因初探”,载《中国社会科学院经济研究所季刊》第10卷(1988年6月),页234。

② 李明珠:《中国的丝贸易:现代世界的传统工业(1842—1937)》,页172。

③ 徐新吾:《中国近代缫丝工业史》,页184;张迪恳:“丝厂租赁制原因初探”,页236。

④ 同上书,页168—169。

⑤ 高景岳、严学熙编:《近代无锡蚕丝业资料选辑》,页87。

茧干燥技术后，这种季节性的购买压力才有所缓和。但是，从5月底到7月初的一个月内，丝厂仍需购买未来三四个月生产用的蚕茧。余下的几个月，他们可以从蚕茧干燥商那里购买经干燥加工的蚕茧。[①] 例如，一个拥有300台丝机的中型丝厂，三个月的生产需要3 000担新鲜的蚕茧，约花费15万元（106 725两）。[②]这笔开支是丝厂3万两的平均流动资金的3倍还多。这就解释了为什么丝厂的营业主必须寻求贷款。

尽管租赁制把初期投资和后续工厂运营投资分开了，但对缫丝厂的产业主和营业主来说，在筹资问题上与棉纺业相似。既然对纺织业而言贷款不可避免，接下来的问题就是怎样可以获得贷款。

寻求贷款与银行贷款合同条款

为了获取银行贷款，纺织业的实业家们必须证明他们具有良好的信誉。财产抵押就成为他们与金融机构签署借贷不可或缺
67 的一部分。纱厂主从银行获得长期和短期贷款。申新纱厂和三家银行（中国银行、上海商业储蓄银行、永丰钱庄）的借贷合同可以作为长期债务合同的一个样本。[③]

长期贷款

申新纱厂与三家银行签署的合同上，首先标明贷款银行。然

① 東亜研究所编：《経済に関する支那調査報告書：支那蚕絲業における取引慣行》，東京：東亜研究所，1941年版，页108。

② 高景岳："中国旧时丝厂"，原载《钱业月报》第12卷第9号，引自高景岳、严学熙编：《近代无锡蚕丝业资料选辑》，页75。

③ 申新纺织总管理处档案，Q193-1-526。

后列出了债权人清单，不仅包括经理还有法人，股东及其继承人，股东代理人。后面是类似的债务人(纱厂)清单，包括股东、股东继承人和股东代理人。

接下来，合同标明债权人向债务人借贷的金额，三家银行各承担贷款 50 万两。厂地、厂房、机器以及未出售的存货作为抵押品以表格形式列出，附于合同后。合同细则 20 条，处理涉及产权、偿还本金、支付利息的问题，并规定了对违反合同条款的处罚。

一旦签订合同，债权人就可以声明对列明的抵押品拥有产权。在签订合同之前，债务人需要将所有权证书过户，相关文件也移交给债权人，承认债权人对机器和未售货物的所有权(第 1 条)。[①] 当债权人认为有必要在上海法院登记过户有争议的房产、机器和存货的时候，债务人必须支付过户费用(第 12 条)。合同期限为一年，从合同签署日起到 1933 年 11 月 11 日。在合同期满之前，没有债权人的书面同意，债务人不能把抵押品再抵押或租借给第三方(第 14 条)。合同期间，没有债权人的书面同意，债务人不得额外购买机器(第 15 条)。债务人同意，除了附于合同后的原先在册抵押品，申新纱厂此后增加的所有财产也将抵押给债权人(第 2 条)。因为在贷款期限内，所有抵押品均属债权人 68
所有，故无论何时需要，一切设备都只能是债务人向债权人租借(第 5 条)。当然，债务合同后须附一份租借契约，申明债权人(三家银行)将免息将抵押品租给债务人(申新纱厂)。[②]

① 根据上海的商业惯例，银行要求债务人在签署合同前转移所有权证书。但如果银行觉得债务人信用可靠，也可以在签署合同之后再交出所有权证书。参见严谔声：《上海商事惯例》，上海：新声通讯社出版部，1933 年版，页 49—50。申新和银行团之间的合同是上海抵押借款的“正式”版本。在本节后半部分，我将详细讨论银行的借款政策。

② 在上海，债务人要为工厂设备付租金是一种普遍的做法，参见上引书，页 51。

其他条款涉及本金和利息的支付。全部贷款须在合同签署之日付给债务人(第3条)。债权人有权检查债务人每月的财务账目(第11条)。利息是每月每千两8.75两,必须按季度支付。如果债务人未按时付息,未支付部分将计入本金。债权人允许债务人延迟两周支付本息,但在宽限期内要增加额外利息。如果债务人在宽限期内未能付款,债权人将依合同规定实行相关权利(第14条)。

如果债务人有下述任何一种行为,债权人有权要求法院出租、出售或拍卖抵押品,而不用通知债务人(第16条):

1. 在合同期满未能偿还本金。
2. 在支付日两周后未能支付利息和其他必要费用。
3. 破产。
4. 违反任何一项合同条款。

如果债务人违约在前,则抵押品一旦租出,债务人无权要求租金收入(第17条)。在收到足以抵偿本金的出售款或拍卖款之前,债权人可以从中扣除这期间的任何交易费用。如果出售或拍卖的款项不足以偿还贷款,须由债务人补足数额(第18条)。如果债权人决定不出售抵押品,债务人必须立刻偿还本金。债务人
69 不能催促债权人出售或拍卖抵押品(第19条)。① 当债务人全部偿还本息,债权人将归还抵押品。如果债务人未偿清本息,债权人有权拒绝归还抵押品(第20条)。

① 与之形成对照的是同时期的西式抵押,承押人有义务清偿资产,而在上海,承押人可以不加清偿地保有资产,并且可以要求一些其他形式的回报。尽管没有任何理由能解释这种做法,但大体上债权人很好地保证了不受拖欠导致的任何可能的资金损失。

合同的其他条款大多与费用支付有关。债务人有义务支付保险费、维修费和税(第8、9、10条)。如果债务人未支付这些费用,债权人将代为支付,并将这些抵入本金。如果债务人未能支付这笔款项,债权人将有权行使合同里规定的所有权利。总之,债权人没有义务替债务人缴纳税费等诸如此类属于债务人应付的费用(第13条)。

合同最后一项声明,合同一式五份,一份留法院存档,三份由债权人保管,一份由债务人保管。

申新纱厂贷款的例子说明,这笔交易其实是抵押贷款。抵押工厂地产和机器设备现实中非常普遍,尤其是在上海,这类抵押被称作"厂基押款"。[①] 需要大量资金的纱厂主和丝厂主拿出厂地、厂房和固定设备作为贷款抵押品。在厂基押款中,最重要的抵押品是地产,因为其他抵押品比如机器和厂房通常会贬值,而地契又是上海中外金融机构最信赖的抵押品。要获得金融机构的信任就需有可靠的抵押品,到19世纪晚期上海地产已成为中国人普遍认可的富含价值又安全可靠的财产,因此,尽管1845年的《土地章程》规定只允许外国人在租界购买土地,但中国商人还是设法以外国人名义购买土地以享受治外法权。曾受上海工部局委托研究租界管理的费唐(Richard Feetham),强调了上海房地产的价值和它在贷款中的作用,他说:

> 从驶入长江的远洋客轮的甲板上望去,映入眼帘的是外滩密布的银行、办事处和货栈,初来者立刻会将之看作是上海财富和繁荣的象征,也可以看出上海商人和市民对未来充
> 满信心。但是,这些还有着更深远的经济意义;由于它们在 70

① 刘大钧:《上海工业化研究》,页70—71。

> 租界是被承认和受保护的，因而可被看作是私有财产神圣不可侵犯的首要的显著标志和象征，也是上海作为中心城市无远弗届的贸易活动的标志和象征，而上海这种中心地位的形成是私有产权受承认和保护所激发的信心的结果。在租界，坐拥地产的安全性——这实际意味着土地的所有权具有毫无疑问的合法性，没有被非法敲诈的风险——不仅给本地投资者以信心和勇气，而且在更大范围内产生了有利的结果。上海之所以能成为大半个中国的金融中心，原因之一就是它在大量吸引外资的同时，也通过保障其辖区内财产持有的安全使信贷运转起来，为上海和毗邻地区乃至更远的乡村提供了贸易运作的基础。在上海以外的这些地区，合法权利常常不确定或者有也只是一小部分，情况通常混乱到很少承认或者根本就没有人身和财产安全。①

但是，租界的安全只是中国人在那里寻求房产的一个原因，在世纪之交，当租界成为工商业云集之地时，中国人蜂拥而至。结果，租界各处的房租和土地价格年年攀升（除了1911年辛亥革命时期），一直持续到1933年。由于有利可图而且安全，中国人和外国人都一直在租界大量进行房地产交易。据说，租界的所有权证书相当于其他地方的有价证券，因为它很容易在外国银行再贴现。1930年，上海40家中外银行持有房地产的总价值达到121 283 631两，占银行贷款抵押品的一半。② 上海的钱庄接收的

---

① 费唐：《费唐法官研究上海公共租界情形报告书》（*Report of Hon. Mr. Justice Feetham To the Shanghai Municipal Council*），上海：字林西报社，1931年版，第1册，页137。

② 费唐：《费唐法官研究上海公共租界情形报告书》，上海：字林西报社，1931年版，第1册，页315—336。

房地产抵押也占到其贷款抵押品的一半。[1] 通常，银行借款额在抵押房产价值的80%左右，年利率为7%—9%。基于对租界房地产的信赖，金融机构和普通投资者得以建立对彼此的信任。[2] 上海企业家将获得长期贷款的希望都寄托在房地产上。所以，纺织业尤其是上海纺织业的发展，建立在房地产交易与金融业务间的密切关系之上。 71

短期贷款

一旦凑足开办资金，企业家们就又寻找短期贷款作为运营资金用以购买原材料。原材料供应的季节性特点以及商人的投机买卖，意味着原棉和蚕茧的价格随季节波动。理想的情况下，纱厂和丝厂有足够的周转资金捱过市场波动，但这种情况极少。他们不得不办理短期贷款以补资金不足。

棉纺业。9月和10月是新棉上市期。在这两个月中，有些纱厂派自己的采购员到棉花产区，从农民手中直接购买原棉。像大生和申新这样的大纱厂，在主要的产棉区太仓、常熟、南通建有自己的收购点（收花处）。[3] 纱厂自行运棉会有诸如抢劫、交通事故等风险。

1910年代到1920年代，农村治安更加糟糕，纱厂越来越多地选择向花行和花号的商人购买棉花。花行是规模比较小的商号，他们掌握着上海地区生产的棉花。花号则在更广大的地区开

① 中国人民银行上海市分行：《上海钱庄资料》，上海：上海人民出版社，1960年版，页805、830。

② 佐々波（城山）智子："戦前期上海租界地区における不動産取引と都市発展"，载《社会経済史学》第62卷第6号（1997年2月）。

③ 上海社会科学院经济研究所：《荣家企业史料》，上海：上海人民出版社，1980年版，页97；大生系统企业史编写组：《大生系统企业史》，南京：江苏古籍出版社，1990年版，页111。

展经营，手中常拥有3万—4万两甚至上百万两的资金。因此，花号不仅在长江流域乃至更远汉口、天津和安徽等地收购原棉。①纱厂需向花行付订金，随着城市棉纺业的扩张，纱厂要采进足够的优质原棉变得越发困难。

日本纱厂也派人去地方市场采购原棉，这加剧了原棉市场的竞争。即便如此，中国纱厂也无法将风险转嫁给棉农和棉花商人以避免市场波动的影响。例如，在9月和10月的上市期前，大生纱厂将与有能力的当地花行签订合同，按照估算的购棉总额预付
72 30%—40%的订金。当棉商按约收购到足数原棉，大生将按市价支付货款。如果棉商有幸购到大批价格优惠的原棉，大生还将付给棉商一笔奖金。如果棉商未能按合同交足货物，只需退还剩余订金。②

鉴于市场的激烈竞争和不稳定状况，许多资金不充裕的纱厂采取最简单的解决办法，即赊账购入原棉，待棉纱出售后再偿还应付欠款。用这种办法，纱厂不必支付现金就可以得到原棉。但是，这种制度非常脆弱，日本同行称之为“循环融资”(circular financing)。不过，日本人也指出，只要棉纱售价足敷成本，这种办法就会很有效。③

纱厂也可以向钱庄和银行贷款。1932年11月12日，申新纱厂和惠丰钱庄签署的贷款合同就是一例。④ 这是一份动产质权合同，因为抵押品不是房产和工厂设备，而是申新纱厂库存的

① 上海商业储蓄银行：《上海之棉花与棉业》，页48。

② 大生系统企业史编写组：《大生系统企业史》，页113。

③ 西藤雅夫："華人紡績の經營に於ける問題"，载《東亞經濟論叢》第1卷，第4号(1941年12月)。

④ 申新纺织总管理处档案，Q193-1-542。

原棉、棉纱和棉布以及其他所有的原材料和产品。和长期贷款不同，这份合同的债权人是惠丰钱庄的经理，债务人是申新纱厂的总经理荣宗敬。合同一开始就规定，以流动资产为担保，债权人将借给债务人 50 万两。其后 12 条规定了抵押品、利息、费用支付及其他事项。抵押品以市场价格的 80％来估算。① 如果抵押品的市场价格跌落，债务人必须用现金或近似物品来补偿。如果价格上涨，债务人可以向债权人提出要求，追加贷款数额（第 2 条）。一旦抵押品价值折损，债务人必须补齐差额（第 6 条）。月息为钱业公会制定的每月千分之三（第 3 条）。如果出现金融危机，债权人可以中止合同，但债务人必须归还本金（第 12 条）。如果债务人不能归还本利，债权人可以出售抵押品（第 10 条）。 73

货物仓库由债权方代理人管理，但包括仓库租金和保险费在内的大部分费用（第 1、4、5 和 9 条）须由债务人支付。倘若出现合同所没有列举的例外情况，债权人和债务人将按钱业公会的规章和惯例行事（第15 条）。

银行（钱庄）会仔细分析贷款申请，核实抵押品的可靠性，确定申请人信用良好。这些“谨慎”的借贷政策令贷款有难度。吴奇尘，大生纱厂上海事务所的负责人，留下了一份关于在为纱厂筹款中所遇问题的说明。虽然纱厂在南通附近的农村地区销售棉纱，购买原棉，但纱厂却于 1897 年在上海设立事务所。事务所成立的头 15 年间，主要负责采购杂项必需品，但从 1913 年开始，集中负责资金问题。② 1921 年 12 月，吴奇尘艰难借得偿还本年底到期债务的款项。但是，他已经为大生八厂和其他几家在南通

① 申新纺织总管理处档案，Q193－1－526，Q193－1－860，Q193－1－543；大生纺织公司档案，B401－111－221。

② 大生系统企业史编写组：《大生系统企业史》，页 122—123。

的相关企业办了抵押贷款。由于无法获得更多贷款，吴只好向在南通的公司负责人汇报“上海金融家已经对南通失去信任”。尽管风闻在上海金融市场白银供给过量，但上海商业储蓄银行的经理陈光甫仍拒绝向大生纱厂贷款。他说，由于大有炼油厂的破产和像丰大、华享、惠商和大陆等公司的经营问题，上海金融机构在贷款方面更加谨慎。即使银行同意贷款，也要求有可靠的抵押品。吴企图以公司在南通的股份作为担保，却发现银行需要原材料和成品产品这类更保险的抵押品。① 由于银行持保守的放款政策，纱厂必须把原棉和棉纱作为抵押品交与银行管理的货栈保管，并受到银行的严格监督。总之，即使存在不便和风险，纱厂仍
74 可以获得短期贷款，维持生产。

缫丝业。短期贷款对缫丝业更重要。在长江下游地区，蚕茧大多在 5 月底至 7 月初出售。据估计，无锡出产的蚕茧 80%是春茧。② 夏季和秋季收获的蚕茧数量微不足道。因此，在春天的旺季，尤其需要购买蚕茧的资金。更困难的是，缫丝厂必须向农民支付现金。所有这些都说明，缫丝业主所需资金存在缺口，不得不贷款来弥补资金的不足。

到 1917 年前后，国外进出口公司开始向丝厂放款，供它们购进蚕茧。据 1917 年的估算，在长江三角洲产蚕区，57.4%的购蚕资金来自国外公司借贷。与贷款相联的是生丝出口。通常，外国公司与丝厂达成一份购丝协议，在丝厂交货前几个月，外国公司

① 大生沪事务所：“大生沪事务所吴奇尘借款等问题给张謇的信件”，见大生纺织公司档案，B401－111－217。

② “表：无锡鲜茧产量，1919—1930”，见高景岳、严学熙编：《近代无锡蚕丝业资料选辑》，页 87。

负责提供足够的贷款供丝厂购买生产所需蚕茧。①

因为外国公司对这些贷款规定了严格的条件,所以丝厂转向国内银行和钱庄借贷。据自 1911 至 1915 年担任江苏银行经理的陈光甫回忆,银行的众多业务都围绕生丝生产和运输展开,其中的每一阶段,例如干燥蚕茧、把蚕茧从内地产区运到上海的丝厂,都需要资金。② 一战之后,钱庄成为主要贷款源,贷款条件比银行宽松是其中一个原因。在 1920 年代早期,钱庄提供了大约 10 亿元的贷款,超过购茧所需资金的一半。

然而,通过短期贷款购茧存在极大的不稳定性。丝厂与钱庄签订的贷款合同为期三个月。如果丝厂的经营者信誉良好,就可以无须保证金而得到一笔年息仅为 6%的贷款。否则,必须提供一名保证人,并用现款向钱庄交付贷款总额的 20%—30%作为保证金。③ 多数情况下,缫丝厂的经营者用运营资金支付保证金,然后再寻求其他贷款支付工资、燃料和租金。 75

二次贷款与蚕丝销售情况直接相关。丝厂与钱庄和丝商签订协议,以已经生产出来的蚕丝为抵押、仓库收据为凭预支一笔资金。如果蚕丝已经出售给外国出口公司,贷款数额将为蚕丝总价的 70%—80%。钱庄收取的月息为 0.6%—1.2%,丝商收取的月息为 1.15%—1.75%。年息从 7.2%—14.4%不等。④

钱庄仔细监管着丝厂的财务管理。钱庄代表负责办理向农

① 曾田三郎:《中国近代製糸業史の研究》,页 213。

② 陈光甫:“陈光甫回忆录”,页 29,纽约:哥伦比亚大学善本与手稿图书馆。

③ 刘大钧:《上海缫丝业》,上海:出版者不详,1931 年版,页 47—48;徐新吾:《中国近代缫丝工业史》,页 344—345。

④ 刘大钧:《上海缫丝业》,页 48—49;徐新吾:《中国近代缫丝工业史》,页 345;東亜研究所编:《経済に関する支那調査報告書:支那蚕絲業における取引慣行》,页 38—39。

村地区茧行的资金转移支付。这些钱通过现金汇款或转账到农村蚕茧产区。蚕农把他们收获的蚕茧送到茧行。在那里,丝厂的代表购买新鲜蚕茧,钱庄代表支付货款。当新鲜的蚕茧在烤箱里烘干之后,用船运到上海,储存在钱庄指定的货栈里,收据由钱庄保管。一些货栈直接归钱庄和银行所有,在 1920 年代中期,银行拥有的货栈超过 20 家。其中,中国银行拥有六家。从货栈提茧需经银行同意,直到全部偿清贷款之前,(未经银行同意)蚕茧不能从货栈提出。丝厂不时地从货栈提出一些蚕茧,缫成丝出售,所得收益用来偿还贷款。①

因此,尽管缫丝厂的经营者通常仅有运转一个缫丝厂所需资金的三分之一,但是他们用短期贷款弥补了资金短缺。如同棉纱厂惯常的购买原棉的资金周转制度一样,为蚕茧收购借贷筹资也存在风险。如果蚕丝营业额不足以偿还到期的贷款,经营者就无法支付生产成本。不过,只要购买蚕茧和蚕丝销售顺利,缫丝厂
76 的老板就可以用少量资金把丝厂运转起来。

金融机构中的抵押与信用扩张

出现类似农产品和纺织品这样的抵押品是金融机构信用扩张的一种表现。钱庄缺乏足够的资金,便必不可少地向外商和银行借款。② 钱庄用工厂提供的原材料和成品作为抵押品、指定存

---

① 实业部国际贸易局:《中国实业志》,第八编第一章,页 130。

② 井村薫雄:《支那の金融と通貨》,上海:上海出版協会,1924 年版,页 195。19 世纪末至 20 世纪中叶地方金融机构与外商银行的关系,是近代中国经济史上一个重要但却缺乏研究的一个主题。加雷斯·奥斯丁(Gareth Austin)和杉原薰编写的《第三世界的地方信贷供应商(1750—1960)》(*Local suppliers of credit in the Third World, 1750—1960*)一书,主题就是关于亚、非、拉美的信贷供应商以及他们与西方银行的关系,该书提供了可资比较的重要案例。在书中,奥斯丁和杉原薰认为,由于背景不同,信贷运营各有不同,或是作为剥削与致贫的工具、或是作为维生的条件、或是作为贷方与借方互利繁荣的手段。

放抵押品的货栈收据为凭,与外国银行签订贷款合同。汇丰银行,这家上海首屈一指的外汇银行的短期贷款记录说明了这种抵押品的重要性。在 1911 年之前,该银行借给钱庄的活期贷款无须担保("拆款")。但是,在辛亥革命的混乱时期,很多钱庄拖欠贷款,汇丰银行开始限制拆款,要求抵押品。在 1923—1929 年间的六年间,汇丰银行向钱庄发放了 1 182 笔未偿贷款,价值 7 220 万两。其中大多数贷款强制要求抵押品。作为抵押品的最重要的是农产品(蚕茧、原棉和小麦)和轻工业产品(生丝、棉纱和面粉)。这六年中,以这些物品为抵押的贷款占工厂贷款总数的 54.6%和银行放贷总额的 52.6%。首要的抵押品是蚕茧,全部蚕茧的 64.8%用于抵押,抵押所得贷款占贷款总额的 56.6%。除了向汇丰银行提供储存抵押品的货栈证明之外,钱庄还需支付储存费。[①]

如此一来,农产品和工业品就变成上海金融机构间的可转让票据,金融机构通过这种方式来减少贷款风险。同时,这些抵押品成为在外商银行和中国钱庄、中国钱庄和制造商、城市工业部门和农村农业部门之间的关键流通环节。在此背景下,被接受为可靠抵押品的物品价值在维持城乡金融市场的流通中起着关键作用。 77

债务与公司管理

为了开始运营,企业首先抵押工厂设备和厂房等,从银行获得一笔贷款,然后,再用原材料和成品做抵押,获得短期贷款作为

① 汇丰银行集团档案,上海分类账 203,伦敦。

周转资金。由于只有极少的企业能通过发行股份或向亲友借款筹集到足够的资金，所以上述方式便于城市纺织业的发展。

当借贷活动牢牢嵌入纺织企业的融资安排后，随之而来的问题是企业如何能够维持这种融资方法？申新纱厂和久成丝厂的例子提供了很好的说明。

申新纱厂

由于公司创始人荣氏兄弟希望保有公司的管理权，因此，申新纱厂不是一个股份公司，但可以无限参股。[①] 在 1916 年开业的第一年，该公司的外来资金总额超过了该公司的资本，而 80% 来自短期贷款和银行透支。[②] 在一战和战后景气的年份（1917—1921），申新的生产能力扩大了；1917 年它购买了前恒昌源纱厂，更名为申新二厂，第二年，申新为一厂和二厂添购了设备。1921 年，荣氏兄弟又在无锡建立新的申新三厂。在 1916 年到 1922 年间，申新纱厂的生产能力扩大了十倍（从 12 960 锭增加到 134 907 锭）。与资金和固定资产的增加同步，申新纱厂的融资额也增加了。1916 年，纱厂所吸纳的外部资金总额达 411 210 元，总资产达 649 350 元。1920 年，外部资金增长到 2 619 720 元，1923 年增长到11 665 200元，总资产也相应增长，1920 年增长到 5 890 770 元，1923 年增长到 17 303 310 元。[③] 换句话说，如果没

---

① 关于荣氏兄弟管理申新的详细分析，参见高家龙（Sherman Cochran）：《遭遇中国关系网：中国境内的西方、日本和华商大企业（1880—1937）》（*Encountering Chinese Networks: Western, Japanese, and Chinese Corporations in China, 1880—1937*），伯克利：加利福尼亚大学出版社，2000 年版，页 117—146。在指出管理上的等级制度是申新的重要特征后，高家龙正确论证了从上海的日资或中资银行借钱而非向熟人借钱，对荣氏兄弟控制企业决策权至关重要。

② 上海社会科学院经济研究所：《荣家企业史料》，页 95。

③ 同上书，页 114。

有贷款,申新纱厂的扩张是无法实现的。根据荣德生说法,由于添购设备的庞大开销和棉纱销售因价格缘故而难以获利,申新二厂实际上处于负债经营状态。① 78

直到 1921 年,申新一直依靠银行贷款来扩大经营,到了 1922 年,受战后经济萧条的影响,申新对贷款的依赖更加严重。外部贷款对实收资本的比例持续增加,外部贷款对申新总资产的比重也在增加。对各公司来说,不幸的是,这一年许多国内银行卷入外汇市场崩溃的余震之中,上海金融市场银根紧缩。这一年,申新纱厂开始向日本公司寻求贷款。②

申新纱厂摆脱困境的对策是扩张。1922 年,在汉口建立申新四厂。1925 年,荣氏兄弟收购德大棉纱厂,改建为上海申新五厂,在武进租用常州棉纺厂作为申新六厂。但荣氏兄弟面临的经济环境依旧严峻。1925 年爆发的“五卅运动”掀起抵制日货运动,给中国纱厂提供了扩大国内市场的机会,但上海的罢工运动,尤其是电力公司的罢工,使许多工厂被迫停业。③ 同时,国内战争引发的社会动乱,也使内地市场的需要大大萎缩。④

1928 年后,申新纱厂的业务才有起色。当年 5 月 3 日的济南惨案激起抵制日货运动,得益于此,中国纱厂在国内市场上的销量增加。国内市场的复苏大致出现于北伐战争之后;银行再次乐于向申新提供贷款。⑤ 1929 年,申新在上海收购东方纱厂,使

---

① 上海社会科学院经济研究所:《荣家企业史料》,页 84。
② 同上书,页 90。
③ 同上书,页 188。
④ 同上书,页 204。
⑤ 同上书,页 214。

之成为申新七厂。该厂于 1898 年为一家德国工厂所建，由一家英国工厂经营。工厂全部纺纱机（50 000 锭规模）和地产以 175 万两的价格出售给申新。

申新纱厂经理曾反对荣宗敬购买这家老厂。但荣宗敬坚持收购，认为“工厂位置优越，刚好位于杨树浦河岸”。显然，荣宗敬打算用工厂作抵押获得银行贷款，不久申新七厂就抵押给了汇丰银行。① 1930 年，申新在购买东方纱厂之后又建立了申新八厂。
79 荣宗敬发起企业扩张是出于：购买老厂比建设新厂更便宜，而且工厂的并购减少了市场竞争。② 伴随扩张，申新纱厂改产细纱。据 1932 年的报告，申新六厂生产的棉纱平均支数为 23.6，申新七厂是 23.4，远高于其他纱厂。③

申新纱厂显然严重依赖贷款，但现有的统计数据不够全面，无法清楚说明 1916 年至 1930 年间申新纱厂如何使用贷款。不过，根据其他的原始资料，包括公司纪录和银行报告，结合现有的统计资料，可以明确了解申新纱厂的贷款融资情况。

在 1921 年之前，从银行借贷尚有利可图。大生纱厂 1889—1926 年的纪录表明，在 1921 年前，收益与资产值的年平均比率是 17.61%。因为贷款利息是 9%—12%，所以，对于大生纱厂的经营者来说，借钱经营是有利的选择。④ 1920 年，申新一厂的盈

① 上海社会科学院经济研究所：《荣家企业史料》，页 219。关于申新与汇丰对此次贷款的纠纷，参见本书第六章。

② 上海社会科学院经济研究所，《荣家企业史料》，页 253。

③ 王镇中、王子健：《七省华商纱厂调查报告》，上海：商务印书馆，1935 年版，表 3，附录页 iii。原始报告没有指明被调查工厂的名字，只以序号区分。但是，根据其他信息资料，如产能和产量，很显然，5 号厂即为申新六厂，6 号厂即为申新七厂。

④ 汤可可：“大生纱厂的资产和利润分配：中国近代企业史计量分析若干问题的探讨”，该文为南京大学第二次张謇研讨会论文，1995 年 8 月。

利率是 21%。[①] 因为企业家或者债务人要承担很多相关风险,比如价格波动和利率变动,所以萧条期间的债务将会成为他们的沉重负担。在 1918—1921 年的棉纺业的繁荣时期,纱厂的扩张建立在举债基础上。1922 年,当战后萧条不期而至,纱厂开始赔钱经营。[②] 繁荣期间所贷款项的利息支付迫使一些纱厂与外国或中国其他纱厂联合经营,也令一些纱厂倒闭。[③] 大生纱厂的纪录说明,在 1921 年之后,收益与资产值的比率明显下降,当低于 8%的时候,履行贷款合同就成为问题。[④]

但是,即使在不景气时,企业家和金融机构都没有放弃抵押贷款这种做法。在维持借贷关系中,抵押物品的价格趋势是至关重要的。例如,申新纱厂的纪录表明,它的外债总额从来不超过纱厂的资产总值(见表 3.1)。同时,其净资产(资产总额
减去负债)总是高于实收资本的数额。换句话说,如果商业不 80
景气迫使纱厂停产,这种做法至少让它免于债务。1903—1930 年,上海公共租界的房地产被用作长期贷款的抵押品,一直在稳步增加(见图 3.1);至于短期贷款,尽管原材料和棉纱的价格每年不同,除了 1925—1926 年,再没有连续两年价格下跌的情

---

① 我的计算基于《荣家企业史料》表 2 中所列的资产数据(页 94)及表 8 中的利润数据(页 625)。

② 1921 年,棉纱产品的利润为每包 21.2 两。但在接下来的三年里出现了净亏损纪录,1922 年每包亏损 2.9 两,1923 年 12.2 两,1924 年 4.3 两。1925 年上半年,业绩仍然萎靡不振。到 1925 年下半年纱厂才出现净利润。参见 Arno S. Pearse:《日本和中国的棉花工业》,英国曼彻斯特:Taylor Garnett Evens,1929 年版,页 157。

③ 严中平:《中国棉纺织史稿》,页 183。

④ Elisabeth Köll 也注意到了 1922 年之后大生的债务负担越来越沉重,尽管她也指出公司账户和个人账户之间的资金转拨严重损坏了纱厂的财务健康,见 Elisabeth Köll:《从纱厂到企业帝国:近代中国地方企业的出现》(*From Cotton Mill to Business Empire: The Emergence of Regional Enterprises in Modern China*),马萨诸塞州剑桥:哈佛大学亚洲中心,2003 年版,第 6 章。

81 况(见表 3.2)。这里,抵押品的可赎偿性被用于防范债务拖欠,但这类形式的抵押品中如有任何一项价格下跌,都将影响贷款机制的稳定性。在丝业的融资中也可看到相似的情形。

表 3.1　申新纱厂的资产负债情况,1920—1929 年

(单位,千元)

项目	1920	1921	1922	1923	1924	1925	1929
				资　　产			
固定	4 862	9 650	11 645	13 086	13 115	15 230	19 776
浮动	1 015	2 021	3 392	3 712	3 636	7 557	16 114
其他	14	487	875	505	521	483	1 428
合计(1)	5 891	12 158	15 912	17 303	17 272	23 270	37 318
				资本和负债			
实收资本(2)	1 892	4 704	6 085	6 563	5 658	5 990	6 641
长期贷款(3)		30	58	178	387		231
短期贷款(4)	2 618	6 598	9 135	11 477	11 612	17 275	27 461
其他贷款(5)	2			10		8	
合计	4 512	11 332	15 278	18 228	17 657	23 273	34 333
				资产负债比和资本负债比			
总贷款(6) (3+4+5)	2 620	6 628	9 193	11 665	11 999	17 283	27 692
贷款/实收资本 (6)/(2)	1.38	1.41	1.51	1.78	2.12	2.89	4.17
净资产 (1)-(6)	3 271	5 530	6 719	5 638	5 273	5 987	9 626
总贷款/总资产 (6)/(1)	0.44	0.55	0.58	0.67	0.69	0.74	0.74

来源:上海社会科学院经济研究所:《荣家企业史料》,页 640。

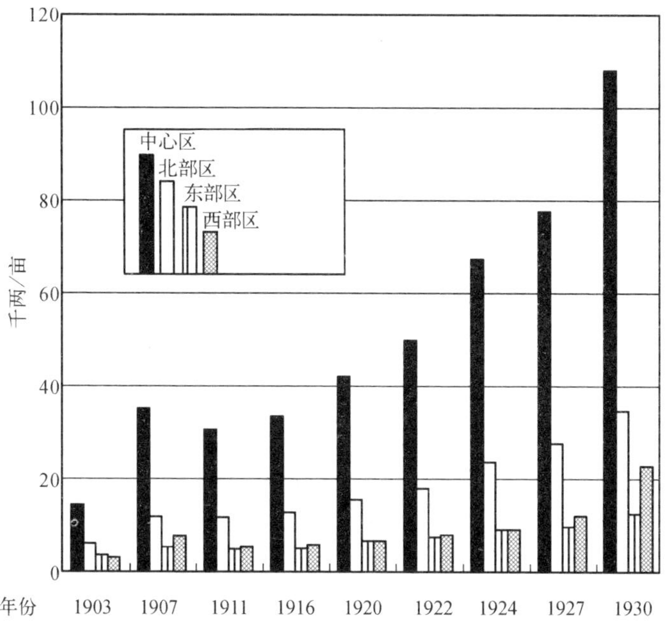

图 3.1　上海房地产价格,1903—1930 年

来源:罗志如:《统计表中的上海》,南京:国立中央研究院社会科学研究所,1932年版,页 20。

表 3.2　原棉和棉纱的价格指数,1921—1929 年

年份	原棉	棉纱
1921	89.3	101.2
1922	105.8	97.2
1923	123.5	104.5
1924	131.2	115.9
1925	124.8	114.8
1926	100.0	100.0
1927	105.3	97.5
1928	115.7	109.6
1929	108.0	113.4

来源:Arno S. Pearse:《日本和中国的棉花工业》,英国曼彻斯特:Taylor Garnett Evens,1929 年版,页 157。 82

久成丝厂

由于丝厂存活时间较短，加之多数规模不大，没有堪称典型的丝厂发展史。莫觞清的久成丝厂比一般的缫丝厂大得多，很难代表那些小厂，但莫的业务扩张战略却能说明租厂制和短期贷款如何促进了缫丝业的发展。

1900 年，莫觞清进入苏州一家丝厂做学徒。1907 年，他和几个朋友租赁了上海一家仅拥有 208 台丝机的小丝厂，开办了久成丝厂。幸运的是，1907 年优质蚕茧供应充足，蚕丝价格由 860 两升到 1 100 两。莫觞清和他的合伙人在第一年就开始盈利。第二年，莫在上海租借了另外一家稍大的丝厂，有 240 台丝机。1909 年，由于意大利丝业在地震中严重受损，对中国生丝的需求量增加。久成再次大幅获利。1910 年，莫进一步扩展业务。他在上海东南部买下一片地皮，建立久成一厂，规模达 512 台丝机。他还租了另外一家拥有 320 台丝机的丝厂。到一战前夕，久成快速发展。除了他的久成丝厂，莫还在上海租了 4 家丝厂，分别拥有丝机 244 台、240 台、280 台和 280 台。5 家工厂一共拥有 1 484 台丝机，雇工 3 700 名，年产生丝 2 000 担。莫从美国贸易公司美鹰洋行和日本三井公司获得周转资金。直到 1919 年，他一直担任美国洋行的买办。[1]

一战爆发后，欧洲市场需求锐减，包括久成在内的中国丝业深受打击。但是，来自美国市场的需求弥补了欧洲市场的损失。尤其是莫利用他担任美国公司买办的优势，雇用一个美国人作为
83 在美的代理，成功打入了美国市场。到战后 1919 年，久成确立了上海丝业的领导地位。久成集团拥有七家缫丝厂，拥有 2 588 台

① 曾田三郎：《中国近代製糸業史の研究》，页 256—257。

丝机,是 1907 年的 12 倍。除了产能的增长,1922 年莫还把业务扩展到丝织业。1923—1928 年间是久成的黄金岁月,尤其是1928 年,因蚕茧源品质高,国外市场需求量大,久成再次扩产,新建两厂,并另租一厂。此时的久成共辖 10 家工厂,拥有丝机2 856台,工人 7 000 多名,年产生丝 5 000 余担。①

久成的例子说明,租厂制和短期贷款相结合,实现丝厂的扩张。但是,缫丝业的经营很难预料。周转资金的利润通常约为 8%,但是有时低至 3%—4%。在一战的艰难时期,许多丝厂拖欠银行和钱庄的贷款。② 战后,随着国外需求的增加,丝业的状况好转,盈利可观。1927 年,无锡 15 家丝厂的资本收益率高达 60%—153%。③ 无锡丝厂贷款条件的变化,也反映了这一时期的繁荣。许多新的钱庄建立起来,各家银行也在这里成立分部。这些金融机构竞相贷款给丝厂,利息也随之下降。一些钱庄甚至无需抵押冒险放款,而银行一直坚持安全的信贷政策。④

对于金融机构来说,向缫丝业贷款存在风险。当生丝市场兴旺的时候,银行投资可以收到高额利润,一旦市场萧条,它们就不得不承受因拖欠贷款而带来的沉重损失。蚕茧和生丝作为抵押品的有效性是维持信贷机制的关键。蚕茧价格尤其是生丝价格在 1930 年以前一直攀升(见表 3.3)。

---

① 徐新吾:《中国近代缫丝工业史》,页 192—196。

② 无锡交通银行:"七年下期报告说明书",交通银行档案,398-6055。

③《字林西报》(1928 年 1 月 28 日),《无锡年鉴》卷一(1930 年 1 月),转引自高景岳、严学熙编:《近代无锡蚕丝业资料选辑》,页 64。

④ 无锡交通银行:"锡行十二年上期营业报告书",交通银行档案,398-6275。

表 3.3　蚕茧和生丝的价格指数，1921—1930 年（1927＝100）

年份	蚕茧	生丝
1921	n. a.	91. 2
1922	n. a.	120. 5
1923	n. a.	133. 6
1924	n. a.	102. 2
1925	n. a.	109. 2
1926	n. a.	108. 7
1927	100. 0	100. 0
1928	90. 9	106. 9
1929	72. 7	117. 8
1930	105. 5	113. 8

来源：徐新吾：《中国近代缫丝工业史》，页 183；高景岳、严学熙编：《近代无锡蚕丝业资料选辑》，页 26，页 88—89。

为了减少风险，钱庄和银行越来越严格地要求抵押品并监管丝厂生产。[1] 从交通银行无锡分行向无锡一家重要丝厂乾生丝
84 厂发放一笔贷款的例子可以看到，即使交通银行考虑到了"厂主的财富和声望"和"他们产品的高质量"，但如果没有抵押品，银行也绝不会放贷。[2] 银行的信贷政策建立在蚕茧和生丝不断上升的价格之上。抵押品的可赎偿性是防范债务人违约的一份保障。

小　结

尽管有债务条款和利息支付的不便，纱厂和丝厂还是不断寻求贷款。通过持续借贷，管理者和经营者可以用最少的现金开办起工厂。这种循环融资的办法有风险，但减轻了运营成本的经济

① 徐新吾：《中国近代缫丝工业史》，页 345。
② 无锡交通银行："无锡整理旧欠各款账略"，交通银行档案，398－8934。

负担。只要市场条件有利——“纱贵花贱”——工厂就可以通过原材料和成品的差价盈利，同时还能不费劲地偿还欠款。但是，当市场对他们不利时，债务就变得异常沉重。贷款也是生存手段。在商业萧条时期，例如1922—1926年，金融机构没有停止向纺织企业放贷。 85

关键问题是，在贷款合同约束下，金融机构对这些企业的信心建立在抵押品的价值上。这类贷款合同，包括要求抵押和严格监控等内容，与传统所认为的中国大多数贷款建立在个人信用之上这一结论不相符。[①] 正如张謇和荣氏家族所显示的那样，1911年辛亥革命之后，仅有个人声誉不再是获得贷款的充足条件。[②] 随着政治混乱加剧，作为抵押品的农产品、工业品、机器和工厂地契的重要性增加了。在不确定的商业环境下，无法辨明一个债务人是否能够支付利息和偿还本金。因此，以有形抵押品为支撑的贷款合同，为扩大信贷提供一种制度手段，弥补了政府对私人信贷交易监督和管理上的缺失。只要相信企业能够赎回抵押品，金融机构就会继续向企业提供贷款。个人诚信被更为实在的抵押品所代替。

---

① Frank Tamagna：《中国的银行与金融》，纽约：太平洋关系研究所，1942年版，页70—71。关于中国商贸业务中个人关系与法律的问题的评论，参见Tahirih V. Lee：《社会、政治、经济视野下的中国法律》(*Chinese Law: Social, Political, and Economic Perspectives*)卷三《中国的合同、关系与纠纷解决》(*Contract, Guanxi, and Dispute Resolution in China*)，纽约：加兰出版社(Garland Publishing)，1997年版，页XIII—XIV。

② 程麟荪(Linsun Cheng)正确地指出了近代中国银行的贷款政策从信任个人关系向抵押借款转变[《现代中国银行业——企业家、职业经理与中国银行业的发展(1897—1937)》(*Banking in Modern China: Entrepreneurs, Professional Managers and the Development of Chinese Banks, 1897—1937*)，英国剑桥：剑桥大学出版社，2003年版，页146—153]。但正如我们已看到的，20世纪初传统钱庄也跟进了银行的做法。

但是,当1931年通货突然开始紧缩时,通货膨胀年代和自由放任的商业气氛下的工业化进程就受到了挑战。

*　　　*　　　*

在本书上卷,我叙述了中国经济的基本问题,即,国内货币体系和国际白银贸易之间缺乏屏障。在1911年清政府垮台之后,延续几个世纪的旧帝国货币体系继续存在下去,由银行居中调解着白银与外汇间不受限制的交易。在缺乏政府管理的情况下,银条和外国银币在中国自由进出,并作为货币在中国国内市场上流通。

因此,始于19世纪中叶的国际白银价格下滑严重影响了中国经济。中国银价高于国际银价使大量白银流入中国,导致货币供应量增多,进而使中国物价水平一直到1931年始终呈上涨趋势。这一持久的白银贬值过程影响了中国的经济活动。尤其是
86 工业企业,借在通货膨胀时期的信贷扩张获利。金融机构之所以扩大信贷是因为他们相信通过可靠的抵押品将避免贷款风险。

然而,从长时段看,银行对抵押品的信任并没有保证。核心问题是,在中国之外白银是一种商品,价格随国际市场波动,不受中国控制。白银价格的上涨将迫使中国商品价格下跌,从而侵蚀信贷抵押品的可靠性。可是,没人能够预料价格趋势的逆转。在通货膨胀时期形成的经济体制下,中国经济发现它对世界经济危机的通货紧缩压力异常敏感。在下一章,我们将谈到,大灾难最
87 初的征兆在农业部门出现了。

下　卷

萧条年代,1931—1937年:经济与政治的转变

第四章　农村崩溃

1930 年，欧洲著名社会经济史学家托尼(R. H. Tawney)受太平洋国际学会的邀请来中国调研经济问题，并将之与欧洲经济进行比较。中国农村地区的凋敝吸引了托尼的注意力："在一些地区，农民的处境就像一个人一直站在齐颈深的水里，甚至一个小小的涟漪都足以将其淹没。"[①]托尼的描述把握了农民在中国农村地区常见的自然和社会灾害面前的极端脆弱性。难以预料的干旱、暴雨或病虫害，随时都能让农民整年的收成化为乌有。但是，读者在本章中将会看到，托尼在大萧条次年所目睹的农村灾难，却有着不同的原因。

世界性的萧条对农业部门的冲击格外严重。稻米、小麦、茶、丝以及其他农产品价格急剧下降，对包括亚非发展中国家在内的世界各地的农业部门，都是一个沉重的打击。印度的黄麻和茶叶生产者、缅甸的水稻种植者、埃及的棉农以及中国的农民都未能免于大萧条的负面影响。[②] 物价一直跌到 1935 年，给中国农村

---

① 托尼(R. H. Tawney，一译陶尼)：《中国的土地和劳动》(*Land and Labour in China*)，伦敦：G. Allen & Unwin，1932 年版，页 77。

② 关于主要农产品价格下降的估计与对土耳其、埃及、印度、东南亚和非洲等地遭遇的概述，参见罗德蒙德(Dietmar Rothermund)：《大萧条的全球影响(1929—1939)》(*The Global Impact of the Great Depression，1929—1939*，伦敦：Routledge 出版社，1996 年版)的第 4、7、9、12、13 章。关于中国大米、小麦、原棉、茶、丝等(转下页)

经济以巨大的压力,尤其是农村金融部门。此外,1931 年的长江
91 洪灾、1935 年的大面积干旱以及国共两党之间不断的军事冲突,
对已经处于物价下跌状态下的农村地区造成额外的负担。

那么,农产品价格的持续低迷如何榨干了农民正常的资源储备?农村危机对城市部门产生了怎样的影响?都市知识分子又转向何方寻求解救这一新危机的办法?

农产品价格的下降

1929 年,世界市场上农产品价格开始暴跌,也殃及中国市场。1930 年后,中国原材料的价格持续下跌。与此同时,世界各地都传来供给显著增加的消息。自从一战结束后,由于欧洲试图将产能恢复至战前水平,同时,世界其他生产者也扩大产量以填补战时差距,因而产能过剩成为一种普遍现象。世界农产品价格和供应指数(如果以 1923—1925 年为 100 的话)显示,从 1925 年底开始价格逐渐下降,到 1929 年 10 月降到约 70 的水平上;同一时期,库存增加了约 75%。此后,价格下跌速度加快:价格指数 1930 年 3 月平均为 58,1930 年 12 月平均为 38.9,至 1932 年底为 24.4。①

在大萧条的最初几年里,包括中国原棉、小麦、糖、丝以及大米在内的初级产品市场崩溃。中国既出口也进口农产品。从 1910 年到 1920 年代,原材料及半成品出口占总出口的 70%—

(接上页)农产品市场与国际经济的联系,参见劳伦·勃兰特(Loren Brandt):《商业化与农业发展:华中与华东(1870—1937)》(*Commercialization and Agricultural Development: Central and Eastern China, 1870—1937*,英国剑桥:剑桥大学出版社,1989 年版)的第 1 章。

① 金德尔伯格:《大萧条下的世界,1929—1939》,伯克利:加利福尼亚大学出版社,1986 年修订版,页 73—74。

75%。① 食品和原材料价格的暴跌不可避免地影响到中国的农产品价格。② 此外，由于其他国家购买力的下降，中国的出口市场也受到影响。作为中国石油、矿石、丝绸以及各种动物产品重要市场的美国，遭遇了全世界最严重的经济萧条。向泰国、法属印度支那、菲律宾、荷属东印度以及马来西亚的出口，主要面向生活在那里的华侨，如今也受到经济萧条的冲击。③ 1931 年，因为白银相对其他外国货币升值，使中国的农业部门更直接地暴露在了全球萧条之下。在外国市场，中国商品以当地货币计算要更昂贵。市场日益萎缩，而竞争又十分激烈，中国生产者不得不降低 92
其出口价格。农产品出口价格指数在 1930 年达到顶峰，然后开始下降。价格连年下降，且降幅明显：1931 年降幅为 7.6%，1932 年为 10.5%，1933 年为 10.3%，1934 年为 14.1%。1935 年创纪录地较 1930 年低35.7%。④

由于面临着外国进口产品的竞争，中国的初级农产品在国内市场上也遇到了问题。虽然从 1929—1931 年白银严重贬值，但出于中国实行银本位制的缘故，原材料的进口价格并没有上涨多少，此类商品的进口降幅远低于其他消费品，尤其是奢侈品。⑤

---

① 直到 1920 年代中期，丝和丝织品一直是首要出口产品，尽管份额在下降。接下来是茶，但已远不像以前那样重要。1920 年代末，大豆和豆饼成为首要的出口品，但在日本入侵满洲并成立伪满洲国后，中国丧失了这些商品的出口。其他农产品，像鸡蛋和蛋制品、各种皮革，再加上煤炭、矿石和金属共同构成了中国的出口[参见郑友揆（Yu-Kwei Cheng），《中国的对外贸易和工业发展》（*Foreign Trade and Industrial Development of China*），华盛顿特区：华盛顿特区大学出版社，1956 年版]。

② 林维英：《中国之新货币制度：一项个人解读》（*The New Monetary System of China: A Personal Interpretation*），芝加哥：芝加哥大学出版社，1936 年版，页 23。

③ 莱瑟姆（A. J. H. Latham）：《大萧条与发展中世界（1914—1939）》（*The Depression and the Developing World, 1914—1939*），伦敦：Croom Helm，页 104—106。

④ 国家关税税则委员会：《上海商品价格年度报告》，1936 年，附录 7，页 122。

⑤ 雷文斯：《银钱》，印第安纳州伯明顿：原理出版社，1939 年版，页 211。

1931 年下半年，因外国货币贬值，进口产品价格更显低廉，在与进口原棉、大米和小麦等农产品上的竞争更加激烈。缅甸、泰国和法属印度支那等大米出口国储存设施不足，每年出产的粮食必须在下一个收获季之前被消费出去。这些国家的出口供给愈发驱使价格走低。[①] 除了 1931 年的长江洪灾使中国广大的稻米生产区遭到破坏，其余情况下，大量进口的粮食几乎足以取代国内产品，而本地生产的粮食据称也相当充足。[②]

主要商品市场都可以观察到价格下降。根据一份在 14 个省展开的调查，1931 年 1 月(计此时价格指数为 100)到 1933 年 10 月间，实际的小麦平均售价显著下滑。1932 年 1 月，平均价格降至 94，1933 年 1 月降至 82，接下来的 10 个月里，下降速度加快，到 10 月份降为 63。这意味着，此时农民出售小麦所获价格仅为 1931 年 1 月的三分之二。不同地区会有差异。1931 年 8 月的长江洪灾导致小麦减产，使 1932 年安徽、河南、湖北和江苏地区的小麦价格有了较大提高。但到了 1933 年 10 月，全国的价格一致，都呈大幅下降趋势。

尽管洪灾给依数据解读长时段价格走势造成困难，但还是可以从 1931 年和 1933 年间的大米价格中看到同样的情况。1931
93 年的洪灾重挫了安徽、河南、湖北、四川和江苏的稻米产区。1931 年 8 月，大米价格开始上涨，并维持了一年的高水平。因为外国大米进口翻倍，国内产量增加，1932 年的大米供给比 1931 年增加了 15.1%。1933 年，长江和淮河流域又一次发生洪灾，河南、湖北和四川等地农民得到的大米价格高于其他作物。到 1933 年

① 金德尔伯格：《大萧条下的世界》，页 78。

② 柯宗飞(音，Koh Tsung Fei)："白银行情"(Silver at Work)，《金融与商业》(*Finance and Commerce*)，第 25 卷第 8 号(1935 年 3 月 6 日)。

10 月，上述影响已经消失了。这时，农民所得大米价格仅为 1931 年 1 月的 59%。①

原棉的价格也在下降，但与小麦和大米比，直到 1933 年都还维持在一个相对较高的水平上。1931 年洪灾之后，棉花价格上升，并反映在 1932 年的价格指数上。但到了 1933 年 10 月，除四川、湖北外，棉花价格都出现回落，比 1931 年 1 月低 10%—20%。②

农产品价格的不断下降意味着农民的现金收入正在减少。如果说农产品价格的下降仅仅是由白银价值上升导致的，并且如果其他商品价格也同等下降，农民就不会因这些结果而遭受艰辛。不幸的是，实际情况并非如此。在长江三角洲高度商业化的农村地区，农村部门贸易状况的恶化，其不利影响是最明显的。

农村地区的贸易状况

商业化与农村家庭经济

在长江三角洲地区纺织工业的发展过程中，农村农业部门逐渐跟城市工业部门紧密结合在一起。例如棉纺行业，农村为城市纱厂供给原棉，购买纱厂纺出的粗纱，然后织成棉布。重要的是，尽管机械化的棉纺工业取代了低效的手工纺纱，但它并没有损害农村的织布业。实际上，通过使用机纺纱，农村家庭提高了手工织布的产量，这些手工织布广泛地销售到华南、

① 实业部银价物价讨论委员会：《中国银价物价问题》，页 31—33。

② 同上书，页 42。

94 满洲和东南亚等地。

以缫丝业来说，太湖北岸成为上海缫丝企业最主要的蚕茧供给地。太湖南岸的丝蚕养殖曾长期发达，北岸的农民是农村丝业的后来者，直到太平天国运动之后，太湖北区才转向于此。随着19世纪末期大量机器缫丝厂落户上海，这里的农民开始专事养蚕。一战后，由于临近蚕茧生产区，无锡也发展成为一个机械化缫丝中心。①

由于从事商业化的农业和手工业生产，长江三角洲地区的农民赚取了现金收入，他们用这些收入购买各式商品和各种服务。因为农民没有保存家庭账簿的习惯，仅有少数有限的资料可以供我们考察农村家庭的预算情况。其中之一是南满洲铁道株式会社（SMRC，简称“满铁”）收集到的1939—1940年间农村家庭收入和支出的珍贵数据。1937年，日本侵占了中国的东部中心，南满洲铁道株式会社上海事务所被要求调查日本占领区的农村经济和社会状况。满铁调查人员细心地选择调查村庄，以便能够涵盖该地区农业的各种类型，所选地区包括：作为稻米产区的松江和常熟、作为稻米和养蚕区的无锡、作为棉产和手工业基地的南通，以及作为水稻和棉花种植地区的太仓和嘉定。② 如表4.1所示，棉花种植、手工业和养蚕是满铁所调查村庄农民家庭主要的现金收入来源。

---

① 对这一工业化进程的详细描述，请参见本书第二章。

② 关于满铁对中国中心调查的宏大规划，参见原覚天：《現代アジア研究成立史論：満鉄調查部、東亜研究所、IPRの研究》，東京：勁草書房，1984年版，页355。关于满铁上海事务所所长（1937—1942）伊藤武雄，以及1929至1944年间满铁上海事务所调查员新井義雄的回忆，参见“満鉄調查関係者に聞”，载《アジア経済》，第26卷第12号（1985年12月），第29卷第6号（1988年6月）。

表 4.1　农村家庭的平均现金收入,1939—1940 年

（单位:每户,元）

来源	无锡	南通	嘉定
农产品销售	95.67(57.19%)*	28.63(14.64%)†	78.11(40.20%)‡
租金		27.78(14.28%)	
副业	12.65(7.56%)	60.14(30.75%)	74.79(38.14%)
工资	47.01(28.10%)	41.14(21.03%)	2.10(1.07%)
贷款	7.00(4.18%)	32.78(16.76%)	35.64(18.25%)
其他	5.07(2.97%)	5.00(2.54%)	4.57(2.34%)
合计	167.30(100%)	195.48(100%)	195.21(100%)

* 在无锡,平均每户蚕茧销售 82.62 元,占平均每户总收入的 49.39%。

† 在南通,平均每户原棉销售 16.94 元,占平均每户总收入的 8.67%。

‡ 在嘉定,平均每户原棉销售 40.81 元,占平均每户总收入的 20.90%。

注:无锡的数据收集于 1940 年,南通为 1939—1940 年,嘉定为 1939 年。

来源:南满洲铁道株式会社上海事务所调查室:《江蘇省無錫県農村実態調査報告書》表 15;《江蘇省南通県農村実態調査報告書》表 15;《上海特別市嘉定区農村実態調査報告書》表 15。

在无锡,农村家庭养蚕所得平均收入(82.62 元)占总收入额(167.3 元)的 49.39%,比重远高于劳工收入(47.01 元,28.10%)或蚕茧以外的其他农产品销售收入(13.05 元,7.8%)。① 在南通地区,手织布是最重要的收入渠道,在 195.48 元的总收入中,60.13 元(30.70%)来自该项,原棉销售收入则只有 16.94 元(8.67%)。如果村民能够将他们种植的原棉全部售出,收入会更多。但实际上,他们会留下约 27%的棉花用于纺经线。② 在嘉定的统计中,原棉总产 17 200 斤,村民卖掉其中的15 890斤。卖出的原棉为每 95

① 南满洲铁道株式会社上海事务所调查室:《江蘇省無錫県農村実態調査報告書》,表 15,1941 年。

② 南满洲铁道株式会社上海事务所调查室:《江蘇省南通県農村実態調査報告書》,表 15,1941 年。2 540 元的临时性收入已经从总数 6 058.55 元中减去。

个家庭收入平均贡献了 40.81 元(占总收入的20.9%),余下的收入来自其他工作,如竹制品手工业或织布。在 1937 年中日战争爆发之前,村民向上海的季节性流动是赚取工资收入的另一个主要途径,但是随着这种旅程变得越来越危险,村民们停止了这种做法。①

农民将他们挣取的现金用于购买各种商品、投入农业生产、交纳租金和税收等等(见表 4.2)。开支的显著特点是生活费用成为现金支出的最大部分。其中,最大的一项是购买粮食。商品生产和手工业普遍被称为“副业”的事实表明,农民从未完全放弃种植自行消费的粮食。然而,

表 4.2　农村家庭平均各类现金支出,1939—1940 年

(单位:每户,元)

支出项目	无锡	南通	嘉定
日常生活消费	132.71(78.20%)	194.62(70.86%)	126.70(55.54%)
农业生产	29.96(17.66%)	17.83(6.49%)	52.80(23.14%)
副业		35.95(13.09%)	4.64(2.09%)
税负	2.13(1.26%)	3.69(1.34%)	0.25(0.11%)
偿付贷款	2.89(1.70%)	19.77(7.20%)	0.22(0.10%)
其他	2.00(1.18%)	2.80(1.02%)	43.57(19.02%)
合计	169.69(100%)	274.66(100%)	228.18(100%)

注:参见表 4.1 给出的各数据收集的年份。

来源:南满洲铁道株式会社上海事务所调查室:《江蘇省无锡県農村実態調查報告書》表 16;《江蘇省南通県農村実態調查報告書》表 16;《上海特別市嘉定区農村実態調查報告書》表 15。

大部分农民还是从市场上购买粮食。据满铁调查人员估计,每户

① 南满洲铁道株式会社上海事务所调查室:《上海特別市嘉定区農村実態調查報告書》,页 103—104,表 14、15,1939 年。

的耕地面积往往太小，无法生产足够的粮食养活一个家庭，因此 96
村民要寻找能赚现钱的副业。[1] 在无锡，每户一年的平均总支出是 169.7 元，生活费用占 132.7 元(78.2%)。食物支出大致为 79.5 元(占总支出的 50.7%)，其中大米为 43.2 元(占总支出的 28%)。数据显示，食品，尤其是大米，是中国农村居民的主要开销。

在南通，农民种植大麦、大豆和小麦供自家消费。尽管如此，他们也仅能生产足够维持六个月消耗的谷物，这些谷物也仅能提供他们所需热量的 35%。余下的六个月，农民必须购买粮食，主要是大麦和大米。[2] 因此，购买粮食超过总现金支出的一半，其中谷物购买占去了食品预算的三分之一。[3] 在太仓，105.49 元的年生活费中，66.82 元(63.30%)用于食品支出，其中 21.75 元(20.69%)用于购买大米。[4] 在嘉定，每户用于生活费上的年现金支出总额为 126.7 元，用于食物的总支出为 71.4 元(56.32%)，
谷物消费占去 43.3 元(34.2%)。购买的食品绝大部分是诸如肉 97
类、鱼类、蔬菜等农产品，也包括盐、酒、酱油等传统加工品。此外，农民还购买工业品，如煤油、火柴和布匹，但没有一项超过谷物支出。这些数据表明，现金收入对农村家庭至关重要，因为他们必须赚钱购买粮食等生活必需品。

---

① 南满洲铁道株式会社上海事务所调查室：《江蘇省無錫県農村実態調査報告書》，页 109；《江蘇省南通県農村実態調査報告書》，页 92；《上海特別市嘉定区農村実態調査報告書》，页 84—85；《江蘇省太倉県農村実態調査報告書》，页 84—104。

② 南满洲铁道株式会社上海事务所调查室：《江蘇省南通県農村実態調査報告書》，表 12。

③ 同上书，页 163—164。大麦与大米之比为 85∶15，而中日战争前农民买的更多的是大米。

④ 南满洲铁道株式会社上海事务所调查室：《江蘇省太倉県農村実態調査報告書》，表 10，1939 年。

农村部门与城市部门之间的贸易

无论是农业产品还是工业产品,农民购买的大多数商品都来自城市。例如,太仓的受调查农民经常在村庄附近的八个杂货店购买所需要的物品,同时在那里卖出他们的农产品。这些杂货店出售的产品来自更大一些的村庄,由上海租界的批发商把商品带到那里。[①] 谷物短缺的嘉定每年要从长江下游大米销售中心的常熟和无锡进口大量大米。[②] 在这种情况下,农村家庭的现金预算能够反映出城乡之间的贸易状况。

近来所有关于长江三角洲农村地区的研究作品,都把现金收入看做农村家庭的关键,就像满铁调查者认为的那样。但是,他们在农业和手工业产品的商业化是否改善了农村福利的看法上却出现了分歧。[③] 1930 年代和 1940 年代所做的调查深刻表明,问题不在于农民总收入的多少,而在于农民卖出的产品价格与买

---

① 南满洲铁道株式会社上海事务所调查室:《江蘇省太倉県農村実態調査報告書》,表 10,页 107—108。

② 南满洲铁道株式会社上海事务所调查室:《上海特別市嘉定区農村実態調査報告書》,页 105—106。

③ 对于经济作物的价格趋势,科大卫(David Faure)认为,至少一直到 1930 年大萧条开始冲击中国农业时,农民都能从农产品贸易中获利[见科大卫:《解放前中国的乡村经济:江苏、广东的贸易扩张和农民生活(1870—1937)》(*The Rural Economy of Pre-Liberation China: Trade Expansion and Peasant Livelihood in Jiangsu and Guangdong, 1870—1937*),牛津:牛津大学出版社,1989 年版,第 6 章]。劳伦·勃兰特同意科大卫的乐观看法,他列举实际工资增长以及跟非农业价格相比有利于农业价格的贸易条件来证明(见勃兰特:《商业化与农业发展》第 4、5 章)。但是,黄宗智否认商业化的积极作用。他认为,总收入的增长并不能表明农村的生活水平有所发展或改善。相反,单个工作日的报酬降低,农村经济状况也许已经恶化了[见黄宗智《长江三角洲的小农家庭与乡村发展(1350—1988)》(*The Peasant Family and Rural Development in the Yangzi Delta, 1350—1988*),斯坦福:斯坦福大学出版社,1990 年版,页 12—13]。黄宗智的负面评价被夏明德(Lynda S. Bell)认同,她指出,无锡的养蚕业,大多数由女性从业,她们每天的报酬要低于种田的男人[见夏明德:《一种工业,两个中国:无锡县的缫丝企业与农民家庭(转下页)

进的农业制品和工业商品价格之间的比率。因为小块面积土地上的农业产出是有限的，农民的现金收入决定着他们是否生活在边缘。因此，农民在市场上卖出产品和从市场上买进商品，这两者的价格变化极大地影响着农村家庭的幸福程度。当蚕茧、原棉和棉布等产品的价格相对于必须的大米、盐、油等物品的价格下降时，农民的福利就会严重受损。①

大萧条的到来使贸易条件变得对农村农业家庭很不利。在武进，除了一战间和随后几年由于进口价格提高导致商品价格上 98
涨之外，农民卖出产品的获得价格一直高于他们要购买的物品的价格。② 然而，1931 年，这种价格趋势开始反转；农民出售的两种主要产品谷物和蚕茧的获得价格，对比他们必须购买的商品价格，开始大幅下跌（见图 4.1）。

（接上页）生产（1865—1937）》（*One Industry, Two Chinas: Silk Filatures and Peasant-Family Production in Wuxi County, 1865—1937*），斯坦福：斯坦福大学出版社，1999 年版，页 117—120]。利用满铁对南通的调查，武凯芝（Kathy Le Mons Walker）也指出了商业化对农业生产的负面影响，因为原棉生产迫使农民将大麦作为第二作物种植，才能配合上棉花种植，但其营养价值比小麦小得多[见武凯芝：《中国的现代性和农民的道路：长江三角洲北部的半殖民主义》（*Chinese Modernity and the Peasant Path: Semicolonialism in the Northern Yangzi Delta*），斯坦福：斯坦福大学出版社，1999 年版，页 209—213]。因为这些著作使用的都是相同的材料，如满铁调查资料、卜凯的《中国的土地利用》或费孝通的《江村经济》，他们关于农村经济的不同结论源于方法差异，即源于怎样评估农村生活标准上的差异。在深入考察了 1930 年代至 1940 年代的农村调查之后，我认为，城乡之间的贸易条件和农民获取贷款的相对容易是农村幸福的主要决定因素，而这些在 1930 年之后都遭到了严重破坏。在本章小结，我将详细讨论本书在农村生活水准争论上的立场。

① 费孝通：《江村经济：中国农民的生活》，伦敦：Routledge and Kegan Paul，1939 年版，页 265—266；南满洲铁道株式会社上海事务所调查室：《江蘇省无锡県農村実態調査報告書》，页 114；《江蘇省南通県農村実態調査報告書》，页 125。

② 张履鸾：《江苏武进物价之研究》，南京：金陵大学，1933 年，页 9，17。

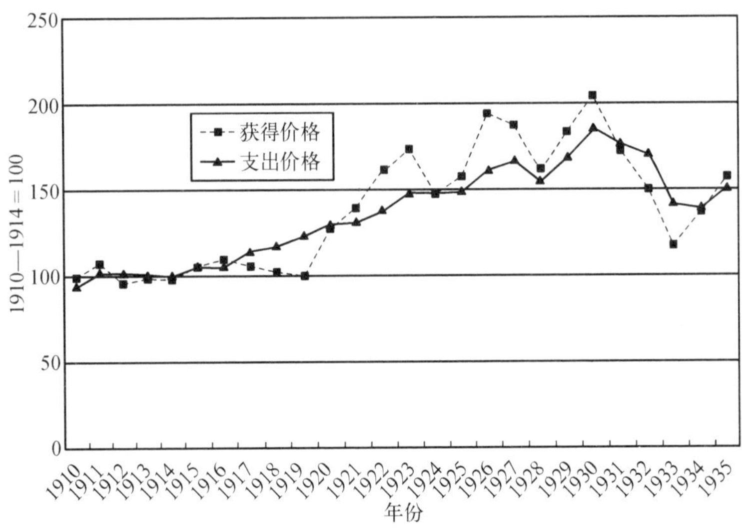

图 4.1　农民出售谷物和蚕茧的获得价格和购买商品的支出价格指数，武进，1910—1935 年

来源：John Raeburn，Fung-ting Ko："武进、常熟农民支出与获得价格"，表 1 和表 3，见《经济实情》（*Economic Facts*）第 6 卷第 6 号（1937 年 7 月）。

事实上，在江苏武进和宜兴等蚕茧生产区，1920 年代后半程，蚕茧的价格相对于农民需要购买的商品已经一直在下降，在 1931 年则进一步下跌。[①] 与 1910—1914 年的基准年份相比，蚕茧的购买力指数已经下降到 1932 年的 69。[②] 由于农民要用卖出蚕茧的现金收入来购买食品，尤其是大米，蚕茧和大米之间相对
99 价格的下降表明农民正在遭受困苦。到 1934 年，在江苏和浙江的主要蚕茧生产中心，蚕茧的价格已经普遍下降到 1930 年价格的约 30％。1930 年，在浙江杭州、江苏苏州，一担质量较好的蚕

① 徐洪奎："宜兴县乡村信用之概况"，见萧铮编：《民国二十年代中国大陆土地问题资料》，收入《中国地政研究所丛刊》第 88 卷，台北：成文出版社，1977 年，页 46525—46526。

② 张履鸾：《江苏武进物价之研究》，页 20。

茧能够换得5担多大米。而1934年，其交换比在杭州已经降到3担以下，苏州降到4担以下。在无锡，每担蚕茧的大米兑换量从1930年的7.35担下降到1934年的4.15担。由于每担蚕茧的生产成本以大米计算的话已经达到4.288 7担，养蚕已经变得无利可图。①

更为严重的是，农产品价格的降幅大于工业品价格的降幅，这一差距在1931—1933年间扩大，部分因为工业品价格在1930—1931年间有所上涨，但主要是因为这一期间原材料的价格继续下跌。② 根据上海的价格数据，对于一个大米生产者来说，在1929年，他可以用17.4石大米换1包棉纱，用0.78石大米换1匹灰布料，用0.35石大米换1罐煤油；而在1933年，同样的一个大米生产者，他必须用23.8石大米换1包棉纱，用1.11石换1匹灰布，用1.19石换1罐煤油，也就是说，分别上涨了37%、43%和240%。同样的一批产品——1包棉纱、1匹灰布、1罐煤油，对一个小麦生产者来说，在1933年，他不得不比1929年分别多付3.6担、0.29担和1.41担小麦才能买到。

蚕茧、花生或茶叶等其他农产品生产者也受到了价格下跌的严重冲击。以物物交换来说，1931年，1包棉纱可换142斤蚕茧，1932年可换200斤，1933年可换187斤。1931年，1包棉纱可换24.2担花生，1932年可换26.8担，1933年可换30.7担；换成红茶，1931年为83斤，1933年就已变成153斤了。唯一例外的是原棉，这可能是用原棉换取棉纱和布料对生产者有利，而用原棉

① 徐新吾：《中国近代缫丝工业史》，上海：上海人民出版社，1990年版，页334—335。
② 实业部银价物价讨论委员会：《中国银价物价问题》，页57；柯宗飞："白银行情"，《金融与商业》第25卷第14号（1935年4月3日），页389。

换煤油则划不来。① 正如这些数字所显示的，由于农产品价格下降，农村地区的购买力从 1931—1932 年降低了约 30%，到 1933
100 年又降低了 30%。②

农村地区的白银外流

农村地区贸易条件的不利令人惊心。因为农民不得不为必需品支付比农产品出售所得更多的钱，再加上税收、租金和利息，愈发使白银从农村地区转移到了中心城市，而不是反向流动。1929—1931 年，农村地区曾享受过从上海流入的白银净盈余。到 1932 年，国内白银流通呈反向态势。白银大量流入上海，却很少能回流内陆农村地区（见图 4.2）。

雪上加霜的是，农村的不安全导致农村地区白银进一步外流。1929 年，海关纪录了下述情形：

> 更为重要……且利益上生死攸关的是这样一个事实，即

---

① 柯宗飞："白银行情"，《金融与商业》第 25 卷第 14 号（1935 年 4 月 3 日），页 389—390。

② 农村部门贸易条件的不利看起来相当普遍。例如，在江苏南京和安徽宿县，1931 年后农民获得价格与支付价格之比已经变得非常不利（1931＝100）。

年份	南京		宿县	
	获得价格	支出价格	获得价格	支出价格
1930	110.3	81.4	83.7	90.7
1931	100.0	100.0	100.0	100.0
1932	86.3	94.5	88.8	98.8
1933	59.9	85.0	57.3	77.3
1934	64.8	77.3	47.2	63.0
1935	76.6	77.3	56.6	59.6

来源：W. Y. Yang："南京中华门农业价格指数"、"安徽宿县农业价格指数"，见《金陵大学指数通报》(*University of Nanking Indexes Bulletin*)，第 54 号（1941 年 1 月）。

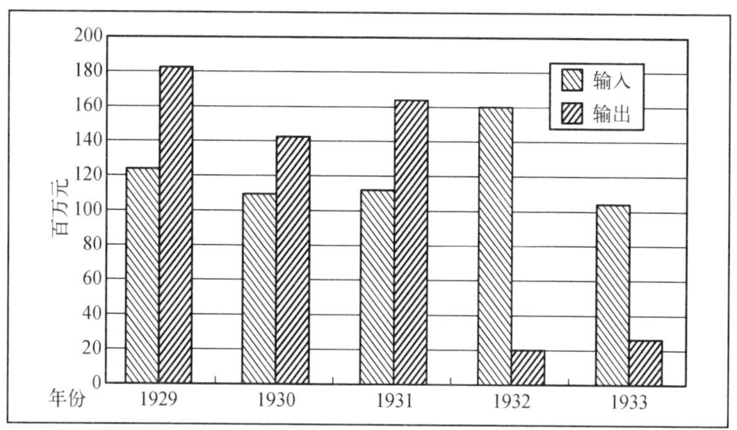

图 4.2　国内白银在上海的进出，1929—1933 年

来源：《中外商业金融汇编》第 2 卷第 12 号（1935 年 12 月），页 57—59。

注：这些数据包括上海和国内开放口岸以及沪宁铁路、沪杭甬铁路沿线各站之间的输运。

> 金属[白银]向内陆的正常流动在上一年受到很大抑制，已经
> 减少到让人极度忧虑白银储备的可持续增加。一般认为，这 101
> 是几成常态的内部冲突和混乱、铁路和其他交通设施的中断以及过高的税收和盗匪横行等积弊的结果，这些因素使外地钱庄带来的用以资助出口贸易的白银滞留于上海和其他通商口岸。如果瞥一眼此前三年（即 1926、1927 和 1928 年）内地从上海提款的数字，以及这三年中上海自国外净进口白银量分别有 70%、79%和 60%被用于国内消费，而 1929 年流向内地的部分竟低于 32%，事情就更明白了当。①

结果，净盈余的白银就积累在了中心城市。白银通常终年在城乡之间循环流通。作为中国最重要的金融中心，上海金融市场的波动常随农村地区的季节性需求而来。每年有两次利率攀高

① 中国海关：《中国对外贸易》，1929 年，第 1 部分，页 53。

的机会，一是每年4—6月丝、茶和小麦上市的时候，一是8—10月大米和棉花收获的季节。因为买家需要现金，随着他们把钱币送往农村地区用以交换那里的农产品，上海的金融市场银根变紧。[1] 而一年中的其余时候，白银的流动方向恰好相反：随着农民在集市上购买日用品，钱币又会通过农村小型零售商店、中等城市批发市场和上海商人之间的分级交易系统返回到城市。上海金融市场常常被称为“高级口岸金融”（high-treaty port finance），它与国内金融市场联结紧密并受其影响。然而，随着用于购买农产品的货币需求减少，上海金融市场的利率不再反映农业周期的季节性波动。[2]

白银的流通与信贷的流动基本重合。上海和宁波等主要贸易中心的金融机构借钱给小城市，如通州、扬州、镇江和蚌埠。例如，1927年以前，仅镇江每年就从上海吸纳900多万两。（镇江）各钱庄收集的钱币被借到远至汉口一带的广大农村地区。但1928年后，上海的金融机构逐渐停止向镇江的钱庄提供信贷。1931年的长江洪灾令农村债权人遭受打击，镇江的钱庄放款无
102 法收回。由于无法兑现上海方面的还贷要求，镇江金融机构丧失了信誉。小城镇信贷的萎缩也是白银在城市和内陆之间分配不平衡的原因之一。

白银大量涌入城市，农村地区因而遭遇现金和信贷的双重缺乏。上海和农村地区的利率差在扩大：在上海甚至可以取得

---

[1] 杨荫溥：“中国都市金融与农村金融”，《新中华》第1卷第8期（1933年4月），页3。

[2] 陈光甫：“怎样打开中国经济的出路：由上海的金融现状讲到中国的经济出路”，《新中华》第1卷第1期（1933年1月），页27—28。

无息贷款（“白借”），而在农村，贷款需要每月2%—3%的利息[①]，更有甚者，有时以任何利息都无法获得贷款。因为富人们都将资产投到城市金融机构，农村金融机构发现自己很难吸引存款。农村的白银流失让越来越多的资金闲置在城市的金融机构里。这种情况无论对农村地区还是中心城市来说都是不安全的。

*　　　　*　　　　*

在后面的章节我会分析农村白银外流对城市经济的影响。这里我们仅讨论其对长江下游农村金融机构的影响。

农村金融机构的崩溃

农民与借债

农产品价格的持续下降和白银外流压缩了信贷，也给农村家庭造成了沉重的负担。1930年代，据说江苏省有50%—60%的农村家庭都处在债务之中。[②] 一般说来，他们只在特殊时候寻求贷款，如为农业生产筹集资金，或用以支付日常必需品、税收和债务（见表4.3）。

---

① 杨荫溥：“中国都市金融与农村金融”，《新中华》第1卷第8期（1933年4月），页3—4。

② 卜凯在调查了十个县后指出，51.5%的农民家庭负债[见卜凯：《中国的土地利用：统计数据》(*Land Utilization in China: Statistics*)，芝加哥：芝加哥大学出版社，1937年版，页405]。土地委员会报告说，12个县的51.82%的农村家庭负债，中央农业实验所调查的50个县的负债数据是62%。尽管数字有所不同，但我们可以推测，该省有多于一半的农村家庭都在负债（见天野元之助：《中国農業経済論》，页208，引土地委员会《全国土地调查纲要》；及中央农业实验所：《农情报告》，第二年，第4号）。

表 4.3　江苏省农村债务原因及陷入债务家庭的数目，1935 年

原因	数目(百分比)	原因	数目(百分比)
非常事件		必要支出	
自然灾害	32 285(25.1%)	生活支出	29 601(23.0%)
战争	2 035(1.6%)	税负和债务	223(0.2%)
婚礼	10 351(8.0%)	偿付贷款	16 238(12.6%)
疾病和丧葬	23 199(18.0%)	弥补农业损失	1 186(0.9%)
农业生产		弥补商业损失	3 557(2.8%)
牲畜和工具	763(0.6%)	积蓄	402(0.3%)
种子和肥料	215(0.2%)	其他	1 184(0.9%)
土地	7 027(5.4%)	未知原因	557(0.4%)
		合计	128 823(100%)

来源：土地委员会，"江苏省 12 县农村家庭债务调查"(1935 年)，引自赵宗煦："江苏省农业金融与地权之关系"，页 45972—73；见萧铮编：《民国二十年代中国大陆土地问题资料》，收入《中国地政研究所丛刊》第 87 卷，台北：成文出版社，1977 年。

尽管对农村家庭来说，债务负担沉重甚至存在风险，但关键一点是，农村信贷作为一个延期支付的办法，对维持生产是必不可少的。1930 年代至 1940 年代的农村调查者多次指出了这一点。他们指出，在无锡，农村家庭的平均现金收入是 167.30 元，支出总计 169.69 元，平均每户出现 2.29 元的赤字。鉴于这种负
103 结余情况，满铁开始研究农民是如何实现收支相抵的。他们得出的结论是，前几年的盈余发挥了关键作用。例如，在无锡的村庄，20 户家庭中有 13 户从前几年中留下了余钱。盈余总额为 295.5 元，平均每户节省下来的钱为 14.78 元。将这一部分加上去，每户平均现金收入的总额就成了 182.18 元，这就为正常家庭预算创造了 12.49 元的盈余。① 满铁调查者推测，这一盈余表明那些没能结清未偿贷款的农民债务人正在积蓄。在南通，每户上一年

① 南满洲铁道株式会社上海事务所调查室：《江蘇省無錫県農村実態調査報告書》，页 128。

结余 42.12 元，未尝债务则达 170.88 元。① 贷款对农村家庭利
害攸关这一点不能低估。但是，为必需品消费而大量举债，却令 104
农民陷入不稳定的经济状况中。

借贷。农民寻求短期和长期两种贷款。约翰·洛辛·卜凯(John Lossing Buck)强调短期贷款对农村家庭的重要性："相当大一部分非生产信贷被用在收获之前的食品购买上。对那些自家土地出产很差的农民，这些贷款在冬天特别有用。"②这表明，农民的现金收入不仅少，而且还有季节性。农民通过借债应付季节性短缺。对许多要依赖贷款才能捱过生产周期之间青黄不接时期的农村家庭来说，争取到短期贷款是绝对必要的。例如，在桑蚕养殖区武进，对额外资金需求最多的时候有几段：一是农民必须支付租金和偿还借债的 12 月至 1 月；一是需要购买桑叶的 3 月至 4 月；一是需要肥料的 6 月至 7 月。在夏季，那些用光自己储存谷物的农民需要现金以购买大米和其他谷物。为了补偿这些花费，农民得在 5 月至 6 月卖出蚕茧、8 月卖出豆类、10 月至 11 月卖出谷物以换取现金。

除了季节性的短期和中期贷款，在如葬礼或婚礼等一些紧急或特殊情况下，农民还需要借大额的长期贷款。如果由于任何原因不能偿还贷款，他们有以下几个选择：违约拖欠、要求延期或者借新贷还旧贷。

因为背靠中国的金融中心上海，长江下游地区比全国其他地方拥有更多的金融机构，1933 年有 95 家银行和 310 家钱庄。尽

① 南满洲铁道株式会社上海事务所调查室：《江蘇省南通県農村実態調查報告書》，页 151—153。

② 卜凯：《中国的土地利用》(*Land Utilization in China*)，芝加哥：芝加哥大学出版社，1937 年版，页 461。

管资源如此丰富，仍然不是由银行而是由个人和非正式机构来处理农村金融。根据中央农业实验所1933年对江苏省50个县的统计，富裕农民（占总贷款的40.3%）、亲友（10.1%）、商人（8.3%）和地主（6.5%）是农村主要的债权人；当铺（26.2%）也是
105 农村资金的重要来源。①

农民对此有自己的选择。费孝通如此解释他们获取贷款的策略：

> 物品、劳务和少量的钱可以不付利息，短期地向亲戚朋友借用。这种补贴的办法主要见于遇有暂时性亏空时，债权人相信借款人有能力在短期内还债。……但需要大笔款项时，向个人商借并在短期内归还常有困难。因此，兄弟之间或其他亲戚之间的互相帮助便不能满足需要。这样才产生了互助会。互助会是集体储蓄和借贷的机构……当农村资金贫乏时，从城镇借钱给农村是必然会发生的。农民向城镇里有关系的富裕人家借钱。其利息根据借债人与债权人之间关系疏密而异。然而，……农民和城里人之间的个人关系有限，而且与农民有个人关系的人也可能没有钱可出借。结果城镇里便出现了一种职业放债者。职业放债者以很高的利息借钱给农民。②

费孝通的分析抓住了从村庄蔓延到城市的农村信贷之网。债权人居住得离村庄越远，其要求的利息就越高，贷款条件也更苛刻。

---

① 中央农业实验所："全国二十二省现况"，引自中央银行经济研究处编：《中国农业金融概要》，上海：商务印书馆，1936年版，页9。

② 费孝通：《江村经济：中国农民的生活》，页267—268，276—277。

互助会在农村地区很普遍。各地叫法不一。在无锡，人们称之为“摇会”，在南通有“十友会”，因为每个组织由十个成员组成且持续十年。[1] 一般说来，在会期存在的若干年里，互助会的成员一年相聚数次。[2] 例如，无锡的村民，每年在售出蚕茧和现金到手之后，都要立即参加两次社会。每次开会，村民们要交纳固定份额的存款；由每个成员轮流收集（和使用）其他会员交纳的存款。第一个收集人是互助会的组织者。当他用完这笔钱资助自己的活动之后，他就成为互助会的借款人，每次开会时是他分期还款的日子，并且要交纳所欠的利息。最后一个会员在最后一个会期，也就是第十年，收集自己那一部分。这样，互助会就成为一种余款使用的模式。[3]

仅仅以经济上的理由吸引人们加入互助会是不够的。通过
贷款和还利筹集资金，而不能提供一个具体的投资机会，则无法 106
吸引村民。而且，当存款者轮到自己收集资金时，可能还没有找到将之用于谋利的渠道。由于这些原因，互助会常常在关系亲密的人们之间组成，比如大家觉得有义务互相帮助的亲戚或朋友之间。为葬礼或婚礼筹钱是被认可的资助请求理由。[4] 传统上，农

---

① 南满洲铁道株式会社上海事务所调查室：《江蘇省无锡県農村実態調査報告書》，页115—116；《江蘇省南通県農村実態調査報告書》，页177。

② 天野元之助：《中国農業経済論》，页293—308，東京：改造社，1948年版；東京：龍渓書舍重印，1978年版。

③ 互助会是循环储蓄和信贷协会（ROSCAs）的中国版本，后者在一些发展中地区如非洲和拉丁美洲很常见。关于ROSCA，参见Joanna Ledgerwood：*Microfinance Handbook：An Institutional and Financial Perspective*，页69—70。值得注意的是，由底层民众发展起来的非正式组织ROSCA，是用于向穷人提供信贷的小额金融项目。参见Paul Mosley：“从NGO向商业银行的转变”（玻利维亚），及Graeme Bukley：“为肯尼亚Jua Kali部门融资”（见David Hulme，Paul Mosley：*Finance Against Poverty*，伦敦：Routledge，1996年版）。在第八章，我会解释国民政府利用互助会重振农村金融市场的类似做法。

④ 费孝通：《江村经济：中国农民的生活》，页268。

村居民小心翼翼地维持着互助会。由于知道失去同仁照顾的危险，农民通常都会想方设法交纳自己那一份额。①

典当是另外一个重要的信贷来源。1934 年，江苏省大约有 700 余家当铺，其中 36 家在上海之外。对于那些没有办法证明自己信用的农民，当铺是很有用的。当铺老板将自己 80%的钱都借给农民，农民可以依赖这些当铺，因为当铺接受各种物品作为抵押。最常见的典当物品是农具、衣物、铜器，谷物也被接受。贷款条件肯定不会多么慷慨，当铺通常只提供抵押物价值 60%的借款，并且要求每月 2%的利息。②

农民也会使用一至三年的长期贷款，以应对不可预料的农业生产。使用长期贷款通常有几个原因。例如，一个农民在春天典当了某样东西，但无力在同年秋天赎回，他就会尝试一年后再赎。③

当农民需要较大的资金，他们被迫向村外去寻找。在这种情况下，他们常被要求抵押土地。他们可以每月 2%的利息借到其土地价值 40%—50%的钱，在一到三年的借期内，可以继续耕种抵押的土地。如果需要更多的资金，他们可以将抵押合同变成典。典意味着可借到高于普通抵押 10%—15%的钱，期限从三年延长到十二年，大大长于普通抵押。在典期内，出典人保留土地的所有权，但是失去了土地的耕种权。只有在典权人的同意下，出典人才能耕种。在合同期结束后，出典人可以优先选择买

---

① 顾振中："无锡农村经济衰落之现状"，《农行月刊》第 1 卷第 4 号(1934 年 5 月)。

② 陆国香："江苏典业衰落及问题"，《农行月刊》第 3 卷第 6 号(1936 年)，页 43。

③ 赵宗煦："江苏省农业金融与地权之关系"，页 46074；见萧铮编："民国二十年代中国大陆土地问题资料"，收入《中国地政研究所丛刊》第 87 卷，台北：成文出版社，1977 年。

回他的土地。但是，如果出典人没有足够的钱，就将不得不卖出土地，并同时失去土地的所有权和耕种权（决卖）。① 107

土地的价值决定着农民可以借到的资金数额。自 1911—1925 年，土地价格上涨高达 50%。② 这一趋势在 1926—1930 年间一直持续（除了南通地区）。有几个因素决定了土地的价值，包括土地税、农村安全以及地租率。农产品价格的普遍上涨尤其提升了土地价格。③ 这种情形令希望抵押土地的农民喜忧参半：较高的价格吸引了投资者，但是农民不得不承担更重的利息负担。一旦土地价格下跌，农民以任何利息都将借不到钱。

陷入困境的农村金融机构

农村家庭需要金融机构提供给他们贷款，并且能够等待他们卖出农产品挣到足够的钱再偿还。由于农产品价格下跌和农村地区白银外流，传统的借贷安排受到严峻考验。

互助会充当了为农村居民提供中短期贷款的便捷信贷来源。然而，持续的农业萧条妨碍了许多农民履行对互助会的承诺。因为其会员无力交纳预定数量的存款，许多互助会停止了。④ 对资金的这种需求也吸引不了足够多的人去成立会社。因此，在穷困的农村地区，互助会消失了。⑤

① 天野元之助：《中国農業経済論》，页 238。

② 王树槐："江苏省的田价，1912—1937"，见中央研究院近代史研究所编：《近代中国农村经济史论文集》，台北南港：中央研究院近代史研究所，1989 年版，页 168。

③ 王树槐："江苏省的田价，1912—1937"，见中央研究院近代史研究所编：《近代中国农村经济史论文集》，台北南港：中央研究院近代史研究所，1989 年版，页 179。

④ 顾振中："无锡农村经济衰落之现状"，《农行月刊》第 1 卷第 4 号（1934 年 5 月），页 19—20。

⑤ 楚挺如："东台农村经济概况"，《农行月刊》第 2 卷第 10 号（1935 年 10 月），页 28；陈一："无锡农村之现状"，《农行月刊》第 2 卷第 4 号（1934 年 4 月），页 32—33；严格："中国农村金融流通方式的研讨"，《农行月刊》第 2 卷第 10 号（1935 年 10 月），页 11。

同样，商品价格下跌使当铺很难再接受衣物、家具和农具，以及农产品等物品作为抵押。例如，当农民寻求贷款以便从1931年的洪灾中缓解过来时，当铺拒绝接受衣服。许多当铺调低了典当品的价格，有时甚至只有其原始价格的20%。在1931—1934
108 年的三年间，江苏省361家当铺贷出款的总额下降了20%——从4 000万元降到3 200万元。①

虽然当铺通过限制他们支付的贷款数额努力争取生存，他们还是未能避免因物价下跌而招致的损失。如果客户赎回抵押的物品，他们还可以赚到利润，但一旦客户违约，他们只能卖掉典当品。从1932—1934年，违约贷款的数量增加了13%——从45 000万增加到51 000万元。而由于通货紧缩，当铺很难甚至有时就不可能以原始价格卖掉典当品。② 例如，大米价格通常在秋天收获之后立即变低，但是在夏季却很高。正常情况下当铺能够从这种季节性差距中盈利。但1930年代初，价格的季节性波动停止了，因为廉价的外国大米可以常年进口。因此，如果当铺试图卖出未能赎回的大米，他们获得的价格可能只是同于甚至低于贷款额。③

许多当铺经营者发现很难再取得周转资金，这使当铺的困境进一步恶化。由于无法拿出必要的资金，当铺经营者就向富商和城市钱庄借钱，或者从富人那里募集存款。实际中，他们中大多数以2 000—3 000元的周转资金贷出3 000—4 000元，贷出款项是其周转资金的1.5—2倍。但是，随着人们将资金转移到城市，当铺就再不可能得到存款了。此外，钱庄遭遇大城市削减信贷，

① 陆国香："江苏典业衰落及问题"，《农行月刊》第3卷第6号(1936年)，页43—56。

② 赵宗煦："江苏省农业金融与地权之关系"，页46082—46083。

③ 顾振中："无锡农村经济衰落之现状"，页19—20。

获取贷款变得更加艰难。1935 年，江苏省典当改进委员会报告说，随着农村经济恶化且安全性变得更差，银行和商人不愿向农村金融投资，如果他们要投资，就要求当铺支付 13%—14%的年息。尽管当铺向客户要求的利息通常是每年约 20%，但付完周转资金的利息再筹借其他必要的资金后，当铺老板发现只剩下几个百分点的净利润。很多当铺歇业，其余的则宣告破产。为周转资金支付利息的负担，以及无法获取利润，导致典当业衰退。① 109

由于在村庄内找不到融资渠道，需要资金的农民不得不将自己的土地抵押给城市居民，即便这一选择会增加支付利息的负担，甚至导致失去土地的可能。随着农产品价格和土地价格开始下降，农民逐渐丧失了作为债务人的信用。② 在 1931—1935 年间，农民收入下滑，耕地需求减少。实业部全国农业调查局农业经济科的作物研究员报告说，1933 年，十五个省的耕地价格都低于 1931 年。其他六个省份或有增加，或保持不变。但由于这六个省份中包括通货已经贬值的四个南方省份，因而并不被认为具有代表性。此外，由于军事活动的存在，1931 年的河南省土地价格尤其偏低，另外绥远省仅有几处被调查到。在十五个土地价格下跌的省份中，水田的平均价格指数，1932 年为 90，1933 年为 81（以 1931 年为基准年）；旱地价格降幅稍高。但是，作物研究员的数据可能没有反映出土地价格下降的整体程度，因为很多农民发现以任何价格都卖不出土地。数据反映的是土地所有者的卖出价，而不是买方的买入价。买方市场上的出价远低于土地所有者

① 陆国香：“江苏典业衰落及问题”，页 43—44。

② 王天予：“无锡北夏的农村经济”，《农行月刊》第 2 卷第 11 号（1935 年 11 月），页 27—28。

给出的价格。①

关于武进的数据也表明了1930年土地价格的急剧下跌。在1920年代,土地价格涨幅甚至高于农产品价格。1930年,土地价格比1920年高2.5倍。但是,1931年,跌了8%,1932年跌12%,1933年跌34%(见图4.3)。

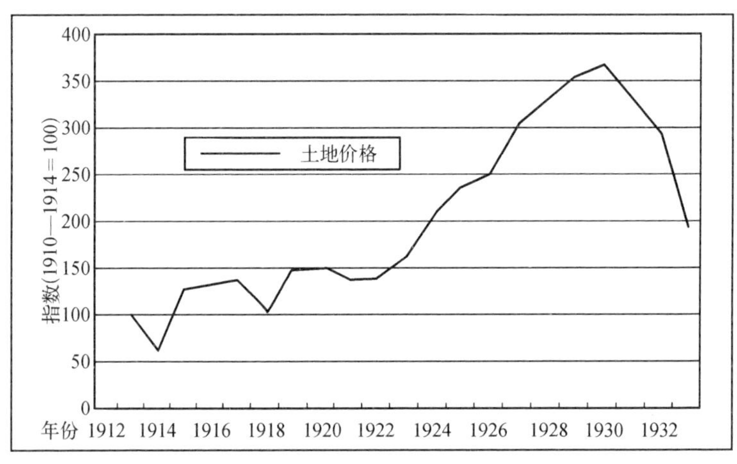

图4.3 武进土地价格指数,1912—1935年

来源:A. B. Lewis, Lien Wang:"江苏武进农村价格",载《经济实情》(*Economic Facts*)第2卷第2号(1936年10月),页91。

根据对紧邻武进的宜兴县农村年长者的采访,1920年代,土地价格从70元涨到100元,之后,从1930—1934年,降到50元,下降了50%。② 由于地价萎缩,土地不再被认为是取得贷款的安全保证。在武进和宜兴,一些债权人同意以低价抵押土地以降低金融损失的风险,但是现在他们不会再接受土地作为抵押了。农

① 实业部银价物价讨论委员会:《中国银价物价问题》,页63—64。

② 徐洪奎:"宜兴县乡村信用之概况",页46514—46515。

村的土地市场已经全面停滞。① 110

农产品价格的不断下降和资金向中心城市的流动，令农村地区产生了严重的资金短缺，破坏了农村的金融机构。由于被剥夺了现金和贷款的来源，农民丧失了应对不幸的办法。

农村的崩溃：一个城市问题

随着农村萧条的加深，城市地区将受危机严重影响的可能变得现实起来。注意到都市知识分子对农村问题的兴趣日益增加，中央研究院的经济学家千家驹写道：

> 近几月来，中国农村经济的救济问题已渐渐地被一般人所注意，而提到主要的日程上来。这在客观方面，显然是因为中国农村经济的危机日甚。如何救济农村的偏枯和如何治疗都市的膨胀，已不能不有所筹划；但在主观方面，居然有许多学者和银行家注意到这样一个素被漠视的问题，却也不能不说是一种良好的现象。② 111

陷入困境的农村经济令政府官员、经济学家、银行家和实业家们非常焦虑。③ 丝、茶和豆油等出口商品带来的资金较以往日

---

① 同上书，页 46531—46532；李范："武进县乡村信用之状况及其与地权异动之关系"，见萧铮编：《民国二十年代中国大陆土地问题资料》，收入《中国地政研究所丛刊》第 88 卷，台北：成文出版社，1977 年，页 46940—46941。

② 千家驹："救济农村偏枯与都市膨胀问题"，《新中华》第 1 卷第 8 期(1933 年 4 月)，页 11。

③ 许多文章都对农村萧条给予了特别关注。参见冯子明："农村问题之严重"，《银行周报》第 16 卷第 44 号(1935 年 11 月 15 日)；陈春生："我国农村经济崩溃之危机及救济之方案"，《商业月报》第 12 卷第 10 号(1932 年 10 月)；蔡斌咸："现阶段中国农村金融恐慌的检讨"，《新中华》第 3 卷第 13 期(1935 年 7 月)。

益减少。同时,中国对大米、小麦和糖等农产品的进口在增加。[①]政府官员和城市实业家都警惕地关注着这种形势。中国虽是初级产品生产国,但它不能养活自己的居民,不得不大量进口谷物。在自1932年起贸易逆差不断增长的情况下,大量进口农产品被认为是对中国经济更具威胁性之举。

专家担心农村崩溃对城市经济的影响。一旦农民放弃农产品生产,并移向城市寻找工作,随之而来的农业生产力的降低将威胁到城市的食物供给,还会削弱政府的税收基础。如果农民的购买力下降,工业企业将面临着国内市场的萎缩,最终会损害城市的工业。因为农业生产下滑,政府将被迫提高税率以弥补缩小的税收基础。这一沉重的负担将进一步破坏农业生产,形成恶性循环。农村的萧条就会轻而易举地影响到整个经济体系。[②]

在这种情况下,城市实业家、银行家和经济学家将农村崩溃和全国性的经济危机联系起来了。鉴于对中国经济衰退的共同关心,他们意识到必须让城市资金重新投资农村地区。[③] 但是他们并不知道如何实现这一目标。尽管上海金融市场上的资金非常充裕,要让它们向农村移动却不容易。上海商业储蓄银行总经理陈光甫回忆说:"我想帮助农民。多年的银行从业经验教我知

---

① 姚庆三:"对外贸易与我国农村经济",《社会经济月刊》,第1卷第9号(1934年9月),页80—81。

② 张嘉璈:"中国经济目前之病态及今后之治疗",《中行月刊》第5卷第3号(1932年9月),页1—5。

③ 陈光甫:"怎样打开中国经济的出路:由上海的金融现状讲到中国的经济出路",《新中华》第1卷第1期(1933年1月),页29;张嘉璈:"中国经济目前之病态及今后之治疗",《中行月刊》第5卷第3号(1932年9月),页3—4;王维骃:"救济农村应调剂农村金融之商榷",《银行周报》第18卷第22号(1934年6月12日),页3—4;马寅初:"如何使上海游资及外国余资流入内地以为复兴农村之准备",《银行周报》第18卷第29号(1934年7月31日),页1—12。

道一种许多中国人并不知道的饥荒——‘钱荒’。”[①]陈光甫还从银行的立场作出解释，很难扭转资金从农村流向城市的方向，因为“从银行的立场说，对于储户，原站在债务者的地位，所有资金，只有跟着存户的意志而转移。……存户纷纷提现运现，银行只有听其驱使，收缩放款，绝没有反抗的可能。由此可知现金集中于都市，不是银行的力量所能办到，现在要使现金不集中，也不是银行单独的力量所能办到……金融贵在流通，流通全靠信用，……如果一旦感觉到不能收回现金的危险，信用便要中断。”[②]

只要城市的金融机构还想追求利润，他们就会发现难以将资金投向存在风险且无利可图的农业生产。当农产品价格开始下 112
降，且农村安全恶化，无论是私人投资者还是金融机构都不会把钱投向农村经济。鉴于私人业务的限制，一些专家寄希望于政府的作用。浙江实业银行副主席章乃器强调，重振农村金融最关键的是筹集资金。他建议政府发行 1 000 万元的农村复兴公债。公债的一半由银行购买，换成可在农村地区使用的银行券。另一半用于建立农业银行。[③] 中国银行主席张嘉璈（字公权）、上海商业储蓄银行总经理陈光甫对政府推进农业合作化运动寄予很高的希望，通过这些合作社可以确保银行安全地向农村地区投资。[④]

尽管对复兴农村经济的具体途径意见不一，很多实业家和学

---

① 陈光甫：“陈光甫回忆录”，页 48，纽约：哥伦比亚大学善本与手稿图书馆。

② 陈光甫：“怎样打开中国经济的出路：由上海的金融现状讲到中国的经济出路”，页 28（作者原文用意译，此处按所引原文过录——译者注）。

③ 章乃器：“发展农业金融以巩固经济基础议”，《银行周报》第 16 卷第 21 号（1932 年 6 月），页 15—16。

④ 陈光甫：“怎样打开中国经济的出路：由上海的金融现状讲到中国的经济出路”，页 29；张嘉璈：“中国经济目前之病态及今后之治疗”，页 3—4。关于国民政府推行合作化运动的背景，参见陈意新：“国民党处理农村社会经济问题的做法：中国农村合作社运动，1918—1949”（华盛顿大学，博士论文，1995 年），第 3、4 章。

者似乎都同意国民党党员唐有壬的说法，唐声称："为了弥补实业界的短处，我们必须依赖政治力量。"①于是，农业的萧条唤来了政府的指导。

小 结

通过对20世纪初期城乡之间经济一体化的集中考察，我们可以看到在全球性的经济大萧条期间，中国农村部门面临着一个前所未有的危机。② 1929年之前，在收获季节城市资金通过购买农产品流向农村村庄。但是，随着大萧条引起的农产品价格下降，以及约1931年开始的资金向中心城市的流动，导致了农村地区现金短缺，严重破坏了农村的金融机构。由于被剥夺了现金和贷款的来源，农村家庭发现，维持生活变得极其困难。

都市知识分子、经济学家和实业家认识到，农业萧条是作为整体的中国经济危机的一部分，并且是一个只有政府才能处理的棘手问题。为了考察开放给中国政府的政策选项，接下来的两章
113 将分析中国的工业和金融形势。

---

① 唐有壬："中国经济病态的诊断"，《中行月刊》第5卷第6号(1932年12月)，页4。

② 我为清末民初农民生活水准是下降(黄宗智、夏明德、武凯芝)还是上升(劳伦·勃兰特)的争论提供了一个全球视角。一方面，我对1929年以前农业价格和城乡之间贸易条件的分析表明，自19世纪末以来农村的困苦就一直持续并不断增大的消极看法是有问题的。(参见黄宗智《长江三角洲的小农家庭与乡村发展》，页12—13；夏明德：《一种工业，两个中国》，页117—20；武凯芝：《中国的现代性和农民的道路》，页209—213。)另一方面，也不能忽视1930年代初农村萧条的严重性，尤其是农村金融机构的衰退，尽管勃兰特对整个20世纪上半叶的农村经济持有相对更乐观的看法(参见勃兰特：《商业化与农业发展》第4、5章)。关于争论的主要观点，参见王国斌(R. Bin Wong)："中国经济的历史与发展"，《亚洲研究期刊》(*Journal of Asian Studies*)，第51卷第3号(1992年8月)，及"中国农民经济的发展"，《农民研究》(*Peasant Studies*)，第18卷第1号(1990年)。

第五章　工业萧条

对中国的纺织业来说，大萧条是一个始料未及的外部冲击。自 19 世纪晚期以来，缫丝企业和棉纺企业充分利用供应充足的原材料针对特定的市场生产成品。太湖以北地区从蚕茧中抽取的生丝出口到欧洲和美国市场，用短绒棉纺成的粗支纱则销往国内的农村市场。但是当 1929 年大萧条开始的时候，这些主要市场的需求大幅减少。纺织企业将如何渡过难关？其应对措施又如何影响了相关农村产业和金融部门？本章中，第一部分考察的是对汇率波动极其敏感的出口导向的缫丝业，第二部分考察的是棉纺纱工业。

缫丝业

日渐萎缩的国外需求与来自日本的竞争

因为自身经济陷入衰退，作为中国生丝主要进口国的美国和法国开始缩减进口量。1929 年，中国对美国的生丝出口从 23
202 担下降到 4 769 担，降幅为 80%，对法国的出口从 23 874 担 114
下降到 8 709 担，降幅为 64%。[①] 与此同时，由于国际市场上生

① 徐新吾：《中国近代缫丝工业史》，上海：上海人民出版社，1990 年版，页 674—675。

丝供过于求,日本的缫丝企业开始降低价格。当时,日本生丝产量占世界总产量的80%—90%,纽约市场上出售的生丝90%都来自日本。日本生丝降价,中国生丝也不得不跟着下调价格。但1930年下半年纽约市场上日本生丝每磅的价格始终低于中国。①

尽管纽约的生丝价格正在下降,但是由于银价下降导致的低汇率,直到9月份上海的生丝价格未见严重下降(见图5.1)。1930年初,每担高级白厂丝售银1 250两,4月上涨至1 280两,5月降至1 230两。从6月到8月,丝价一度在1 300—1 350两之间徘徊,但在1930年下半年,日渐萎缩的国外需求和日本的过剩生产终于导致上海丝价下降。② 10月,生丝价格下降至1 160
115 两,低于此前三年1 230两的平均水平。本年度最后两个月,生丝价格继续下降,跌至1 100两,已经低于1 150两的成本价。③

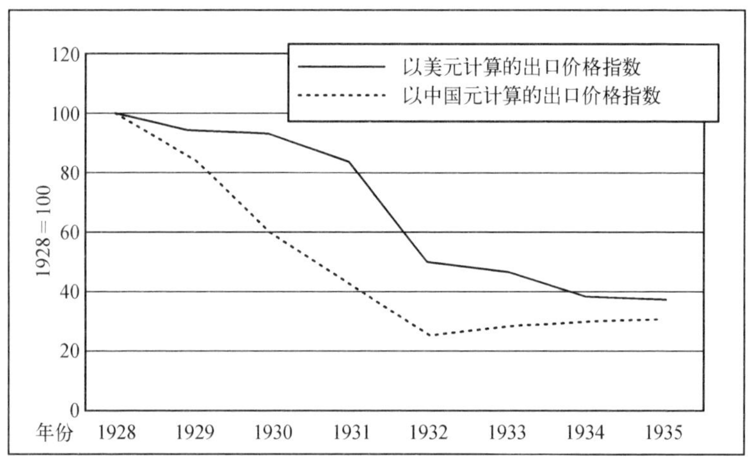

图5.1 以美元和中国元计算的中国生丝出口价格指数,1928—1935年

来源:徐新吾:《中国近代缫丝工业史》,表4.3,页305。

---

①《中行月刊》,第2卷第7号(1931年1月),页52,70。

② 刘大钧:《上海缫丝业》,上海:出版者不详,1931年版,页8。

③ 同上书,页37。

随着欧美经济危机的加深，对纺织品的需求普遍下降。当地很多纺织工厂倒闭或暂停生产。那些仍在运转的工厂则用人造丝代替生丝作为原料，力求降低生产成本。随着生丝需求的减少，价格进一步降低，与日本的竞争也在加剧，日本丝厂开始处理累积存货。9月，纽约市场上中国生丝的价格在每磅2.80—3.10美元之间，而日本生丝每磅只售2.30—2.45美元。11月，中国生丝价格跌至每磅2.65—2.70美元之间，而日本生丝价格则在2.25—2.30美元之间。即便在生丝价格下降的低迷期，中国和日本生丝的价格差距依然保持不变。[①]

致命的是这时中国缫丝企业失去了与使用金本位货币国家打交道时曾经拥有的汇率优势。英国于1931年9月放弃金本位，中国货币对英镑的汇率大幅上升。中国与欧洲的生丝贸易以英镑结算，因此欧洲市场上中国丝价随之上升。10月，这些市场的交易开始缩减。[②] 当日本也于1931年12月放弃金本位后，中国缫丝企业遭受了更大损失，因为他们的日本同行可以给出更低的价格。[③] 1931年12月，日本的生丝价格为2.12美元，次年1月又下降了8%，降至1.95美元，到4月份已经下降至1.35美元。日本政府还极力把生丝产业置于政府控制之下。1931年，政府统一了从蚕纸(egg card)制造到生丝出口的全部养蚕过程，1932年又制定了缫丝许可法，由此日本政府实现了对生丝价格和质量的全面控制。除了日元贬值，这些政策也使日本生丝在国际市场上的地位得到改善。[④]

---

① 浙江兴业银行调查处:“1931年之海外丝市回顾”，页29—30。

②《中行月刊》，第3卷第5号(1931年11月)，页118。

③ 徐新吾:《中国近代缫丝工业史》，页311。

④ 上野裕也:《戦間期の蚕糸業と紡績業》，東京:汲古書院，1994年版，页83—87。

日本大幅下调生丝价格令中国缫丝企业感到恐慌。[1] 1931
116 年，中国纱的价格是 700—800 两每担，而日本纱仅售 600 两每担。由于每担纱的生产成本需要 1 000 多两，中国缫丝企业不得不承受每担至少 200 两的损失。[2]

这种糟糕的局面一直持续到 1932 年。1931 年秋，中国人为抗议日本对东北三省的侵略而抵制日货，日本产品在中国的销量削减了三分之二。日本军部声称抵制日货是一种侵略行为，遂于 1932 年 1 月 28 日袭击闸北地区，摧毁了上海的东北部。该地区 31 家缫丝工厂至少有 15 家毁于战事。3 月中旬，上海恢复正常，但仅有两家缫丝厂重新开张。[3] 正如当时一位中国丝商指出的，即使没有军事对抗，上海的缫丝业也必将陷入绝境。[4] 无论是否受到袭击的影响，这些地方的诸多小企业纷纷破产。而日本的侵略使中国的缫丝业雪上加霜。美国人也为抗议日本侵占东北三省和袭击上海而抵制日货，而日本丝厂则用降低价格来吸引顾客。最终，纽约市场上的生丝价格下降；1932 年 4 月，中国和日本的生丝都创下了最低价的纪录。[5] 1932 年下半年价格有所回升，但是始终未能挽回总体下滑的趋势。[6]

1933 年 3 月，美国为刺激本国经济和增加货币供给而放弃

---

① "缫丝工业同业会请财政部发行公债"，上海市缫丝工业同业公会档案，S37－1－145。

② 寿百：《经济江浙丝业问题》，《商业月报》，第 12 卷第 4 号（1932 年 4 月），页 1—3；"沪市丝厂开工之调查"，《商业月报》，第 12 卷第 1 号（1932 年 1 月），页 1。

③ 徐新吾：《中国近代缫丝工业史》，页 321。

④ "丝业恐慌中各专家对救济问题之论见"，《国际贸易导报》第 4 卷第 1 号（1932 年 6 月），页 2—3。

⑤ 《中行月刊》，第 4 卷第 5 号（1932 年 5 月），页 80。

⑥ 《美国蚕丝与人造纤维月刊》（*American Silk and Rayon Journal*），1932 年 12 月刊，页 41。

了金本位。随着美国经济的复苏，美国丝市重见繁荣，生丝需求渐增，积压存货渐少。美元贬值导致的高汇率提高了纽约市场上中国生丝的价格。一定程度上，中国缫丝企业从这次价格上涨中得到了收益，但是要在美国市场上卖出他们的产品还有更多困难。

1933 年下半年，美国发生了多起纺织工厂罢工，削弱了美国对生丝的需求。此外，人造丝的降价也给生丝市场带来了不利影响。[①] 在这种情况下，1934 年日本对美国的生丝出口增加了 4.8%，而其价格仅为近 1 美元。日本对欧洲的生丝出口也在增加，从 1931 年的 15 785 担增加到 1932 年的 28 865 担、1933 年的 117
43 955 担，最终增加到 1934 年的 70 233 担。相比之下，中国丝厂已经努力降低生产成本，从 1931 年的 1 000 元每担降到 730 元每担，最终降到 1933 年的 475 元每担，此时无法再削低价格。中国的出口减少了约 45%，相对 1930 年出口额减少 88%，出口量减少 71%。[②] 到 1935 年年中，在日益萎缩的国际市场上，面对着与日本企业更加激烈的竞争，中国缫丝业进一步滑入萧条。

危机向金融部门蔓延

丝厂主对丝价持续下滑始料未及，以致延误了出售存货。上海丝厂和丝盆数量在 1930 年春均达到了顶峰，仅当时上海就有 9 家丝厂开张。无锡也有 13 家丝厂开张。[③] 更糟的是，1930 年长江三角洲下游蚕茧歉收大大提高了缫丝业的生产成本。丝价在下降，而蚕茧成本却正在上升。举例来说，每担生丝光蚕茧成

① 同上书，1933 年 11 月刊，页 45。
② 李述初：《二十三年丝业之回顾》，《社会经济月报》，第 2 卷第 1 号（1935 年 1 月），页 57—72。
③ 徐新吾：《中国近代缫丝工业史》，页 301—302，322—323。

本就要 850 两，外加上 200 两的劳务支出，再加上 50 两的税，每担的成本遂达到 1 100 两——这就比欧洲和美国的市场价格高出了 200—300 两。[①] 中国缫丝企业不得不忍痛以破产价格出售他们的生丝产品。

然而，当丝厂主好不容易等到了丝价上涨，等待他们的却是糟糕的财务状况。第三章已交代过，这些企业一般依靠银行贷款作为生产资本。1931 年年初，他们尚能够以每担生丝贷 800 两银行款。但是由于丝价下降，加上市场不景气，经营者很难再从银行获得贷款。[②] 缫丝企业无法以己之力购买蚕茧或赎回抵押在银行仓库的蚕茧，不得不停产。迫于贷款期限的临近和预期的严重行业不景气，他们转而向政府寻求财政援助。

1931 年 2 月 5 日，上海、无锡、浙江缫丝工业同业会请求发放 800 万元缫丝业救济公债。同时，他们以每担损失 300 元的代
118 价出售积压的存货以清偿贷款。缫丝企业请求政府通过发行丝业公债为每 300 元损失提供 100 元补助，另外再要求银行减免 100 元债务，余下的 100 元则由他们自己承担。[③] 他们认为，政府发行公债不仅能将中国最重要的出口工业从整体破产中拯救出来，而且能让农村养蚕户继续出售蚕茧获利。[④]

5 月，政府批准了发行公债的申请，并颁布了一系列规章，规定总额 800 万元公债中，600 万元用于鼓励生丝出口和复兴缫丝业，200 万元用于扶植养蚕。该公债的利息为每年 6%，对生丝出

---

① “缫丝工业同业会请财政部发行公债”，上海市缫丝工业同业公会档案，S37-1-145。

② 刘大钧：《上海缫丝业》，页 15。

③ “缫丝工业同业会请财政部发行公债”，上海市缫丝工业同业公会档案，S37-1-145。

④ “江苏丝业公债案”，实业部档案，422(4)—923。

口征收每担 30 元的特捐，作为偿本还息之用。①

江苏、浙江几乎所有的丝厂都获得了每架丝车 80 元的公债份额，并用这些资金赎回了依合同抵押在金融机构仓库里的蚕茧。② 在政府的援助下，一些缫丝企业设法继续图存。但是 1931 年底产业环境仍然非常艰难，企业很难继续运营。9 月，政府公债刚刚发行不久时，上海 107 家丝厂尚有 66 家坚持营业，可是到 10 月底只剩下 26 家了。政府发文给上海、江苏、浙江缫丝同业会，指责厂主在收到丝业复兴公债后仍然停产。但是，正如同业会指出的，政府的援助远不够将缫丝业从如此困境中拯救出来。例如，尽管一家拥有 200 架丝车的普通缫丝厂能从政府那里领到 16 000 元，其在售完月产的 40 担生丝后还要亏损 8 000 元，这还不算 1 200 元的出口税。同业会指出在这种情况下一个丝厂不出一个月就会倒闭。③ 无锡 49 家丝厂估计损失 700 万元。同样，加上财务困难，上海 106 家丝厂总损失超过 2 000 万元。一些财务虚弱的企业已经离开了缫丝业，另一些则暂停营业以避免进一步的损失。到 1931 年底，上海仅剩 20 家丝厂还在开门，无锡 49 家企业中也仅 18 家还在运营。④ 119

上海许多坐落良好的丝厂被业主拆除。因为随着缫丝业获利越来越少，丝厂租金逐月下降，很多时候丝厂根本租不出去。业主们发现拆除工厂而建筑公寓、经营地产更为划算。结果，

---

① “修正江浙丝业公债条例”，《工商业半月刊》第 3 卷第 10 号(1931 年 5 月 15 日)，页 8—9；徐新吾：《中国近代缫丝工业史》，页 345—346。1932 年 5 月，政府批准了缫丝同业会的申请，取消了生丝出口税和特捐[“行政院通过救济江浙丝业办法”，《工商业半月刊》第 4 卷第 9 号(1932 年 5 月 1 日)；徐新吾：《中国近代缫丝工业史》，页 346]。

② “交通银行无锡行就欠款项分户说明表”，交通银行档案，398—8903。

③④ “缫丝工业同业会请财政部发行公债”，上海市缫丝工业同业公会档案，S37-1-145。

1931年就有7家丝厂被拆毁,而1930年才仅有一家被拆。1932年,有6家丝厂被拆,1933年,另有9家被拆。[①]

随着生丝市场价值的贬值,丝厂主们不再指望赎回作为贷款抵押的生丝。更严重的是,价格持续下跌,经营者即便不惜任何代价处理他们的产品都是几乎不可能的,而且不可避免地要拖欠债务。[②] 加上银行施加压力催还贷款,他们的处境愈发艰难。那些本打算重新开张的经营者也不再能够以存货作为抵押取得银行贷款。即便丝厂主能够取得政府公债,但其数额还是不足以赎回他们以前高价收购的蚕茧。

鉴于缫丝业的危机以及其与金融机构一损俱损的关系,政府于1932年5月第二次批准财政援助,[③]并且成立委员会帮助丝厂处理陈丝和陈茧。[④] 8月,实业部和财政部提议发行短期公债援助江苏和浙江两省的缫丝业。根据这两个部的计划,这两省将发行220万两的公债,利息6%,四年还清。中央政府为省政府发行公债提供财政援助,以固定税作为债券红利。出口商从事出口积压陈丝或用陈茧生产的生丝,将获得每担100两的补贴。缫丝企业和丝商将获得数目相等的公债份额。[⑤] 9月,立法院批准了该计划,公债于10月发行。

---

① 徐新吾:《中国近代缫丝工业史》,页328—333。

② 刘大钧:《上海缫丝业》,页20。

③ “行政院抄发实业部救济江浙缫丝业办法提案给江苏浙江省训令”,(1932年4月4日),见中国第二历史档案馆编《中华民国史档案资料汇编》第五辑第一编财政经济(6),页220—225。

④ “江浙丝业之危机及政府救济办法”,《商业月报》第12卷第4号(1932年4月),页3—4。

⑤ “财政实业部等关于发行江浙丝业短期公债及救济丝业的有关文件”(1932年8—9月),见中国第二历史档案馆编:《中华民国史档案资料汇编》第五辑第一编财政经济(6),页229—237。

1933 年 5 月，尽管发行了价值 2 850 540 元的公债，政府救助的成效仍不明显，丝业的处境没有得到多少改善。上海生丝市 120
场进入休眠状态，几乎没有来自国外的订货。销售有限和价格下跌，意味着丝业的前景依然暗淡。[①] 1933 年 11 月下旬，在上海，占总存量 11 115 担的 95％的生丝和占总存量 56 620 担的96.5％的蚕茧仍然作为未偿还贷款的抵押物存放在银行的仓库里。[②] 结果，丝业的不景气终于开始影响到金融机构。

例如，1931 年 7 月，交通银行无锡支行借贷给厚生丝厂 30 000 两(合 41 958.01 元)，以 300 担春茧作为抵押。然而，受 1931 年丝市崩溃的冲击，厚生自 1932 年 1 月后就停止了支付利息。[③] 出于对市场恢复的观望，厚生没有出售存货；银行也基于同样的考虑没有拍卖掉抵押品，没想到等来的却是更严重的价格下跌。直到 1933 年，借给厚生的贷款仍有 14 919.65 两(合 20 866.64 元)未见偿还，最终银行卖掉了抵押品，不过仅得到 10 778.47 两(合 15 074.78 元)，而由于厚生经理潜逃，银行已没有办法收回余下的 4 141.18 两(合 5 791.86 元)了。[④]

厚生并非唯一的例子。1930—1932 年，交通银行无锡支行贷款给 11 家丝厂，到 1934 年已被拖欠 236 356.6 元。以无锡支行的另一位债务人乾牲为例，如果其业务状况转佳，银行很乐意提供新的贷款使丝厂继续运营，以便其偿还原有的欠款。但多数情况下，银行要全部收回欠款几乎是不可能的。不得已，银行要求乾牲丝厂用抵押的蚕茧生产生丝以便收回部分欠款。但由于

① 《中行月刊》第 7 卷第 6 号(1934 年 12 月)，页 154。
② “上海市丝厂业同业公会调查表”，转引自徐新吾：《中国近代缫丝工业史》，页 347。
③ “交通银行无锡行就欠款项分户说明表”，交通银行档案，398—8903。
④ “锡行整理旧欠各款账略目录”，交通银行档案，398—8903。

生丝价格的下降，从出售生丝得到的数额不足以挽回银行的损失。银行敦促丝厂提供新的抵押物——如 1931—1932 年政府发行的公债——来弥补生丝贬值带来的损失，但是显然还是无济于事，因为到 1934 年这些公债已经失去了市场价值。又如，尽管银
121 行起诉了三泰和源益两家丝厂，但是厂主和合同担保人不是破产就是失踪，银行亦无法收回欠款。[1]

其他金融机构也急于收回贷款以尽量减少损失。例如，裕昌、慎昌、和鼎三家丝厂倒闭，作为债权人的中国银行、上海商业储蓄银行、福源钱庄、宝康润钱庄起诉到法庭。1934 年 7 月 1 日，法庭责令债务人偿还284 484.88元的欠款，外加每月 0.8%的利息（年息 9.6%），如不能偿还，作为抵押的生丝、政府公债、房产、土地等将被拍卖。[2]

* * *

正如我们已经看到的，银行为尽可能保证借给丝厂的贷款安全，要求丝厂以蚕茧或生丝作为抵押，存放在指定的仓库里。但是，一旦这些抵押品贬值，现有的金融秩序还是陷入瘫痪。尽管有政府公债，很多丝厂还是无法不拖欠债务，任其抵押物留在仓库里。

危机向农村部门蔓延：1932 年的无锡

1931 年和 1932 年，丝厂要求政府给予财政援助，理由是如果当新茧上市而丝厂无力购买，农村养蚕户就将遭受损失；同时，丝厂背负着沉重的债务，又面临着与日本丝业的激烈竞争，不得

---

① “锡行整理旧欠各款账略目录”，交通银行档案，398—8903。

②《申报》（1934 年 8 月 21 日），转引自高景岳、严学熙编：《近代无锡蚕丝业资料选辑》，页 196—197。

不努力降低蚕茧成本(蚕茧成本已占总成本的约 80%)。尽管丝厂努力寻求补救,但丝业的不景气还是蔓延到农村地区,这反过来又对丝业产生了不利影响。

1932 年,无锡农村的危机正说明了这种恶性循环。1930 年和 1931 年,由于遭受致命病毒的蔓延(蚕大量死亡),导致桑叶供给过剩,每担桑叶仅售 3—5 元,仅为以前价格的十分之一。农民纷纷放弃种植桑树,改种水稻;江苏省估计有 30%的桑田改为稻 122
田。① 无锡的桑田面积减少了三分之二,武进减少了一半。1932 年,春茧产量大大低于前两年。多达 50%的蚕死于疾病,蚕茧产量仅是正常年份的 40%。而丝厂和茧商则推迟收购以进一步压低价格,尽管他们给出的价格已经只是前两年的一半。② 1932 年的春茧歉收和需求疲软对无锡的养蚕户来说是致命的。6 月初,茧市刚刚开始,只有十家茧行营业。迫于无法储存新茧,蚕农不得不以极低的价格卖掉春茧。除改良种蚕茧的价格没有低于 25 元外,劣等土茧的价格仅为 10—20 元,比 1931 年的一半还低。③ 1932 年后,蚕茧价格持续走低,养蚕变得越来越无利可图。

农民开始抢米、劫财。5 月底,怀下、北下、南延和无锡四大养蚕区的几家大户遭到 30—100 人的群体袭击,稻米、钱财遭抢。④ 据报道,7 月的头两个星期发生了 50 起抢米事件,局势更加恶化。正常情况下,农民靠出售春茧、秋茧取得收入。但是,在连续两年歉收后,1932 年,蚕农们面临又一次春茧歉收,而且价

①《商业月报》,第 12 卷第 7 号(1932 年 7 月),页 4—5。

② 刘大钧:《上海缫丝业》,页 22。

③ “苏省茧市衰落致农村危机”,《工商半月刊》,第 4 卷第 11 号(1932 年 6 月 1 日),页 5—7。

④《晨报》(原文为 *Zhenbao*,疑为 *Chenbao* 拼写错误),1932 年 6 月 2 日。

格极低。此外,利用春小麦作物来支撑短缺的粮食供给,也令人不满。饥饿驱使农民铤而走险。[1] 最终,省政府设立委员会收集稻米,通过县乡分支机构分发给贫困的农户。但是,这种救济并没有扭转蚕茧价格下降的趋势。

当大萧条来临,城市缫丝业和农村养蚕业相互依存的弱点暴露无遗。面对与日本的激烈竞争和价格下降,丝厂被迫在尽可能以最低价格获得蚕茧压低成本和停业以避免更大损失之间做出
123 选择。事实上,这两种补救办法被证明都是灾难性的,因为它们迫使农民放弃养蚕。要跟国际市场竞争,中国丝业就必须使用高质量的蚕茧。当然,降低出口税和改装新设备也有帮助,但最重要的还是提高蚕茧质量。丝厂经营者和养蚕专家都很关注中国蚕茧质量的低劣,他们指出,中国的蚕茧在缫丝过程中很容易被撕破。因为原材料的低劣,中国丝厂很难生产出“物美价廉”的产品来在竞争激烈的国际市场上出售。[2] 但是,城市企业无法控制农村养蚕业。企业家们希望政府推广养蚕改良,但要等好几年后,他们才能看见这种事情发生。

*　　*　　*

随着其他国家的货币贬值提高了汇率,1931 年下半年,以出口为导向的中国缫丝业陷入了严重危机。我们在下一节将看到,棉纺业也陷入了低谷,即便在大多数情况下它的目标是国内市场。

---

① 《晨报》(原文为 *Zhenbao*,疑为 *Chenbao* 拼写错误),1932 年 6 月 24 日。

② “丝业恐慌中各专家对救济问题之论见”,《国际贸易导报》第 3 卷,第 2—4 号(1932 年 4 月),页 1—41;文中有来自 26 个来自缫丝业和养蚕业的个体或机构关于衰落原因和可能的补救措施的意见。

棉纺业

短暂的繁荣和危机的开始

中国的棉纺企业在1929—1930年进入了繁荣期，部分是因为抗议日本侵略济南而发起的抵制日货运动使对中国纱的需求突然增加，中国纱厂增加了国内市场的占有份额。但更重要的原因来自国际白银贬值的影响。对中国棉纱的需求进一步增加，而从金本位国家进口纺织品的数量减少，因为其价格按照银本位的中国通货计算上涨了。为了满足这一总体需求的增长，许多棉纱厂扩大其产能，最终达到4 223 956枚纱锭，比1928年增加了1 828 164枚。 124

对中国纱厂来说，另一个比较幸运的是可以以非常低的价格从印度和美国购买原棉。1929年中国棉花歉收。而1929年10月金融危机后，包括原棉在内的美国产品批发价格下降。印度原棉的价格也有所下跌，因为其不但易受国际市场趋势的影响，而且也面临着国内需求萎缩。尽管中国通货相对金本位通货的低汇率使价格下跌带来的益处打了折扣，中国纱厂发现进口棉花还是有利可图。印度棉是短绒棉，正好可与国产棉配合，而美国棉是长绒棉，适合纱厂纺出更细的纱。①

直到1931年夏，棉纺工业总的来说是繁荣的，但产业环境对其并不是十分有利。例如，1930年，国民党和共产党在湖南和四川的军事对抗就干扰了棉纱的销售。此类干扰并不新鲜，但是自1931年后，军事冲突、自然灾害和日本侵略加剧了纱厂面临的困

① "去年棉业之经过情形"，《工商半月刊》，第2卷第3号(1930年2月1日)，页8—20。

难局面。随着农村经济的凋敝，棉纱的销售急剧下降。

1931年的长江洪灾最终让棉纺业陷入危机。7月，洪水袭击了安徽和河南，8至9月，洪峰流经湖北沙市入长江口，绵延1 500多公里。据立法院8月下旬收到的报告，洪水蔓延到17个省，100万人的生活受到影响。① 洪灾过后，受灾区棉纱需求明显减少，最终导致棉纱每担市场价比7、8月下降近10元(4%)。②

经过巨大洪灾之后，中国还未得喘息之机，就被迫面对日本的侵略。1931年9月18日，日本军队占领驻扎在沈阳外的一处中国军营，这一事件是日本并吞中国东北三省(奉天、黑龙江和吉林)的开始。但同时，中国纱厂却从其后的抵制日货运动中获益：
125 9、10月份，中国棉纱需求增加，价格上升。而中国纱厂一时还不能完全满足突然增加的市场需求，10月底，纱厂库存被抢购一空。③

但从长远来看，中国纱厂所失大于所得。1932年3月3日，日本傀儡政权伪满洲国成立，对中国棉纱和由中国棉纱织成的布课以重税，但却免除日本纺织品的税负。④ 华纱的销售价格上升，达到7—8两的水平，高于日本纱价。结果，对华纱华布来说，满洲市场几乎就是关闭的，上海纱布交易会上也再见不到东北三省商人的影子。⑤ 纱布的东北市场就这样失去了，而这一市场份

---

① 李文海：《中国近代大灾荒》，上海：上海人民出版社，1994年版，页202—236。

②《中行月刊》，第3卷第3号(1931年9月)，页72。

③《去年上海重要商品实况之回顾》，《商业月报》，第12卷第1号(1932年1月)，页2—3。

④《华商纱厂联合会年会报告书》(1933年4月)，页24—26，转引自上海社会科学院经济研究所：《荣家企业史料》，上海：上海人民出版社，1980年版，页350。

⑤"东北纱税之不平等"，《纺织时报》(1932年5月12日)，转引自上海社会科学院经济研究所：《荣家企业史料》，页350。

额在1930年占总销售额的5%。①

失去满洲的影响并不限于棉纱市场。满洲还是长江三角洲家产厚土布的最重要的销售地。满洲事件之前,南通地区(南通、海门和崇明)所织土布每年大约有20万匹销往东北各省。但是到1932年6月,这一销售数字是零。② 上海土布也在东北市场消失,取而代之的是纹理类似土布的日本机器织布。③ 土布销售的减少,沉重打击了以织布为业的农村家庭。同时,需求萎缩也影响了那些向农民供给棉纱的城市纱厂。纱厂主不得不调整其业务以适应这种下降趋势,随着其后几年整个国内市场的萎缩,这一任务变得更加艰难。

农业萧条与棉纺业的不景气

日本在1932年1月袭击了上海市闸北区,许多中国纱厂被毁。2月,原棉和棉纱的交易停止,因为许多工厂被破坏或被迫停止生产。几个月后,很多纱厂仍无法恢复营业。但是,即使没
有这次挫折,纱厂也将被迫削减其生产水平。 126

交易的意外中断致使3月棉纱贸易恢复时价格有所上升,但这种趋势只是暂时的。4月,棉纱价格再次下降,尤其粗纱销售平平。粗纱是长江三角洲地区纱厂的主要产品,虽然在1931年经济危机前夕很多纱厂已经转而生产用于机器纺织的细纱。中国棉纱厂不景气的主要原因在于,作为粗纱最大消费群体的农民购买力正在下降。④ 随着收入的减少,贫困农民被迫减少棉

---

① 严中平:《中国棉纺织史稿》,北京:科学出版社,1963年版,页199—200。

② “东北国产纱布销路减少”,《工商半月刊》,第4卷第11号(1932年6月1日),页126。

③ 实业部国际贸易局:《中国实业志》,第八编第一章,页91—92。

④ “民国二十一年中国棉织业之回顾(续)”,《工商半月刊》,第5卷第4号(1933年2月15日),页2。

布购买。[①] 在世界性萧条的沉重打击下，1931 年底农业已呈危殆情形。[②] 到 1932 年夏天，情况已经很明显，农村的危机绝非是暂时的由战争引发的经济衰退。

国民党和共产党的军事对抗只是加剧了农村情况的恶化。1932 年 6 月，蒋介石发动了对红军的第四次围剿，战事在江西、湖南、湖北和福建等省展开，这些地方正是长江下游棉纺织产业的重要市场。随着居民生活遭受进一步损失和交通被切断，战区棉纱销售减少。[③] 而且由于战争破坏了农村安全，导致资本从农村外逃向大城市，特别是流向上海，这是战争带来的间接但更深远的影响。由此产生的资金短缺让本已危殆的农村经济雪上加霜。由于白银流入城市，农村居民如果不支付溢价甚至很难获得银币。结果，农民购买棉纱等以银定价的商品就不得不支付额外的费用。棉纺织品的销售因此进一步下滑。[④]

华商纱厂联合会在内陆农村的一项调查发现，农村处在灾难性的状况之下：四川妇女甚至没有衣裙可穿，因为农村的灾变使农民买不起布，很多家庭里都是几个人共用一件衣服。调查者总
127 结道，除非农村生计改善，否则棉纺织品的销售不会增加。[⑤] 他们发现，棉纱销售减少源于对长江三角洲所产土布的需求疲软。本来，通州地区（南通、启东、海门）、上海地区（上海、川沙、南汇）、嘉定、武进、常熟所产的棉布销往广东、广西、安徽、山东和东北三

---

① “民国二十一年中国棉织业之回顾”，《工商半月刊》，第 5 卷第 3 号（1933 年 2 月 1 日），页 2。

② “华商纱厂联合会年会报告书”（1934 年 7 月），《中行月刊》第 9 卷第 1 号，页 189。

③《中行月刊》第 5 卷第 6 号（1932 年 12 月），页 176。

④ “民国二十一年中国棉织业之回顾（续）”，《工商半月刊》，第 5 卷第 4 号（1933 年 2 月 15 日），页 42—43。

⑤ “棉纺织工业同业公会董事会纪录”（1936 年 4 月 25 日），上海市棉纺织工业同业会档案，S30-1-42。

省，也向东南亚地区出口。如今，东北三省的市场已经消失；安徽和山东的农民背负着农产品价格下降的负担，正努力从1931年的巨大洪灾中恢复；广东、广西成为国共战争的主要战场；向东南亚的出口也在减少，因为东南亚的经济特别是香蕉种植业也已陷入困境；海外华侨对中国土布的需求也明显减少。① 随着国内国外市场的萎缩，中国土布前景非常严峻。

相比之下，1920年后，用细纱织成的机织布所占市场份额在中国国内呈上升趋势，这些机织布或进口自国外，或主要由在华日本纱厂生产。实际上，1932年日本纱厂已经复苏，而与此形成鲜明对照的是，他们在江苏、上海的中国同行则严重低迷（见图5.2）。于是，改用长绒棉生产细纱就成为摆脱危机的一条出路。

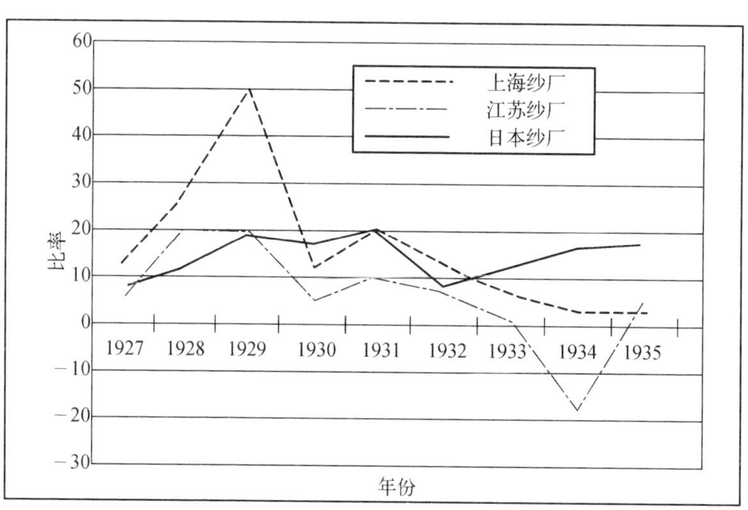

图5.2　中国纱厂与日本纱厂的盈利能力，1927—1935年

来源：久保亨：《戦間期中国の綿業と企業経営》，表5—7，页114；高村直助：《近代日本綿業と中国》，表8，页125。

注：盈利能力系通过资本与利润的比率计算而得。减值准备金未包括在利润里。

① "土布销路锐减"，《工商半月刊》，第5卷第12号（1933年6月15日），页126。

原棉价格问题

中国进口原棉，也生产和出口原棉。在短暂繁荣的1929—1930年，中国纱厂所需原棉估计为1 200万担，国内最多可供给700万担，还有500万担的缺口。纱厂就从国外购买原棉进行平衡。此外，当棉纺工业转向生产细纱的时候，他们也需要长绒原棉。由于国内长绒棉供给不足，必须辅以从美国的进口。一旦中
128 国进口了大量原棉，其国内原棉价格势必受到国际价格的影响。跟缫丝业不同，1929—1930年，廉价的进口原棉促使国内价格下降，棉纺企业从中受益。1931年原棉价格相对较高。但紧随增长之后就是下降，原棉平均每担价格下降16%，从1931年的54.28元下降到1932年的45.84元。

棉花价格下降，但纱厂却没能通过销售棉纱获利。1933年夏天，美国政府对本国原棉价格进行保护，这给中国纱厂造成致命打击。① 美国棉花在世界上占有最大的市场份额，国际市场对美国棉价的变化相当敏感。1933年下半年，不仅美国，印度、埃及的原棉价格也都明显上涨。尽管事实上中国纱厂的原棉需求
129 平稳，但原棉价格仍然随着国际趋势上升。② 1934年5月到8月，每担原棉价格在45—47元之间波动，原棉与棉纱每担的价格比为23%到25%。到1934年底，原棉价格才开始下降，跌至每担32—37元，一直持续到1935年中。从1934年1月到1935年11月，原棉价格几乎降为棉纱价格的19%—21%。但是，棉纺企

① 原棉支持系1933年5月通过的《农业调整法》的一部分。该法令限制棉花生产，转移市场盈余，给减产的农民以直接补偿，在政府的监督下建立市场协议（见金德尔伯格：《大萧条下的世界》[*The World in Depression*]，页199）。

② 中国银行经济研究室："二十三年份我国重要商品之回顾"，《中行月刊》第10卷，第1—2号（1935年1—2月），页65。

业却获利甚少,甚至出现亏损。

在这一波低潮的中期,1934 年 7 月,中国政府提高了原棉进口税,同时却降低了棉布进口税。由于国内原棉价格本来就对国际市场价格变化比较敏感,因此对政府的这一决定,纱厂主们感到震惊。他们强烈反对此次税改,认为这将摧毁中国的棉纺工业。政府却置纱厂主们的申请于不顾,拒绝回落棉花进口税。纱厂主和商人普遍怀疑中国政府屈从日本政府压力而降低棉布进口税。[①] 报刊杂志也批评政府的做法。政府虽然承认提高原棉进口税加重了国内棉纺企业的负担,但却认为有助于增加国内产量,尤其是长绒棉的生产。因为税收提高,原棉进口减少,这将刺激国内长绒棉的种植,而这正是政府实施的棉花种植改进计划。此外,还有利于保护中国短绒棉不受廉价印度棉和低质美国棉的竞争。[②] 棉纺企业最终会从这一计划中获利,尤其是当它们转而生产细纱的时候。但是,与此同时,他们不得不承受艰难的产业环境:随着库存积压增加,企业的负债越来越沉重。

信贷紧缩与银行接管纱厂

1933 年初,棉纺业的环境进一步恶化。本年 1 月,每担 16 支纱的价格是 200 元,比 1932 年 1 月降了 32.9 元(14%)。棉纱库存急剧增加,情况非常严重。1933 年 4 月,在上海的中国和日 130
本纱厂累计存货 168 665 担,比 3 月份多出 8 138 担,几乎是上一

① 久保亨:《戦間期中国「自立への模索」:関税通貨政策と経済発展》,東京:東京大学出版会,1999 版,第 4 章。

② “行政院交办国民党四届六中全会吴敬恒等请迅免棉花进口税提案给实业部训令”(1935 年 11 月 26 日),以及“实业财政两部关于办理吴敬恒等提案经过复行政院回呈”(1936 年 2 月 19 日),见中国第二历史档案馆编:《中华民国史档案资料汇编》第五辑第一编财政经济(6),页 118—120。

年4月存量(86 075担)的两倍。[①] 棉纱价格进一步下降势不可免,4月价格已经低于生产成本。每担20支纱的成本是218.33元(其中原棉159.75元,各项杂费50元,税8.58元),但是市场价格仅为204元,每担亏损14.33元。[②]

许多棉纱厂发现自己就像缫丝企业那样处于一种岌岌可危的财务状况。纱厂和丝厂都是从银行借贷购买原材料进行生产,以最终产品或原材料库存作为抵押。当棉纱和生丝价格下降,企业从银行获得贷款就会变得越来越困难。对棉纺业来说,情况尤其糟糕。许多厂主不得不为办厂时借下的长期贷款支付利息。而且,很多纱厂在1929—1930年的短暂繁荣期扩大了产能,如申新和永安。纱厂经理压力非常大。拖欠短期贷款,使其很难继续经营,拖欠长期贷款的利息则又危及其产权。厂主们想方设法继续经营。例如,申新纺织厂的厂主荣宗敬要求其债权人将贷款延长一年,但是很多银行只给他三个月的宽限期。[③] 因此,很多棉纱厂主决定让政府帮助他们与银行谈判。

1933年3月31日,华商纱厂联合会执行委员会准许全行业减少工时。4月10日,联合会成员决定从4月22日到5月20日这段期间星期六和星期日停工,或者任意减工至总工时的23%。停工期间,支付工人一半的工资。联合会向政府解释时指出棉纺工业面临着如下情形:(1) 来自日本纱厂在中国北方和长江上游的激烈竞争,(2) 不利的原棉与棉纱之间的价格差异,(3) 高利息

---

① 《中行月刊》第6卷第5号(1933年5月),页150。

② 上海社会科学院经济研究所:《荣家企业史料》,上海人民出版社,1980年版,页363。

③ 上海社会科学院经济研究所:《荣家企业史料》,上海人民出版社,1980年版,页378。

的贷款。联合会说做出降低工资的决定是困难的，因为工人强烈 131
反对。但是，对中国经济来说，棉纺业的全面崩溃将是比减少工时更严重的损失，因而他们还是决定减少工时以图生存。①

4月22日，上海30家纱厂中有28家缩短工时，无锡有7家纱厂遵从决定。长江下游、湖北、天津和青岛的大部分纱厂也都将运转的纱锭数减少了23%。在4月23日举行的联合会年会上，上海滩主要企业之一恒丰纱厂的聂潞生指出，减工的目的是“以维持纱价”，但是在指出“这说明棉纺行业面临之困难的严重程度”后，聂暗示纱厂主们的集体措施其实是藉此向国民政府施压，后者担心共产党在上海组织大规模的反政府活动。② 纱厂主希望政府能够支持其与债权银行谈判。

4月21日，减工的前一天，联合会主席荣宗敬就向政府提出四条建议拯救棉纺织业：由中央银行和上海私营银行发放低息贷款；提高进口棉布的关税；取消进口原棉关税；重订固定税。③

同日，上海市政府召集纱厂主质询减工计划。参加会议的还有一名国民党代表和一名实业部官员。纱厂主称，银行拒绝贷给他们资金造成了严重的流动性危机。他们还坚称，减工有违自己意愿，但是银行要求他们减工以维持棉纱的市场价格，这是贷款

---

① 陆辉：“去年中国棉织业之回顾”，《工商半月刊》第6卷第8号（1934年4月15日），页8—9；卜睿哲（Richard Bush）：《国民党中国的实业与政治：国民党政权与长江下游地区的纱厂主（1927—1937）》（*Industry and politics in Kuomintang China: the Nationalist regime and Lower Yangtze Chinese cotton mill owners, 1927—1937*），哥伦比亚大学博士论文，1978年，页207。

② “棉纺织工业同业公会董事会纪录”（1936年4月25日），上海市棉纺织工业同业会档案，S30-1-41。

③ “荣宗敬报告上海华商纱厂危机并拟具救济方案致行政院呈”（1933年4月21日），见中国第二历史档案馆编：《中华民国史档案资料汇编》第五辑第一编财政经济（6），页14—16。

条款的一项。国民党代表则敦促他们推迟减工计划，因为 5 月份
132 是共产党的活跃期。纱厂主反对这一主张，他们提议市政府应该请银行代表讨论解决这一困局的办法。[①] 于是，4 月 22 日，银行、钱庄和纱厂的代表们在市政府的安排下会面。银行代表否认是银行的借贷条款导致减工，坚称银行还在继续贷款给纱厂。他们还建议市政府应该担起拯救纱厂的责任。因为本次会议没能达成如何拯救纱厂的决议，最终，上海市长吴铁城建议纱厂代表去找中央政府。

4 月 25 日，华商纱厂联合会的领导人受到实业部、财政部和铁道部官员的接见。他们提出三点建议：(1) 由中央银行和上海私营银行提供低息贷款，(2) 改订税法，(3) 立即改善中部与西北地区之间的货物运输交通。纱厂主急需周转资金，因此低息贷款成为谈判的核心问题。但不出所料的是，银行的反应相当消极。已被提名为中央银行行长的孔祥熙说，纱厂应该改善管理，而不是向银行求助。[②]

纱厂的减工策略以失败告终。与纱厂主的期待相反，银行没有在借贷问题上妥协。纱价因减工而经历短暂大幅上扬后继续回落。[③] 情况没有明显改善，一些纱厂放弃约定，全面恢复生产。到约定的一个月期满，联合会决定由各纱厂自行规定减工。[④]

* * *

---

① “国民党中执会关于全国纱厂减工情形及救济办法与行政院来往信”(1933 年 4 月—5 月)，见中国第二历史档案馆编《中华民国史档案资料汇编》第五辑第一编财政经济(6)，页18—19。

②《时事新报》，1933 年 4 月 26 日。

③《中行月刊》第 6 卷第 5 号(1933 年 5 月)，页 150。

④ 卜睿哲：“国民党中国的实业与政治：国民党政权与长江下游地区的纱厂主(1927—1937)”，哥伦比亚大学博士论文，1978 年，页 210—211。

棉业的不景气沉重打击了金融业，因为银行有相当一部分贷
款贷给了纱厂。例如，在上海商业储蓄银行工业贷款总额中，纱
厂贷款 1931 年占 42.5%，1932 年占 57.8%，1933 年占 65.4%，
1934 年占 65.9%。中国银行情况相同，1932 年纱厂贷款占全部
贷款额的 62.8%，1933 年占 59.8%，1934 年占 62.9%。[①] 银行
要求执行贷款合同。然而，由于棉纱销售下降，许多纱厂延迟偿 133
还利息和本金，或者定期停止偿还，最后干脆就是拖欠。[②]

如果银行认为问题企业有翻身的机会，他们就让工厂在银行的直接控制下继续运转。[③] 银行接管纱厂主要有三种模式。第一种，工厂股东保留所有权，但是银行拥有经营权。只要工厂股东履行贷款合同，即偿还本金和利息，银行就把经营权归还给他们。第二种，银行宽限以往贷款利息的偿还，并且提供新的短期贷款作为纱厂的周转资金，以使纱厂能够定期偿还利息。第三种，由银行雇员监督纱厂的管理和预算，使其在支付其他费用前偿还银行的贷款。[④]

大生第一纺织公司是第一种方法的实例。[⑤] 早在 1925 年，大生即被几家债权银行控制。大生公司的财务基础薄弱，因为它的业主张謇总是利用纱厂利润投资别的项目。支付股东官利又加重了公司负担。由于利润下降，大生未能挺过一战后 1923 年的萧条。1925 年，中国银行、交通银行、金城银行、上海商业储蓄银行、永丰钱庄和永聚钱庄组织了一个委员会，试图

① 严中平：《中国棉纺织史稿》，北京：科学出版社，1963 年版，页 231。

② 同上书，页 230。

③ 在长江三角洲 18 个破产工厂中，有 10 家被银行或金融机构联合组织控制。见上引书，页 234—235。

④ 严中平：《中国棉纺织史稿》，北京：科学出版社，1963 年版，页 233。

⑤ 大生第一纺织公司仅包括一厂和二厂，下文提到的启东工厂是单独的。

恢复大生。作为永丰钱庄和中国银行的代表,同时也在大中华纱厂工作的李升伯被派去管理公司。李决定,将大生利润的50%用于偿还各银行贷款,30%作为给工人的红利,20%用于偿还以往欠债,股东的红利则完全被扣除。虽然股东们强烈反对李的决定,但在这些严格条件下,各银行同意为公司提供新贷款。①

银行经营纱厂的第二种方式是提供短期资金给纱厂,以使工厂能够偿还贷款利息,上海溥益纱厂即为一例。跟大生的情况类
134 似,创建于1918年的溥益纱厂在1923年陷入衰退。溥益从金城、四行储备会和中南等银行借贷,20年代后期借贷增加。1931年4月8日,溥益宣布破产。其负债总额达360万两(合5 034 895元);其中欠中南银行190万两(合2 657 343元),欠金城银行80万两(合1 258 741元),欠四行储备会90万两(合1 118 811元)。主要债权人金城和中南选择让溥益在银行监督下继续运营。在指派一名新总经理和一名工厂经理的同时,银行向纱厂新提供了340万两的贷款,年息8%,以价值388万两的工厂地产和设备为抵押。但溥益却未见起色,从1932年到1934年根本没有盈利。1935年2月,债权银行决定解散溥益,另组新裕纱厂。银行仍然保持着继承自溥益的工厂地产和设备的所有权,把它们租给新裕,并提供450 000元的运营资金。作为回报,新裕必须偿还溥益所欠的本金和利息,其总额为3 565 903.5元,年息1.5%。金城和中南没有指派自己的专员经营新裕。1936年11月新裕第一任总经理辞职,1937年5月,银行把新裕托付给了专门从事企

① 富沢芳亜:《銀行団接管期の大生第一紡織公司——近代中国における金融資本の紡織企业代理管理をめぐって》,《史学研究》,第204号,1994,页68—74。

业管理的诚孚信托公司，新裕才重新走向复兴。①

荣氏兄弟经营的申新纱厂受到债权银行更为严格的控制，按照上述第三种方法，银行派出自己的雇员全面接管了申新的管理和财务工作。为了找到最终的解决办法，申新不得不跟金融机构和政府当局进行艰难的谈判。②

截至 1934 年 7 月，荣宗敬被要求偿还总额为 500 万元的各种债务。荣需要新贷的请求遭到了此前贷款给他的 16 家钱庄的拒绝，他转而向中国银行和上海商业储蓄银行求助。为了提升企业的可信赖性，荣宗敬甚至辞去了总经理的职务，由原面粉厂厂主王禹卿接任总经理，并由重振大生的李升伯直接管理纱厂。在 135
新任管理者和荣德生愿意以申新的有价债券做抵押的条件下，中国银行和上海商业储蓄银行同意提供 500 万元的贷款。但是，在提供了 280 万元之后，银行拒绝支付余下的 220 万元，因为李升伯并未履任新职。申新不得已请求政府发行债券拯救企业。政府对纱厂的管理进行调查，同时对企业资产作出估价，但遭到了其他纱厂主的严重反对。因政府对纱厂资产的估价远远低于纱厂主的估价，厂主们怀疑政府意欲接管申新，故意低估纱厂的还贷能力。由于申新纱厂股东和其他纱厂主的强烈反对，加上财政

① 久保亨：《戦間期中国の綿業と企業経営》，東京：汲古書院，2005 年版，页 29—41。除金城和中南外，1935 年，同城（音译）、四行储备会和交通银行还提供 60 000 元给新裕作为运营资金。

② 关于申新 1934 年的危机请参看上海社会科学院经济研究所编《荣家企业史料》中的公司纪录，页 408—468。关于危机的政治背景请参看卜睿哲：“国民党中国的实业与政治：国民党政权与长江下游地区的纱厂主（1927—1937）”，页 233—247，以及曾玛琍：《拯救国家：民国时期经济现代性》，页 183—188。

部拒绝提供 300 万元用于政府接管申新，最终申新才没有被国有化。①

1934 年 7 月下旬，荣宗敬恢复总经理职务，同时，纱厂管理被严格控制在债权银行之下。7 月政府意欲吞掉申新未遂，随后，8 月 15 日，在取得申新一厂、二厂、五厂、八厂的抵押权后，中国银行和上海商业储蓄银行为这几家纱厂提供了 400 万元的运营资金。合同附加了严格的贷款使用条件。会计、管栈员均由银行团指派，但由申新付酬（第 1 款）；购置原棉和设备须银行团同意（第 2 款）；工厂必须以银行团的名义——由银行代表签字或盖章——签署对外单据（第 3 款）。申新一厂和八厂的赤字不得超过 40 万元，二厂和五厂不得超过 20 万元。超出部分申新必须立刻以现金抵偿。否则，银行将停止提供贷款，申新不得反对。为
136 了纱厂的运营，银行暂时承担赤字。贷款期间，申新应寻求政府贷款作为运营资金（第 4 款和第 5 款），纱厂应该进行技术和管理改革。如果银行觉得有改进的必要，其有权使用申新的资金实施改进（第 6 款）。出售产品的全部收入都必须登记在申新的总账簿上，由申新总经理、高级经理和各厂副厂长监督（第 7 款）。中国银行和上海商业储蓄银行对纱厂管理承担了更直接的角色，而其他银行只满足于核对账簿而已。因为所有的纱厂都抵押给了
137 银行团，荣氏家族不敢忽视债权银行的意见（参见表 5.1）。

---

① 曾玛琍在《拯救国家》一书中解释说，孔祥熙拒绝申新请求政府援助完全是因为他与汪精卫和陈公博的政治冲突。她认为，孔祥熙拒绝对申新的派系控制以及营救他的朋友荣宗敬，目的是削弱汪和陈对棉业的影响力。但是，财政部的纪录显示，总的说来对棉业的财政支持一向是很少的。例如，在 1934 年 8 月，孔祥熙拒绝了荣宗敬延期交纳综合税和发行政府债券挽救纱厂的请求（上海社会科学院经济研究所：《荣家企业史料》，页 454—457）。本书第八章将说明财政束缚而非内部派系冲突影响了政府对工业萧条的应对。

表 5.1　申新工厂和设备的抵押情况,1934 年 6 月 30 日

抵押方	资产值[a]	承押方	贷款额	利息（%/年）
申新一厂和八厂	9 537.69	上海商业储蓄银行、中国银行及其他五家银行	5 400.00	8.5
申新二厂	5 083.01	上海商业储蓄银行、中国银行	2 012.00	8.25
申新三厂[b]	7 192.94	中国银行	2 700.00	8.5
申新四厂[b]	2 571.84	中国银行	820.79	8.5
申新五厂	5 569.14	上海商业储蓄银行、中国银行及其他三家银行	2 097.00	8.25
申新六厂	5 109.52	集益银团	4 800.00	8.0—8.5
申新七厂	4 719.71	汇丰银行	2 000.00	8.0
申新九厂[c]	5 157.30	有利银行	3 866.71	7.5
		同和洋行	200.00	n. a.

a　折旧已从资产价值中扣除。

b　申新三厂和四厂的价值按 1934 年 5 月 31 日计算。

c　申新九厂的价值包括申新九厂的设备、公共租界内的工厂以及申新家族所属的三家面粉厂。

来源:上海社会科学院经济研究所:《荣家企业史料》,页 406。

虽然对银行的干涉不满,荣宗敬还是不得不努力改进企业以说服银行继续提供贷款。在荣德生和其子荣伟仁的领导下成立了改进委员会,以使工厂运营更为合理化。但是改进委员会的成就有限,早在 1934 年 12 月,即贷款合同签订仅 4 个月后,债权银行就表示了强烈的不满。上海商业储蓄银行棉业调查团发现,尽管货栈管理和原棉采购都在银行有效的控制之下,但申新的棉纱销售不受控制,正在导致巨大损失。纱厂复杂的会计账簿使银行很难正确估计企业的资产负债情况。出于对申新前景不景气的考虑,1935 年 1 月,中国银行和上海商业储蓄银行决定仅继续贷款给申新一厂和八厂，不再贷款给二厂和五厂。1935 年 2 月，申新停止运营二厂和五厂。

在上述大生、溥益和申新的例子中，银行都选择提供贷款以使纱厂继续运营。而对那些复兴希望渺茫的企业，银行则选择让其关闭并且取消抵押赎回权。但是由于纱厂资产贬值，银行这样做还是遭受损失。举例来说，根据上海地方法庭的调查，1933 年，上海永裕纱厂的总资产估计为 1 292 119 元，却欠中国银行和浙江实业银行 150 万元。1933 年，隆茂纱厂倒闭，其动产和不动产的总价值约为 271 231.96 元，但却欠中国银行、劝工银行、中南银行、宝大裕庄等金融机构共 35 万元。银行如果能够卖出这些抵押物还算幸运。中国银行和交通银行多年来共借给启东大生二厂 110 万元，而当 1936 年银行拍卖纱厂时，竟然找不到一个买主。最终，银行不得不将纱厂作价 100 万元接受下来。[①] 纱厂主的拖欠债务以及其后的银行接管纱厂，给金融机构带来了沉重
138 的负担。

小　结

当 1929 年大萧条开始的时候，中国纺织行业目标市场的需求明显下降。由于受银价贬值所带来的短期通胀的误导，中国企业家很晚才意识到危机的严重性。

1931 年底，为复苏本国经济，多数国家让本国通货贬值，中国元的汇率随之上升。丧失了低汇率的优势，中国的纺织企业面临着与国外对手更为激烈的竞争。而且，中国企业家对控制产业

---

① 严中平：《中国棉纺织史稿》，北京：科学出版社，1963 年版，页 232。

环境的巨大变化丝毫没有办法。1931 年底，中国企业开始感受到这些巨变的影响。

纺织行业企图通过降低原材料成本以及缩减债务应对这种局面。政府干预的作用极为有限。政府对缫丝业的财政支持对工厂的继续运转来说不足敷用。政府不光拒绝了棉纺行业要求财政援助的请求，也未能成功说服银行接受企业的贷款申请。纺织行业的困难，不可避免地转移到了农村的农户和城市的金融机构上，而这只会使危机进一步加深。

对这一循环链条的分析揭示了，自通胀年代至 1931 年底形成的纺织企业、金融机构、农村家庭之间的关系，在通货紧缩的压力下已不可能再持续下去。随着危机向金融市场的蔓延，中国经济面临着更为严重的问题。下一章我们就来分析金融危机。 139

第六章 上海金融恐慌（1934—1935年）

1931年后，缫丝和棉纺企业都遭遇到了银行贷款的短缺。但是，没有很好的理由，银行也不能限制他们借贷。上海商业储蓄银行总经理陈光甫公开指出，援助中国实业是一个“错误观念”，他指出：“银行不是慈善家，不能把钱当善款。”[①]银行的政策是，停止向那些不能提供抵押以及无法盈利的企业提供资金。尽管他们试图避免损失，银行还是没能逃脱中国工、农业经济衰退的影响。由于提供给银行的抵押物贬值，银行陷入了危机漩涡之中，企业没钱赎回抵押物，不能按时归还贷款，作为中国金融中心的上海，情况最为严重。

此次金融危机分为三个阶段，每个阶段都以国际银价的大幅变化为标志。大萧条的头两年（1929年10月至1931年8月），银价下降，上海金融市场出现了罕见的繁荣场面。但是，从1931—1934年，随着各国货币贬值，银价回升，白银开始流出中国，然
140 而，银行并没有抓住这次机会，清偿过分扩张的信贷。1934年6月，美国政府通过了《白银收购法案》，银价急剧上升。随后，随着白银大量外流，商品价格下降，资产价值缩水，上海的金融市场陷

① 陈光甫：“陈光甫回忆录”，页42，见陈光甫档案，哥伦比亚大学善本与手稿图书馆，纽约。

入瘫痪。

值得注意的是,白银价格起伏波动的影响被连接金融、工业和农业的信贷关系扩大了。于是,中国经济中各种症候集中爆发为上海的金融恐慌。我将通过分析这一连串的事件,来说明世界经济与中国、银行与工业企业、城市与农村之间的重要关联。

城市繁荣的幻象:1929年10月至1931年8月

白银过量涌入上海

从1929年10月到1931年8月,大量的白银从外国和中国内地涌入上海。国内白银流入上海是因为城市和农村地区贸易的糟糕情况以及出于安全考虑的资本外逃,这在上一章已经讨论过。这里转向对国际白银流动的分析。

从1929年春开始,国际银价经历了一个明显的螺旋下降周期(见图6.1)。到1931年9月,纽约银价下降了51.1%,伦敦下降了50.5%。在金本位国家,白银是商品而非货币,白银会随其他商品的价格一道下降,因为短期价格波动频繁,白银甚至可能比同时期其他商品贬值得更严重。相比之下,在使用白银作为货币的国家,银价下降导致商品价格上涨。中国从1929—1931年的情形就是如此。在中国,物价上涨了21.2%,但是美国、英国、日本和法国的物价却在下降。[1] 那时,大量的白银被从外国运送到中国。很明显,世界其他地方处理多余白银的需要刺激了这样的输送。[2] 甚

① 国家关税税则委员会:《上海商品价格年度报告》,1934年,页19。

② 耿爱德(Eduard Kann):"中国经济:1925—1935年十年回顾",《金融与商业》第27卷第20号(1936年5月13日),页539—543;第21号(1936年5月20日),页567—571。

141 至有传言美国商人正在“倾销”白银，他们电令上海买办，无论中国要求如何，只管在上海出售白银，然后购回外汇。商人们更愿意在上海把白银兑换成美元，因为这里美元便宜，换句话说，用同样数量的白银，在上海比在其他地方能够换得更多的美元。在与其他国家的白银交易中，输入点—输出点的规则被打破了。1929—1931 年，上海金融市场上中国元对美元和英镑的汇率远远超出理论平价之上（见图 6.2）。① 这意味着卖家可以通过出口白银到中国获取利润，即便除去运输费、保险费和利息后仍有利可图。那时，中国白银价格始终高于英国和美国。②

中国元汇率高于理论平价是因为在此期间大量涌入的汇款和投资。例如，1930 年，11 家美国银行报告汇款量超出平常。据一家银行报告，大部分旅居海外的中国客户，趁银价下降之机将积累了 40 年之久的资金转移出去。③ 当白银汇率低的时候，海外华人汇兑就增加，因为根据中国元计算，他们的汇款会值更多钱。④ 对中国元的需求增加，则会使其对外国货币的汇率上涨。

此时的商业投资也增加了。当白银汇率比其他商品价格下降得更快时，这意味着在中国进口价格上升，劳动力成本相对世界水平来说降低。向中国出口商品越来越难。外国企业，尤其是日本企业将其产业直接转移到中国来，以便利用白银汇率降低的优势。同时，当银价下降时，中国的资本出口毫无利润可言。相反，由于白银汇率下降，白银的利息和红利增大。由于即时汇兑

---

① 柯宗飞：“白银行情”，《金融与商业》第 25 卷第 12 号（1935 年 3 月 20 日），页 327—328。参见第一章关于对白银进出中国的流动的解释。

② 国家关税税则委员会：《上海商品价格年度报告》，1934 年，页 21。

③ 雷麦：《外人在华投资》，纽约，麦克米兰，1933 年版，页 185。

④ 柯宗飞：“白银行情”，《金融与商业》第 25 卷第 11 号（1935 年 3 月 13 日），页 296—297。

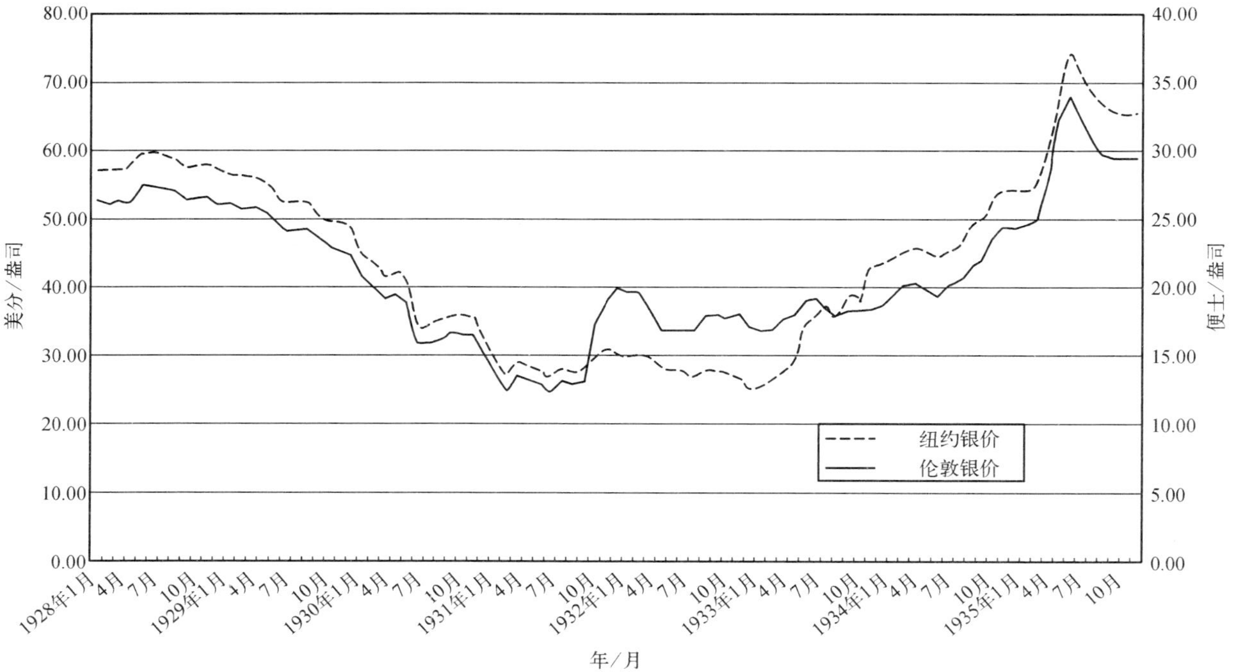

142

图 6.1　伦敦和纽约的白银价格,1928 年 1 月—1935 年 11 月

来源:1928 年 1 月—1933 年 12 月:实业部银价物价讨论委员会编:《中国银价物价问题》;1934 年 1 月—1935 年 11 月:国家关税税则委员会编,《上海商品价格年度报告》,1935 年,附件 8。

143

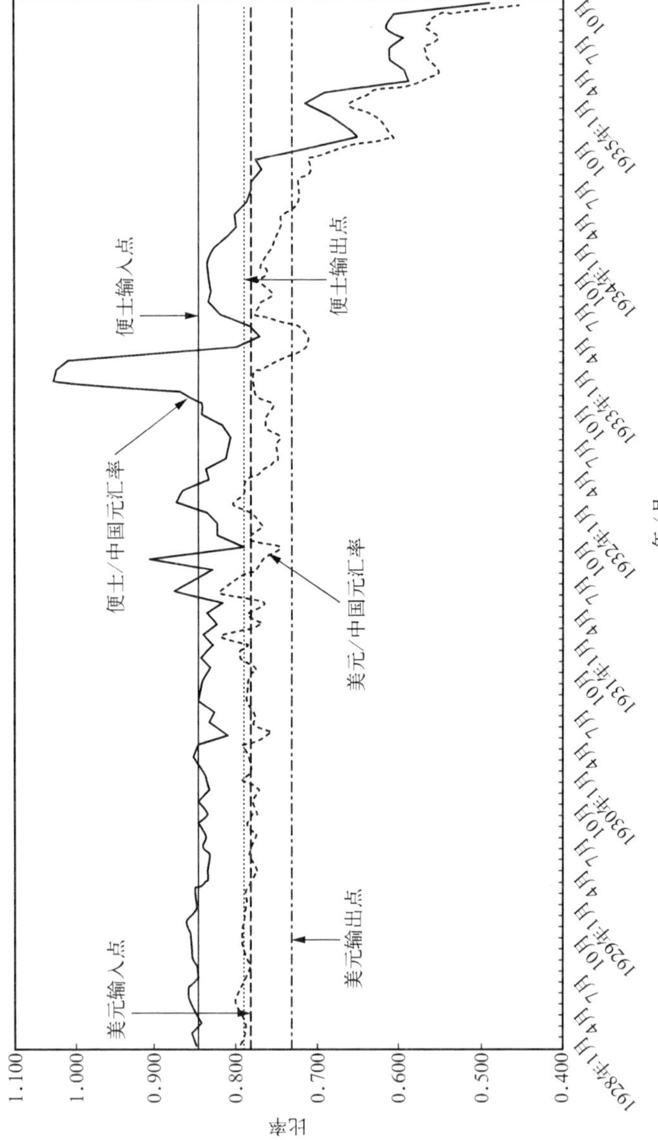

图 6.2　汇率与银价之比，1928 年 1 月—1935 年 11 月

来源：外汇汇率：杨格：《中国建设国家的努力》，附录 10；白银价格：见图 6.1。

将被证明无利可图，因此，1929—1931 年间，外向支付的减少就成为考察有多少红利和利息被保留在中国的一个指标。然而，滞留中国的资本被用于投资只是暂时的，一旦汇款更为有利就会停 144
止。汇出国外汇款的减缓只是临时提供了一种信贷来源，但随着时间的推移，它也增加了中国汇率的不稳定性，因为资本随时可能会撤出中国。①

因为国外和农村地区的白银流入，上海银行的白银储量在 1929 年达到创纪录的新高，并且持续增长到 1933 年(见表 6.1)。资金的充裕在上海金融市场体现出来；借贷与储蓄的利息率下降，银行信贷扩张。但这些并不必然表明对工商业企业投资的增加，相反，金融扩张的很大一部分助长了房地产领域的投机性投资。

表 6.1　上海银行的白银储备，1926—1935 年

年份	中资银行		外资银行		总量	总量指数
	数量	百分比	数量	百分比		
1926	73 474	49.9	73 859	50.1	147 333	100
1927	79 342	55.8	62 907	54.2	142 249	96.5
1928	102 760	59.9	68 784	40.1	171 544	116.4
1929	144 196	60.0	96 064	40.0	240 260	163.1
1930	166 293	63.5	95 663	36.5	261 956	177.8
1931	179 305	67.4	86 883	32.6	266 188	180.7
1932	253 289	57.8	185 050	42.2	438 339	297.5
1933	271 786	49.6	275 660	50.4	547 446	371.5
1934	280 325	83.7	54 672	16.3	334 997	227.3
1935	239 443	86.9	36 159	13.1	275 602	187.1

来源：《中外商业金融汇编》，第 4 卷第 7 号(1937 年 7 月)，页 50。

① 柯宗飞："白银行情"，《金融与商业》第 25 卷第 11 号(1935 年 3 月 13 日)，页 296—297。

上海房地产的繁荣

早在1930年,中国银行就对农村购买力的下降感到恐慌。①虽然大量的农产品没有进入市场而被用于家庭消费,但是农产品
145 价格下降对农村家庭的冲击不容低估。决定农村购买力的是现金收入数量的边际水平。因为农民约占整个人口的80%,农村人口购买力的下降将会导致国内工业产品市场的萎缩。尽管跟工业产品价格相关的原材料价格的下降,看起来有利于工业,但由于农村需求萎缩,工业品价格也开始下降,使产业的进一步扩展变得不可能。面对这一暗淡前景,投资者将闲置资金用于投资政府债券,而不是投向工业企业。② 他们还把钱投向上海的房地产业和房地产公司的股票。

1929年之后,上海公共租界的房地产市场以惊人的速度增长。土地价格上涨,建设蓬勃发展,房地产周转迅速。中国银行将这种情形称之为"热狂",这毫不夸张。从1924—1929年,上海房地产的总价值增加了20亿两,其中一半的增长来自1928—1929年。房地产交易的价值每月至少有100万两,有时竟达到1 000万两之多。毫无疑问,投机造就了房地产的繁荣;投机者一旦购买了土地进行建设,就会以之为抵押购买另外的资产。

作为领头企业的普益地产公司的广告,说明吸引了整个城市的投机热。大标题"金贵银贱与地产"下写道:"进出口商业因受金贵银贱影响非常呆滞,独地产营业反有增无已,良以沪上存银

① "中国银行民国十九年度营业报告",中国银行总行和中国第二历史档案馆:《中国银行行史资料汇编:上编(1912—1949)》,南京:档案出版社,1990年版,第三册,页2017。以下简称"行史资料"。

② "中国银行民国十九年度营业报告",中国银行总行和中国第二历史档案馆:《中国银行行史资料汇编:上编(1912—1949)》,南京:档案出版社,1990年版,第三册,页2065。

过胜,其唯一之出路只有投资最稳妥之房地产营业;有意于斯者务请驾临敝公司,当本其十七年之经验为君服务指导一切也。”[1]正如这条广告所显示的,上海的地产投资很少是基于对房产的真正需求和对赚取租金的期望,而是基于对利率和白银价值的追求。

利用上海金融市场宽松的货币状况,许多房地产公司发行债券。1931年,由著名的从事外贸的沙逊公司经营的华懋地产公司(Cathay Land Company),发行了总额达30万两的债券,年息 146
6%。两年后,华懋再次发行债券,年息仍为6%,但总额却增加到一亿两。债券以公司地产为后盾。沙逊经营的另一份地产中央地产公司发行了600万元的十元券,年息5.5%。这些债券由位于上海黄金地段的南京路上的地产及其房屋租金利润做支撑,这些资产总价值约为51 895 104.90元。[2] 上海金融市场上的投资者非常乐于接受这些地产公司的债券,不仅是因为上海地产价格飞涨,还因为这些地产的声誉在上海公共租界就是一笔安全和有利可图的资产,这种声誉在19世纪晚期就已建立起来了。[3]

几年里银行储蓄迅速增加。不仅是由于内地不安全和经济衰退而转移来了大量资金,还因为相对较高的银行利率吸引了存款。较高的储蓄利率由借给工商企业贷款的高利息来平衡。这反过来为银行吸引了更多的存款,因为投资者更喜欢固定利率的回报,而不是风险投资。[4] 随着更多资金的涌入,银行

---

① 《银行周报》第685期(1931年2月10日)。译者按:从本则广告文案来看,广告标题中的“與(与)”字疑为“興(兴)”字之讹误。感谢中国国家图书馆刘杨女士为译者查阅《银行周报》旧刊,还原了本则引文。

② 《金融与商业》第23卷第9号(1934年2月28日)。

③ 《地产月刊》,1932年2月。

④ 林维英:《中国之新货币制度》,芝加哥大学出版社,1936年版,页41。

不再满负荷运转，实际上，总贷款与总储蓄之比早在1928年就在下降。① 于是，银行把累积资金主要投向了房地产。地产贷款和抵押并不是中国银行业的新兴业务（参见第三章），但是由于这种扩张是建立在极度膨胀的地价上，所以金融机构使自身变得非常脆弱。

另一项受到青睐的投资是政府债券和国库券。一部分政府债券被作为发行货币的储备金，它的年利率平均高达12％—15％，也许正是这种高回报率吸引了银行。但是，大银行持有政府债券的问题在于，一方面工商企业发现很难获得贷款，另一方面，银行资金的流动很大程度上取决于对政府稳定的普遍
147 信心。②

从1929年到1931年，上海金融机构的情形变得更为危险，因为它们对地产价格变化变得越来越敏感。中国银行认为，流到上海金融市场的资金提高了房地产的价格，也扩大了地产信贷，这是一个危险的信号。城市地产和信贷的繁荣与农村经济的情形形成了鲜明对比，由于缺乏现金，又无法获得银行贷款，农村经济正在萎缩。甚至上海的普通城镇居民也面临着生活费用的大大增加，因为房东借口地价上升而提高了房租。③

当农村地区遭受着现金和信贷短缺的时候，城市金融部门却目睹了房地产投机的热潮。城市和农村之间的资金流通停止了，城市—农村信贷关系系统也就随之崩溃。这一崩溃对农村和城市都产生了极其严重的后果。

---

① 林维英：《中国之新货币制度》，芝加哥大学出版社，1936年版，页42。
② 同上书，页45。
③ “中国银行民国十九年度营业报告”，《行史资料》，第三册，页2016。

银行延误清偿:1931 年 9 月至 1934 年 6 月

中国的白银外流

1931 年 9 月,英国放弃了金本位。随后的英镑贬值提高了伦敦市场上的白银价格(参见图 6.1)。同时,中国元对外币汇率下降的趋势开始反转。在上海,中国元对英镑使用国的汇率随着英镑贬值而上涨。印度、英属海峡殖民地、马来亚、日本等众多国家相继使本国货币贬值。从进出口价格、国际贸易趋势、国际收支平衡方面来看,中国银币升值对国家的经济产生了深远影响。

根据中国的白银货币来算,外国货币贬值拉低了出口价格,因为中国出口不得不进入被低价控制着的外国市场。在这种形势下,如果中国不降低价格与外国竞争,出口量就会减少。实际 148
上,影响已经可以观察到了:出口价格指数(1929＝100)下降,由 1931 年的 102 降到 1932 年的 86,同时出口量从 88 降到 66。由于汇率上涨,进口价格指数(1929＝100)也在下降,从 139 降到 130。尽管希望进口价格下降可以刺激进口,但进口量仍然下降,从 1931 年的 81 降到 1932 年的 74。抵制日货等政治因素在这种下降上起到了一部分作用。但是,从 1932—1935 年中国的贸易平衡来看,进口下降的主要原因还是中国出口的减少。因为出口最终要偿付进口,当出口减少进口也就随之萎缩。①

但是,进口值的下降与出口值的萎缩是不成比例的。1932 年,中国创下了 86 600 万元的入超纪录。出口值与进口值之比

---

① 柯宗飞(音,Koh Tsung Fei):“白银行情”,《金融与商业》第 25 卷第 10 号(1935 年 2 月 20 日),页 206。

从1931年的63.4%下降到1932年的47%，并且仍在下降，到1933年为45.5%。[①]

中国的贸易逆差并不罕见。不过，直到1931年，总有海外投资和海外华侨汇款等无形贸易冲抵贸易逆差。伴随着货币升值的世界性萧条，无形贸易的数量明显减少。无形输出（即非贸易收入）的重要源泉是海外华侨汇款。但是，1930年代初，失业和企业倒闭，以及一些国家立法禁止新的华人移民，并且强迫失业的华人离开，减少了来自中国的移民，甚至强迫在国外工作的移民回国。1931年，中国海关报告说："从厦门、汕头和琼州出境至香港、马尼拉、台湾、英属海峡殖民地、荷兰、印度、西贡和曼谷的旅客总数为200 025人，比1930年的数字减少了80%。"1932年，"出境旅客总数为132 302人，进一步减少了34%，而入境的旅客是出境的两倍还多，总数达到278 944人，一年净入境146 642人"。[②] 由于移民减少，个人汇款数量也随之减少，来自香港、马
149 尼拉和其他亚洲地区的汇款总数仅为前几年的十分之一。[③] 来自美洲的汇款也呈现同样趋势。

商业投资虽没减少，但也没有增加。利息和红利都被送到国外存到外国银行。虽然1931年9月之后中国元对英镑的汇率变得有利起来，但由于英镑前景不确定，资金持有者仍迟迟没有汇款。[④]

白银汇率上涨和全球经济衰退阻止了中国出口进一步扩大，但中国没有将进口限制在同等程度上。无形收入的总额也在减

① 林维英：《中国之新货币制度》，页22—24。
② 中国海关：《中国贸易》，1932，1:27。
③ 同上书，1933，1:62。
④ 雷文斯：《银钱》，印第安纳州伯明顿：原理出版社，1939年版，页217。

少。为了弥补国际贸易平衡中的逆差,中国被迫出口白银。1932 年,中国创造了净出口白银 734.6 万元的纪录,这自 1918 年以来还是第一次。① 紧随进出口价格下滑和白银汇率上涨带来的通货紧缩之后,中国商品的批发价格也经历了严重下降。上海、华北、广州、南京和青岛批发价格的平均每年下降约 5%,上海一地下降了 11.3%。②

1933 年 3 月,美国放弃金本位,对中国元和美元之间的汇率产生了决定性的影响。1933 年 3 月至 1934 年 2 月,美元贬值了 39.2%,价值指数降到其黄金平价的 60.5。美元贬值使纽约白银价格急剧上涨了64.5%,中国元对美元的汇率上涨了 66%。③ 尽管伦敦和纽约的官方汇率——作为当地与中国白银相对价格的晴雨表——没有降到输出点以下,但上海外汇市场的报价偶尔已低得足够刺激白银出口了。④

1933 年,中国经济进一步恶化。中国的贸易逆差达到 7 337.39万元。这导致净出口 18 940 万美元的黄金和 1 420 万美元的白银。批发价格进一步下降,六个大城市平均下降9.4%,上海下降了 7.7%。⑤

只要还有来自内地的资金补充白银外流的缺口,这些变化的重大意义——白银的净出口和其价格在国内外的差异——就不 150
会被充分地意识到。白银外流的严重性迟至 1934 年夏天才被认

① 林维英:《中国之新货币制度》,页 29。
② 国家关税税则委员会:《上海商品价格年度报告》,1934 年,页 117。
③ 同上书,1935,页 23。
④ 林维英:《中国之新货币制度》,页 30。
⑤ 国家关税税则委员会:《上海商品价格年度报告》,1934 年,页 117。

识到，那时白银出口增加到了惊人的地步。

上海的白银集中和信贷清偿延误

直到1934年夏天，上海银行资金增加主要是由于内地白银的流入。白银流入上海，部分是因为解决农村和城市之间的贸易平衡，部分是出于安全方面的考虑，部分则是由于纸币的发行。虽然白银储备增加，但1931年后的银行状况远不乐观。我们可能会期望银行储备的稳定增长，能够带来商业萧条中信贷和资金供给的扩大。[①] 而实际上，储备增长并不必然带来信贷利用的增长。活期存款和定期存款之比在下降，这一趋势在1932年和1934年变得尤为明显（见表6.2）。一方面定期存款的回报率较高，另一方面有利可图的投资机会正在消失，人们宁可把钱存入银行也不愿意向企业投资。定期存款迅速积累，而活期存款作为货币流通的中间物发挥的作用越来越小，因为交易量和价格水平都在下降。[②]

表6.2　活期与定期存款分布，1931—1934年

（单位：百万元）

年份	活期存款		定期存款		总额
	数额	百分比	数额	百分比	
1931	621.0	58.9	432.8	41.1	1 053.8

① 罗斯基（《战前中国经济增长》，伯克利：加利福尼亚大学出版社，1989年版，页179）、劳伦·勃兰特和托马斯·萨金特（"关于中国和美国白银买卖新材料的解释"，载 *Working Papers in Economic*，E-87-3，斯坦福：哈佛研究所、斯坦福大学，1987，页5，页11—16）认为，城市金融市场资金的增加表明了商业和工业的强劲活力。这种解释需要修正，因为：(1) 1930年至1934年增加的银行存款主要来源于农村地区外逃来的资本；(2) 这些资金投资于房地产和政府债券，而不是商业或工业。本章下一节将提供更详细的证据。

② 林维英：《中国之新货币制度》，页51—52。

续表

年份	活期存款		定期存款		总额
	数额	百分比	数额	百分比	
1932	629.5	55.2	511.9	44.8	1 141.4
1933	686.6	55.4	552.5	44.6	1 239.1
1934	749.7	54.3	631.6	45.7	1 381.3

注:以上数据基于上海 14 家资本银行公布的资产负债表:中国银行、中国通商银行、上海商业储蓄银行、盐业商业银行、金城银行、大陆银行、中国南海银行、中国地产银行、中孚联合银行、中国政府银行、中国农工银行、新华信托储蓄银行、东莱银行。

来源:林维英:《中国之新货币制度》,页 50。 151

这些已存款成为一种负担,而非一项资产,于是银行将存款的年利率降低到 1%,并且限制接受为赚利息而存款的数量。但还是没能减少存款的总量,存款仍在迅速增加。据 1933 年 1 月报道,"大量游资存在银行的金库里",因为没有足够的投资机会来吸收这种过剩。①

多年来,银行都是以高利率吸收存款,再以更高的利率贷给企业。当存款总量增加却无法贷出去的时候,银行自己的处境变得非常困难。不过,只要资金继续流入上海的银行,来自内地的白银供给超过外流到国外的数量,银行就没必要调整其投资组合,否则贸易和工业方面贷款减少可能已经要求它调整。1930 年后,银行活期贷款稳步减少,而短期贷款从绝对和相对来讲都在增加(见表 6.3)。

①《金融与商业》第 21 卷第 2 号(1933 年 1 月 18 日)。

表 6.3　活期与定期贷款分布，1930—1933 年

（单位：百万元）

年份	活期贷款		定期贷款		总额
	数额	百分比	数额	百分比	
1930	669.0	69.5	293.6	30.5	962.6
1932	651.2	61.1	414.4	38.9	1 065.6
1933	621.5	58.5	441.4	41.5	1 062.9
1934	703.3	54.6	585.5	45.4	1 288.8

注：以上数据基于上海 13 家资本银行公布的资产负债表：中国银行、交通银行、中国通商银行、盐业商业银行、金城银行、大陆银行、中国南海银行、中国农工银行、新华信托储蓄银行、浙江实业银行、江苏银行、东莱银行、永恒银行。

来源：林维英：《中国之新货币制度》，页 53。

虽然银行开始减少以商品做抵押的短期贷款，但他们继续把
152 大笔的资金投入房地产和政府债券。很多钱庄既把持有房地产作为贷款的担保，又把房地产当作自己资产的一部分。以福康和福源两家钱庄为例，福康 1930 年后以地产作抵的贷款以 89%的比例急剧增加，从 1930 年的 1 015 774 元增加到 1933 年的 1 922 206 元；福源此项增幅为 83%，从1 230 692元增加到 2 259 094 元。这些巨额增加的数字表明，借贷活动过热，并且已经成为银行业的沉重负担。① 1932 年 2 月，政府整理借款，这严重动摇了公众对政府债券的信心。② 然而，由于缺乏其他投资渠道，政府

① 中国人民银行上海市分行：《上海钱庄史料》，上海：上海人民出版社，1960 年版，页 783—789，801—805。

② 政府将政府债券的利率从每年 9%统一降到每年 6%，并且延长赎回时间[耿爱德："中国的贷款政策"，《金融与商业》第 28 卷第 27 号(1936 年 12 月 30 日)，页 724]。

债券交易恢复，且 1932 年后债券价格指数稳步上升。[1] 大部分增长明显是投机性的。1933 年，结算额与交易额之比下降到 4% 以下。代替债券买卖中的实际交货，投资者常常签订未来交易合同，期盼在结算日之前发生有利的价格变化。

然而，这些活动无法持续长期进行。1929—1930 年，短暂繁荣期间过热的房地产投资，加上投机性的交易，地产价格抬升，已经远远超过了企业与个人能够支付的租金水平。一旦严重的紧缩到来，这些资产的泡沫就会破灭。

上海金融恐慌：1934 年 6 月至 1935 年 11 月

1934 年 6 月美国通过《白银收购法案》

美国是一个白银生产大国。面临着一战之后尤其是 1930 年之后的银价下降，美国白银生产者协会和来自产银州的参议员提出了各种各样“要对白银有所作为”的计划。尽管他们鼓动国会或国际行动，但在胡佛总统当政时期没有采取任何措施。1933 年 3 月，富兰克林·罗斯福总统甫一接任，美国就开始关注通货膨胀和财政政策问题。4 月 20 日，罗斯福发布了一项行政命令， 153
除了要履行已签订的合同或总统认为有必要促进公众利益的交易外，禁止出口专用黄金或黄金证。这一行动实际上使美国脱离了金本位。这项措施取得了立竿见影的效果，股票和包括白银在内的商品价格大幅上扬。[2] 白银涨价和美元贬值令中国银行家

① 张嘉璈：《通胀螺旋：中国的经历(1939—1950)》(*The Inflationary Spinal*: *The Experience in China*, *1939—1950*)，纽约：约翰威立国际出版公司，1958 年版，页 119。

② 雷文斯：《银钱》，页 244—245。

非常不安。甚至还有传言要禁止白银出口，以防止白银离开中国寻求更高的价格。①

1933 年 6 月 12 日，世界货币和经济会议在伦敦开幕，与会代表来自 66 个国家，会上对白银问题进行了辩论。在 7 月签署的一份协议上，印度和西班牙同意限制其白银销售，中国同意不出售白银，五个产银国(美国、澳大利亚、加拿大、墨西哥和秘鲁)同意尽量收购他们自己新开采的白银，以平衡印度的白银销售。该协议没有对中国政府产生真正的限制，中国政府从来没有供给白银用于出售，也从来没有大量出售过，但是却不能禁止通过银行或私人进行的中国银币、银锭的商业销售和出口。同时，美国承担维持国际银价的主要责任，因此它必须购买跟它现有水平的总产量大约数量相当的白银。②

1933 年 12 月 21 日，罗斯福总统签署了白银收购公告，公告指出，此后任何在美国开采的白银都必须送往美国铸币厂制成银元。征得持有者的同意，铸币厂将保留 50%的银币，交给银行储户；并且直到 1937 年 12 月 31 日公告过期之前，银块只许用来制造银币，除非这一公告被国会立法或后发公告废止或修改。政府保留了修订此一计划的权利。

早在 1934 年初，中国银行家就开始担心美国白银法案的出台。2 月，中国银行国外部经理贝祖诒指出，中国 1933 年签署
154 《伦敦白银协定》，就是希望保证白银价格的稳定，但事与愿违，美国内部的躁动却是意欲实现银价的最终大涨。据报道，中国银行家曾向华盛顿发过一封紧急抗议电报，电报说在一般商品价格不

① 雷文斯:《银钱》，页 221。
② 同上书，页 248—251。

上涨的情况下抬高白银的价格，使中国有必要实行白银禁运或对白银出口征税。3月9日，立法院批准了《伦敦白银协定》，但是做了保留，一旦白银价格上涨到威胁中国贸易和工业的程度，中国政府保留采取任何必要行动的权利。①

1934年春天，美国的白银拥护者跟罗斯福举行了多次会议，据报道，他们最开始的时候是反对白银立法的。但是，最后罗斯福在1934年5月22日给国会的国情咨文中推荐了一个折中方案。6月19日，国会通过了《1934年白银收购法案》，正式成为美国的政策，它要求增加白银储备，直到白银达到白银和黄金总货币储备的四分之一为止。该法案规定，为达到这一目的，财政部长将根据是否明智和是否最有利于美国的公共利益，决定购买白银的时机和条款。当白银价格超出其货币价值每盎司1.29美元时，停止收购白银，1934年5月1日美国国内的白银不得以高于每盎司0.50美元的价格收购。② 当白银储备超过了总货币储备的25%或当白银的市场价格超出其货币价格时，允许财政部出售白银。《白银收购法案》对中国来说最关键的是，实际限制是每盎司1.29美元，因为每盎司50美分的限制仅仅是针对5月1日美国的白银。

虽然该法案没有规定执行白银收购的时间表，但据《纽约时报》报道，财政部长亨利・摩根韬(Henry Morgenthan)说，财政部将"积极"执行这一法案，在国内外收购白银，直到白银达到一个合理的价格为止。6月28日，对除领有财政部执照之外的白

① "批准伦敦白银协定"，《金融与商业》第23卷第11号(1934年3月14日)，页306—307。

② 计算如下：白银的货币价值为每盎司1.2929美元。扣除61.32%铸币税、铸造费和其他铸造损耗，产生了每纯度50.01美分的净价。

银出口实行禁运。禁运的目的在于防止那些 5 月 1 日以内处于
美国的白银储备出口。1934 年 8 月 9 日,罗斯福总统发表了一
155 项公告和一项行政命令,要求美国境内的所有白银上交。公告规
定美国铸币厂将以每纯度 50 美分的净价收购美国境内的所有白
银(见本章上一条注释)。

美国财政部没有立刻宣布法案规定的购买量,但是白银收购明显正在迅速增加。1934 年财政年度,美国购买了 32 068 495 盎司白银。1935 年财政年度购买了 437 501 808 盎司白银,是 1934 年度的 13.6 倍还多。① 白银价格在美国稳步上升,由 1934 年 6 月的每金衡盎司 46.3 美分升至 8 月份的每盎司 49.5 美分,略低于国有化价格每纯度 50.01 美分(相当于每盎司 49.96 美分,0.999 纯度)(见图 6.1)。白银市场价格在 8 月份和 9 月份仍保持在每盎司约 50 美分,适合买进。但 10 月上升到超过每盎司 55 美分,接下来的两个月内在 53 美分和 56 美分之间波动。伦敦白银市场的价格——美国也在那里购买白银——也紧随美国白银价格的上涨趋势,9 月至 12 月间上涨了 6.7%,从 21 13/18 先令涨到 24 1/2 先令。此外,白银的价格水平大大高于商品价格水平,换句话说,英国和美国的市场上白银都升值了。1934 年 12 月,美国的白银较 1929 年增值了 27.5%,比创下白银价格最低纪录的 1931 年高了57.3%。在英国相关数字分别是 30.7%和 53.5%。②

美国大量收购白银导致了银价突然大幅上涨,这使得国际白银价格也随之骤然提高。这引起了中国白银大量外流,并且扰乱

① 雷文斯:《银钱》,表 15,页 273。

② 国家关税税则委员会:《上海商品价格年度报告》,1934 年,表 11,页 21。

了中国经济的银本位制度。

资金外逃和白银出口

美国白银收购法案对中国的影响很快变得非常明显。1934 年的头五个月,白银的进出口都是极少的。但是,6 月就有价值 12 936 元的白银出口。对比 1933 年全年才有净值 14 122 元的白银出口,这一单月出口数额就高得不同寻常。6 月以后的白银 156
外流运动就更加令人刺目,7 月上升到 24 308 元,8 月达到79 094 元,9 月达到 48 140 元。①

白银出口大幅增加的一个原因是在华外国个人或公司开始向外转移资产,因为他们急着通过将在华业务转移出去寻求获利。② 中国的富人也购买外汇,并将他们的盈余资金寄往国外。③ 许多人是受了传闻的刺激,说如果白银价格大幅上涨中国政府将被迫实行白银禁运,或让中国元贬值。④ 尽管政府极力否认这些传闻,上海外汇和金融市场仍“紧张到了极点”。⑤

中国面临着两难境地。上海市场上的外汇数量不足以满足这一异乎寻常的巨大需求。结果,中国元对外币的汇率下跌。白银对英镑或美元的汇兑平价随着白银的英镑价格或美元价格的变动而变动,指出这一点很重要。随着白银的英镑价格和美元价格的上涨,白银的汇兑平价也在上涨。根据英镑或美元计算的中国元变得更加值钱了。但是,因为外汇保持高需求,中国元并没

① 国家关税税则委员会:《上海商品价格年度报告》,1934 年,表 11,表 12,页 22。

② 雷文斯:“美国白银政策与中国”,《哈佛商业评论》第 14 卷(1935 年秋季号),页 52;林维英:《中国之新货币制度》,页 27。

③ “中国银行民国二十三年度营业报告”,《行史资料》,第三册,页 2135。

④《金融与商业》,第 24 卷第 1 号(1934 年 7 月 4 日),页 10;第 8 号(1934 年 8 月 22 日),页 204。

⑤《金融与商业》,第 24 卷第 8 号(1934 年 8 月 22 日),页 304。

有赶上白银的价格。① 7月，中国元对美元的汇率低于平价4.1%，8月这一差距扩大到7.1%，9月停留在5.8%。② 当汇率保持低于输出点，向外出口白银就有利可图（见图6.2）。③

这种情况也表明外汇银行出现超卖头寸（oversold position）。由于找不到足够的资金来平衡卖超，银行只好将自己持有的白银出口到伦敦和纽约。1932年以前，汇丰银行进口银条到上海，不得不把这些白银铸成银锭以方便在当地支付；1932年废两改元，银行又不得不将这些银锭送到上海铸币厂改铸成银元（银币）。1934年，因为伦敦需要资金，银行又被迫将银币重新熔铸成银条以适合伦敦市场。④ 总之，这一过程——海运、保险、支付利息、熔铸、精炼——耗资超过4%。在这种情况下，白银在
157 国内和国外之间就出现了4%—5%的差价。由于上海的白银价格和纽约伦敦的价格上涨之间存在着一个滞后时间，白银外流的另一个方式就是银行将他们已准备出售的结余转移到国外。⑤ 此外，禁运或贬值的可能性也刺激银行将白银运往国外保管。

白银的大量出口增加了对政府可能使中国通货贬值的担忧，而这又反过来刺激银行进一步增加其白银出口。上海金融市场的焦虑日益加重，对白银出口实施禁运的担忧，以及使出口白银获取高额利润的差价，为更大规模的白银出口提供了最好的

---

①《金融与商业》，第24卷第1号（1934年7月4日），页10；第6号（1934年8月8日），页147；第7号（1934年8月15日），页176。

② 国家关税税则委员会：《上海商品价格年度报告》，1934年，页22。

③ 雷文斯："美国白银政策与中国"，页53；耿爱德（Eduard Kann）："金融笔记"，《金融与商业》，第28卷第26号（1936年12月23日），页689。参见第一章对白银市场运作的解释。

④ 景复朗（Frank H. H. King）：《汇丰银行史》，第三卷，剑桥大学出版社，1988年版，页408。

⑤《金融与商业》，第24卷第12号（1934年9月19日），页316。

理由。

政府对白银大量外流的越来越担心。9月8日,财政部发文禁止购买或出售外汇,直到另行通知解除,除非金融往来是:(1)合法的、正常的业务需求;(2)公司在1934年9月8日或之前签订的合同;(3)任何合理的旅行或其他个人需要。该命令的目的是制止投机交易,但未能取得成功,因为政府无法控制外商银行,银行仍被迫使用白银平补交易。①

政府发现自己剩下的只有两个选择:禁止白银自由交易或使货币贬值。最终,10月14日,财政部长孔祥熙宣布,对白银出口征收10%的出口税(银元和银条减去2.25%,即减去已收取过的货币铸造税),同时收取平衡税。平衡税将每日调整;其跟出口税合在一起,将弥补汇率低于平价带来的损失,使白银出口无利可图。② 孔祥熙解释这一政策的目的:

> 我们不能指望刺激海外银价上涨的力量能够迅速停止。因此,出于对中国人民经济福利的考虑,政府采取这一措施是必要的,以保护中国货币不会由于国家储备潜在压力受到威胁,并抑制国内价格下降已显现出来的严重的通货紧缩。③ 158

由于停止了白银在中国与世界其他地区之间的自由流动,中国元的价值不再取决于世界银价。但正如中国银行总经理宋子文指出的,强加的税收和附加费已经造成了困难。

---

①《金融与商业》,第24卷第12号(1934年9月19日),页316。

② 雷文斯:《银钱》,页299—301。

③ “孔祥熙关于征收白银出口税及平衡税以防止白银外流提案”,见中国第二历史档案馆编:《中华民国史档案资料》第五辑第一编(4),页173—174(经核对原文,此处作者对所引原文做了概括性编译,故仍按作者原文译出——译者注)。

> 政府采用征收白银出口税及平衡税之策，明系暂时权宜处置，藉应目前之急需，俾得从长计议根本解决方法，自实行后，一时物价虽未下跌，但政府终认为问题严重：深虑外汇汇率高涨，则难免阻挠出口贸易，而致国内通货紧缩，有增无已；反之，如外汇汇率下降，则汇率与国外银价益相悬殊，大量偷运，势必随之而起。①

正如宋子文所关心的，在公布平衡税没几天后，汇率下降了10%以上。② 此后，以纽约白银价格计算，汇率波动到较平价约低19%。③

出口税和平衡税的征收引起了白银出口破纪录的急剧下降，从10月份的5 700万元下降到11月份和12月份各1 200万元。但是，只要白银的国外价格和国内价格存在一个较大的差价，出口白银就仍为有利。政府被迫出售外汇换回中国元以确保稳定，同时，避免被那些以为银行不愿以外汇换中国元的人抓住把柄，阻止他们抛售中国元。④ 但是从长远来看，这一办法并不可行。只要中国仍然使用银本位，价格波动所产生的负面影响就无法避免。正如下一章将要详细说明的，政府高官设想将中国跟银本位脱钩，代之以一个与外币挂钩的新的币制体系。然而，花光外汇储备来支持外汇市场上的中国元，似乎有悖于这一新的政策目标。政府无法同时施行两个矛盾的政策——保持外汇储备和防止白银外流，二者对干预市场的要求是不一致的。

1935年春，国际银价稳步上升，但上海的汇率却落在后边

---

① “二十四年度中国银行报告”，《行史资料》，第三册，页2178—2179。

② 《金融与商业》，第24卷第17号(1934年10月24日)，页458。

③ 国家关税税则委员会：《上海商品价格年度报告》，1934年，表12，页23。

④ 景复朗：《汇丰银行史》，第三卷，页411。

(见图 6.1 和 6.2)。本年年初,脱离美国控制的白银的市价为每 159
盎司 55 美分。到 2 月中旬,国外白银的市场价格开始上涨,并稳步上升,到 4 月 10 日,达到每盎司 64 1/8 美分。这一天,美国财政部长摩根韬对记者说,美国准备跟进世界白银价格,不论其如何变化。当晚美国总统发布了一项公告,将新开采的国内白银有效价格提升至每盎司 71.11 美分。这些官方声明刺激了世界市场的白银价格,两天内从 64 1/8 上升到每盎司 68 1/2 美分。4 月 24 日,罗斯福总统发表了另一项公告,将铸币税减少 40%,从而使白银的有效价格提升至每盎司 77.57 美分。连续两次官方提价表明政府可以承受任意提价。随后的银价上扬于是不足为奇,截至 6 月底一直高居每盎司 70 美分之上。从 7 月 13 日到 8 月 12 日,银价开始下降,纽约市场保持在每盎司 67 3/4 美分,与其约略相等,伦敦市场为每盎司 30 便士。美国财政部通过吸收伦敦市场的全部供给来维持此一价格。8 月,供给随之大幅增加,财政部曾在一天内(8 月 14 日)以低于每盎司 65 3/8 美分的价格购进了 2 500 万盎司。一直到 1935 年 12 月,白银价格都维持在这一点上,其在伦敦的等值价格为每盎司 29—29.5 便士。

与此同时,4 月份中国银行和外商银行宣布,他们将展开合作以稳定中国的货币形势。这一“君子协定”主要是防止 1935 年白银出口的加剧。但是,讽刺的是,制止白银出口却导致白银大量走私。在 4 月份银本位实际已经停止后,中国元的汇率降得更低了。鉴于没能履行君子协定,政府成立了稳定外汇委员会。①

① 周伯隶:《白银问题与中国货币问题》,页 112,页 158;飯島幡司:《支那幣制の研究》,页 268—272,皆引自中国人民银行总行参事室编:《中华民国货币史资料第二辑(1924—1949)》,上海人民出版社,1991 年版,页 153—155。

虽然宣称要维持汇率，但政府对中国元的买入既不多也不快。①市场经营者很快意识到政府的政策发生了变化，他们开始出售中国元，从 1935 年 6 月到 9 月，汇率下降了约 10%。② 由于海外白
160 银价格的上涨和市场汇率的降低，出口平价被抬高了，差距在扩大。从 4 月到 10 月，将白银运出中国可以获得大量的利润。

1935 年白银走私出中国的数量估计跟 1934 年白银出口的数量一样大。③ 4 月后，白银汇率和出口平价之间的差距明显在增加，出口税和平衡税并没有抵消这一增长。白银大量流出中国。对大量白银外流感受最深切的要数上海，自从 1929 年起上海就开始享受了白银涌入的好处。1934 年下半年，白银开始从上海流向中国其他地区，这一点也是很重要的。由于农村经济仍处于困境，这些白银并不能用于商业和投资。更可能的是，这些白银流向厦门、汕头、青岛、济南，非法运往香港或华北，在那里被出售。④ 资本外逃、白银流失，以及不稳定的外汇最终使上海的金融市场陷入瘫痪。

上海房地产市场的崩溃

1934 年夏天以前，房地产市场的增长就已经放缓。1934 年

---

① 宫下忠雄：《支那貨幣制度論》，大阪：宝文館，1943 年版，页 226—234。

② 亚瑟·杨格(Arthur Young)：《中国建设国家的努力(1927—1937)：财政和经济纪录》(*China's Nation-Building Effort, 1927—1937: The Financial and Economic Record*)，斯坦福：胡佛研究所出版社，1971 年版，页 232(该书有中国社会科学出版社 1981 年中译本，中译本书名为《一九二七至一九三七年中国财政经济情况》，译者为陈泽宪、陈霞飞——译者注)。

③ 雷文斯：《银钱》，表 18，页 299—301。根据中国银行 1934 和 1935 年的报告，雷文斯估计 1934 年中国白银净出口总值为 28 000 万元(相当于 21 100 万盎司)，其中 26 000 万元被官方纪录在案，走私只有 2 000 万元。1935 年官方纪录只有 5 900 万元，估计有价值 23 000 万元的白银走私出中国。净出口总数达 28 900 万元(21 800 万盎司)。

④《中行月刊》第 9 卷第 5 号，页 116。

4 月，中国银行总经理张嘉璈在一次题为“内陆与上海”的演讲中指出，上海的经济处于不健康状态：

> 最近这两年，中国内陆的情况变得更为艰难，上海的大都市出现了不平衡的发展和不健康的状况。由于现金和财富都向上海集中，金融市场发展很快，存款总量也在增加……但是，我敢预言，在不久的将来，上海的繁荣将有巨变发生。

张最关心的是房地产价格在上海二十多年来的首次下降。大家普遍认为地产价格下降将产生重大影响，不仅因为涌入上海的资金大部分投到了房地产市场，还因为随着房地产价格的上
升，基于地产的信贷能力已大为扩张。如前所述，1930 年后的地 161
产繁荣大部分是泡沫。一方面是房地产市场享受着繁荣，另一方面，利润缩水的企业无力偿还贷款利息，租房住的工人因工资下降也已无力支付不断上涨的房租。①

1934 年 9 月之后，白银外流和中国元的不稳定导致了大量仓促的资金流动。鉴于白银的迅速外流，人们撤回了银行存款和储备的贵金属。由于大量出口，白银储量下降(见表 6.1)。面对白银储备迅速减少，外商银行开始限制、随后是拒绝签订以房地产作抵押的贷款。这种做法迫使中国银行针对未偿付的贷款，限制借贷数额，要求更多抵押，并拒绝延长贷款期限。在这样的金融气候下，上海的房地产市场崩溃了。

一旦房地产市场崩溃，人们丧失了对地产作为安全抵押品的信任。信贷萎缩之后，要经营严重依赖贷款的企业几乎是不可能

---

① 张嘉璈：“内地与上海”，《银行周报》第 18 卷第 14 号(1934 年 4 月)，页 13—15。

的。因为银行预料作为抵押的物品价格下降，就试图通过出售这些抵押商品和资产以期尽量挽回更多的资金。1935年1月的申新七厂事件就是这一做法的实例。1929年，汇丰银行借给申新200万两，以申新七厂的厂地、建筑和其他设备为抵押，价值500万两。1933年，银行同意延长贷款，但条件是1934年底返还本金。由于无法履行合同，申新的管理层要求银行宽限最后还款期限，并答应付清全部利息和部分本金。汇丰银行拒绝了申新的请求，并且决定将工厂以225万元的价格拍卖给一个日本投资者。① 但是，中国政府和其他企业反对拍卖，理由是工厂同时也抵押给了中国银行和上海商业储蓄银行，不经他们两家允许就拍卖工厂是非法的。汇丰银行最终取消了拍卖。并且将贷款期限
162 延长到1940年。申新有幸保住了工厂。②

这一事件既不能说明帝国主义的侵略，也并非仅仅是实业家与银行家之间的业务冲突，而是说明了实业家和银行家已不再把借贷合同中的安排视为标准的做法。实业家把用自己的原料库存、最终产品和资产作为抵押获得贷款视为当然，银行家也发现基于这些抵押品放贷比较安全并且有利可图。但是，他们发现抵押品并不像他们所期望的那样保值。自1931年开始，中国经历了持续的商品价格下跌，银行开始担忧抵押品的贬值，停止向企业放贷，并且要求企业返还本金。一旦债务人不能返还，银行立

① 许维雍，黄汉民：《荣家企业发展史》，北京：人民出版社，1985年版，页101—103。

② 申新的案例表明，有关抵押借款的法律也变得不利于债权人了。1930年5月以前，当民国关于财产权利的民法有效施行的时候，如果遇到拖欠贷款，债权人可以自由地出售抵押物。但根据民国民法，债权人要拍卖抵押品须取得中国法院的许可。申新的案例引起社会各界广泛关注，因为作为被送交到法庭的案例之一，它的不良意图引起了汇丰银行等外国债权人的怀疑。参见南满洲鉄道株式会社(SMRC)調査部："上海における不動産慣行調査資料その1"，页129—131。

即把作为抵押的物品出售。

但是,银行还是不能避免价格普遍下降带来的损失。早在1931年底,中国银行就已对房地产的贬值做出预警。大量卷入房地产抵押的钱庄面临着严重的经营危机。[①] 地产贬值引起清偿贷款,这反过来进一步加剧了地产价值的损失。一旦这个周期开始,就不可能再清偿基于房地产的资产。鉴于上海金融机构卷入房地产的程度,相应的资产冻结给经济带来了不可估量的后果。在描述了这一情形后,宋子文告诉汇丰银行一名职员,中国政府和商业银行已被房地产套牢。[②] 宋子文的评论反映了房地产市场崩溃的严重性。

> 公债代表一种制造之信用,其所得资金,若不用于生产之途,徒增消费之膨胀,物价之腾贵。地价代表一种制造之人气,使多数中间人,抬高价值,促进交易,竞取无生产性之利润,造成虚伪之繁荣,均非增加真实之资产。故一旦市面变动,其反动愈大,而影响于信用之收缩更烈。及信用收缩,于是人人收藏现金,而现金愈缺。……惟代表信用之资产一部分因价值减少,效用较弱,而日常交易,趋重现银,是以银拆奇高。……循是以往,信用愈缩,现金愈贵,现金愈缺,信用愈减,必致工商业成本愈重,物价愈落,购买力愈弱,工商业之衰败愈甚。

正如中国银行指出的,基于资产的金融交易是上海金融市场的有机组成部分。一旦资产价值缩水,金融系统的稳定性就会遭

① 中国人民银行上海市分行:《上海钱庄史料》,页253。
② 景复朗:《汇丰银行史》,第三卷,页409。

163 到破坏。①

银根紧缩与政府对金融部门的干预

随着白银大量流出中国，以及国外和国内资本的流失，上海金融市场发生了资金短缺。钱庄受到的冲击最大。虽然通常钱庄自己的资金支持并不雄厚，但是他们常常充任外国和中国银行的短期借贷经纪人，从上述两种金融机构中取得短期贷款，然后再提供给商业和工业企业。但是，一旦借款人拖欠，钱庄就无力向债权人偿还欠款。随着外商银行和中国的现代银行收紧信贷，钱庄就陷入了清偿危机。此外，1934 年上海房地产市场崩溃，他们对房地产的投资进一步削弱了自己的地位。

钱庄设法撑过 1935 年 2 月初的旧历新年。很多工厂和商人都因无力偿还申请延期。钱庄同意了这些请求，部分是因为他们希望形势会有所改善。据说结算额只有正常年份的一半。政府银行提供资金帮助钱庄。② 但是，根本问题——资金的极端缺乏——仍然没有得到解决。

1935 年 3 月，上海总商会，代表 20 个分会，请求立法院拯救上海金融市场，他们报告说，已有 1 000 家企业倒闭，失业人数已达到 50 万。如果政府再拖延两星期的话，上海的经济将会崩溃。他们还强调，没有政府的帮助，钱庄将无法恢复。③

上海金融危机的严重性和社会动荡的危险，日益引起包括蒋介石在内的当局的关注。在 3 月 3 日的一份电报里，蒋介石命孔

---

① “中国银行民国二十年度营业报告”，见《行史资料》，第三册，页 2055。

② 亚瑟・杨格：《中国建设国家的努力》，页 222；中国人民银行上海市分行：《上海钱庄史料》，页 233。

③ “行政院关于上海市商会电请救济沪市金融训令”，见中国第二历史档案馆编：《中华民国史档案资料汇编》第五辑第一编财政经济(4)，页 607—609。

祥熙处理这种情况。3 月 6 日,作为答复,孔祥熙请求蒋介石命令上海市长吴铁城和上海国民党党部加强戒备,蒋介石表示同意。①

政府推出了一系列方案,以缓解这种流动性危机。首先,银行系统改组以便于为金融和工业机构注入资金。在中国的银本 164
位下,货币储备分散,因为对纸币发行和信贷扩张缺乏中央控制。金融机构之间的竞争导致了资金充足时,纸币发行和信贷的扩大;另一方面,银根紧缩又引发了对现金的灾难性争夺。② 为了防止这种极端的市场波动,政府决定集中银行储备,并依照其政策目标予以控制。

1935 年 3 月,在这种情况下,考虑对三家政府银行进行改组。政府对中国银行在原来持有 500 万元股份的基础上又注入了 1 500 万元,使银行的资本达到 4 000 万元,并把它分成 400 万股,一半由政府以发行债券形式认购,另一半由私人股东持有。政府对交通银行也在持股 200 万元的基础上增加了 1 000 万元,使其资本变为 2 000 万元,其中 60%以债券形式交给了政府。③

4 月,1935 年 2 月延期的贷款到期。业务形势非但未有好转,实际上还更为恶化了,工业和商业企业要求钱业公会再次延期。在 4 月 10 日的一次会议上,公会给出了不可能再次延长贷款的结论,因为各会员钱庄资金已然用光。在这个节骨眼上,孔祥熙提供了一笔 2 000 万元的贷款,其中 1 500 万元要求抵押。利息为 6%,但陷于严重危机的钱庄可以申请 2%的补贴。然而,

① "蒋介石与孔祥熙为解救上海金融危机来往电",见中国第二历史档案馆编:《中华民国史档案资料汇编》第五辑第一编财政经济(4),页 610—611。

② 林维英:《中国之新货币制度》,页 85。

③ 财政部与中国银行沟通资料收集在《行史资料》,第一册,页 215—221。

钱庄不同意贷款条件,结果他们的处境更加窘迫。上海的金融危机加深。

1935 年 6 月 1 日,上海钱业公会决定只为小额提款准备现金,并宣布三项原则:(1) 只接受会员钱庄的兑票;(2) 每笔提现控制在 500 元以内;(3) 贷款额限制在抵押物价值的 60%。预料到这一决定对上海经济的严重后果,孔祥熙恳求立法院长
165 汪精卫提供 2 500 万元的借款给三大政府银行,以支援钱庄。鉴于三大政府银行已为重振钱庄花光了资金,因此孔祥熙建议这笔钱临时从 1934 年的海关税中调拨,条件是钱业公会将予以担保。①

钱庄的大部分资金被难以清偿的房地产和其他商品套牢了。为监管复兴资金的使用,财政部成立了一个钱业监理委员会,由五人组成:财政部副部长徐堪、中国通商银行董事杜月笙、上海总商会主席王晓籁、江苏银行前主席和中央银行营业部前总经理顾诒穀(字立仁)、上海钱业公会主席秦润卿。该委员会的任务是,审查 55 家钱庄的资产负债表,对所有抵押品进行估价,如政府债券、房地契、大宗商品,以决定对这 2 500 万元海关税如何分配。委员会决定对房地契以市场价的 90%估价、大宗商品以市场价的 70%或 80%估价,政府债券以其票面价值计算。申请钱庄将获得与其抵押物价值相等的债权,并可到政府指定的银行兑换为现金。②

陷入困境的银行也请求政府支持。1935 年 6 月,三家最大的私营银行,宁波商业储蓄银行,中国通商银行和中国实业银行,

① "孔祥熙为紧急应付沪市金融风潮致汪精卫电",见中国第二历史档案馆编:《中华民国史档案资料汇编》第五辑第一编财政经济(4),页 622—623。

② 中国人民银行上海市分行:《上海钱庄史料》,页 235—242。

由于不能兑现钞票,每家都从政府那里得到了 500 万元的借款。政府将每家银行的负责人都替换为自己人。[①]

对金融系统的改组来说,1935 年 6 月是一个转折点。据当时关于中国经济的权威出版物《金融与商业》指出,较之以前,钱庄和银行在运作上同政府的联系更多,彼此间的业务往来也更为密切。[②] 为防止整个金融系统崩溃,政府为陷入困难的银行注入资金,显然,政府对经济已经扮演了一个重要的角色。但是,金融 166
危机是由银价上涨引起的,政府对金融部门的干预只是小修小补。为了克服危机,政府必须要处理被证明是非常棘手的银本位问题。

小　结

这场危机表明,中国在国际银价下跌中显得十分脆弱。信贷的萎缩、资金高度向城市银行集中、资本的国际流动都是对困境的理性反应。[③] 只要人们试图通过利用国内外白银的自由交易来减少损失,通货紧缩的恶性循环就不会终止。

当通货紧缩的压力增加时,通货膨胀时期形成的信贷关系就无法继续维持。但是又没有一个机构能够制止通货紧缩的恶性循环。尽管政府通过为困难银行注入资金的方式减轻了银行的危机,但是更根本是货币体系的问题。只要中国仍然坚持银本

---

① Frank Tamagna:《中国的银行与金融》,纽约:太平洋关系研究所,1942 年版,页 161。

②《金融与商业》,第 25 卷第 23 号(1935 年 6 月 5 日),页 641。

③ 耿爱德,《金融与商业》第 28 卷第 16 号(1934 年 10 月 17 日),页 427;陈光甫:"怎样打开中国经济的出路:由上海的金融现状讲到中国的经济出路",《新中华》第 1 卷第 1 期(1933 年 1 月),页 29。

位，就摆脱不了经济衰退。

在1935年下半年，货币体系的改革看起来已经不可避免了。但是，脱离银本位将会带来更为深远的政治影响。对这一主题的
167 分析请详见第七章。

第七章　应对危机：1935 年 11 月的币制改革

一直到 1930 年代中期，中国政府都没能在规范货币制度方面起统率作用。相反，各路政府势力，从南京国民党的政客到地方军阀，都把发行纸币视为增加收入的便利途径，这些活动加重了国内金融市场的问题。

发行纸币的权利并不为一家银行独有。到 1907 年，共有两家政府银行、一家商业银行以及一家省级政府银行有权利发行纸币。而到了 1927 年，除两家政府银行外，至少有 28 家商业银行和 11 家省级银行可以印制钞票。

纸币发行潜在地不受限制，加上发行机构的多元化，很容易导致通货膨胀，但是公众对纸币赎回白银的要求制约了纸币的扩张。政府当局不能随意发行纸币，因为除非有足够的白银作为支撑，否则将无人接受。但是，这种保障已经有好几次受到威胁了。例如，1916 年，中华民国大总统袁世凯，命令中国银行和交通银 168
行停止纸币赎兑。无奈之下，省政府只好对打折买卖钞票的行为施以惩罚的威胁，力图保持钞票的交换价值，银行方面特别是交通银行也设法顶住政府的压力。①

① 张嘉璈：《通胀螺旋：中国的经历（1939—1950）》，纽约，约翰威立国际出版公司，1958 年版，页 1—7。

1928年,国民政府成立了中央银行,并作为“中华民国之国家银行”,从此政府介入了金融市场。中央银行注册资本2 000万元,全部由政府出资,并规定公开发行股票。银行有权发行纸币,是国民政府和所有国有企业的财务代理,也是财政部浮动国内外债务及相关服务的业务代理。但民国中央银行并不具备像其他国家央行那样的特殊地位。其他银行也具有发行钞票的权利,但国内银行也没被要求向中央银行存储法定准备金。因此,政府无法通过控制贴现率或再贴现票据等引导金融市场。

直到1931年末,银本位一直起着防止政府干预的作用,但由于根据黄金计算的白银价格下降,也导致中国出现了轻微通胀。然而,一旦趋势扭转,通货紧缩来临,在多年通胀下所形成的货币和金融体系停止了运转。白银大量外流,银行竞相限制信贷,以保障现金储备。这时,金融机构的自主权受到质疑。无论是金融和商业领域的人,还是普通公众,都认为中国的通货和信贷应该被控制起来,但是,正如1934年开始的大规模资本外逃所显示的,人们仍然对政府当局滥发纸币抱以恐惧。为了应对这一背景——在中央银行缺位的情况下金融危机发生,导致了金融市场应对危机的办法与政府的干预适相矛盾——政府对币制进行改
169 革,下面我们就对这种情形来做一分析。

币制改革的外交背景

中国的币制改革与东亚的力量平衡

在脱离银本位之前,中国必须准备除白银以外的足够准备金,无论是跟黄金挂钩的新货币也好,还是美元或英镑之类的外国货币也好。由于英美日三强在东亚地区的复杂关系,中国政府

发现很难保证这一必要的资金到位。一方面,三国政府对中国政府是否有能力进行改革表示怀疑。鉴于中国拖欠外债的规模和每年的财政赤字,他们认为借贷给中国支持其进行币制改革,就是耗散了资金的其他用途。另一方面,列强都想控制中国的经济,所以对币制改革又抱以强烈的兴趣。作为从大萧条中复兴的计划的一部分,英国、美国和日本都把中国视为潜在的出口市场。一旦其中之一对中国的币制改革许以承诺,另外两强就会怀疑它企图从中国经济中谋得比较优势。

日本尤其反对西方国家对中国的干预。在外相广田弘毅的指导下,日本执行着几个互相矛盾的外交政策。1931 年满洲事件之后,日本试图加强对满洲的控制能力。同时,它还不希望冒险与中国的国民党政府对抗。日本政府试图避免在外交上被孤立,但也抵制除日本之外的外国势力对中国国内事务进行干涉。1934 年 4 月,日本外务省发言人天羽英二解释了日本政府对国际援华的立场。根据这份被称为“天羽声明”的文件,日本对维护东亚和平负有特殊的责任,因此并不总是附议他国的意见;尽管日本希望看到中国维护国家完整,恢复秩序,并实现统一,但也希望中国通过自己的努力达至这些目标。所以日本反对任何以技术和财政支持为名目的国际干涉,反对任何派遣军事教官或军事 170
顾问来华或向中国提供军用飞机的计划。①

日本政府一方面坚持外国政府不应该支持中国的汇率改革,另一方面自己也拒绝与中国合作,其理由是货币改革的成功要以

---

① 多萝茜·博格(Dorothy Borg):《美国和 1933—1938 年的远东危机:从满洲事件到中日宣战初期》(*The United States and the Far Eastern Crisis of 1933—1938: From the Manchurian Incident through the Initial Stage of the Undeclared Sino-Japanese War*),马萨诸塞州剑桥:哈佛大学出版社,1964 年版,页 75—76。

政治一统和预算平衡为先决条件。① 日本政府指出，由于国民党政府的政治不稳定、债务拖欠以及普遍的财政困难，其财政政策和货币政策缺乏公众信任。日本政府似乎觉察到中国人担心政府的行为专断。然而，这只是其拒绝借款给中国的一个理由；实际上，日本刚刚从 1930 年代早期严重的经济萧条中恢复过来，日本政府并没有足够的资金提供国际贷款。②

日本的立场使其他国家政府对中国请求给予支持的反应变得复杂起来。由于英国外交部和财政部以及美国国务院认为国际合作至关重要，面对日本政府的强烈反对，他们不愿意提供贷款给中国。只有美国财政部愿意采取单边行动援助中国经济。由于负责执行美国的白银收购法案，美国财政部声称任何白银政策的修改都不具有法律上的可能性。不过，它还是建议美国最好能够帮助中国完成币制改革。美国的态度在国务院和财政等部门的意见之间游移不定，最终要看罗斯福总统采取哪一个。③

---

① 小林英夫："幣制改革をめぐる日本と中国"；波多野澄雄："幣制改革への動きと日本対中政策"，均见野澤豊编《中国の幣制改革と国際関係》，東京大学出版会，1981 年版。

② 松浦正孝："再考日中戦争前夜——中国幣制改革と兒玉訪中团をめぐって"，载《国際政治》第 122 号（1999 年 9 月），页 135—138。日本财政部的一位官员在交给外务省的一份备忘录里说，由于此前多年的贸易逆差，日本政府不能贷款给中国，除非它能增加日本对中国的出口，见外务省纪录 A. 2. 1. 0. C6。

③ 关于英国对东亚的政策，参见恩迪科特（Stephen Endicott）：《外交与企业：英国对华政策（1933—1937）》（*Diplomacy and Enterprise: British China Policy, 1933—1937*，英国曼彻斯特：曼彻斯特大学出版社，1975），以及木畑洋一："リース・ロス使節団と英中関係"（即"李滋—罗斯使节团与英中关系"，见野澤豊编《中国の幣制改革と国際関係》）。关于美国政策，参见多萝茜・博格：《美国和 1933—1938 年的远东危机》、滝田賢二："ルーズベルト政権と米中協定"（即"罗斯福政府与美中协定"）以及斎藤叫："アメリカ銀政策の展開と中国"（即"美国白银政策的实施与中国"），后二者均收入上引野澤豊所编书。

与美国的首次接洽

由于美国的白银收购法案是搅乱中国货币市场的主要因素,中国希望美国能够接收中国的白银,用之换取美元或黄金。1934 年 9 月,财政部长孔祥熙,致函美国国务卿科德尔·赫尔(Cordell Hull)询问美国政府是否愿意以黄金交换白银,以使中国能够逐步推行一种以黄金为基础的货币。① 美国政府内部反应并不一 171
致。国务院敦促财政部停止收购白银或至少将价格降低到 45 美分,也反对由美国单方面支持中国币制改革的做法,而是坚持中国财政的任何重组都应该是一个国际项目。但是,由亨利·摩根韬执掌的财政部却不同意这种看法。摩根韬批评赫尔的反对立场,认为其对日本通过"天羽声明"表达的意见过于敏感。② 结果让中国失望,美国拒绝直接从中国购买白银。赫尔拒绝支持这个选项,声称中国可通过世界市场获得黄金。③

虽然中国的要求被正式拒绝,但美国财政部仍然利用其对白银收购的管辖权支持中国。1934 年 11 月中旬,摩根韬指示财政部的财务代理从中国购买 1 900 万盎司的白银。1935 年 3 月 14 日,美国财政部向国务院解释此举的目的:"做出这样一个购买决定是基于这样一个事实,即中国政府那时正在大批量出售白银,这显然是因为他们需要外国货币。"④中国政府担心民众察觉到政府不久就会脱离银本位,因此将原计划 1935 年 1 月末发运的

---

① 美国国务院编:《美国对外关系:外交文件,1933—1934》(*Foreign Relations of the United States: Diplomatic Papers*),华盛顿特区:政府印刷局,1949 年版,3:443—444。

② 约翰·布鲁姆(John Blum):《摩根韬日记摘编:危机年代(1928—1938)》(*From the Morgenthau Diaries: Years of Crisis, 1928—1938*),1959 年版,页 205—206。

③ 美国国务院编:《美国对外关系:外交文件,1933—1934》,3:449—450。

④ 美国国务院编:《美国对外关系:外交文件,1935》,3:558—560。

白银延迟发送。但是，到1935年5月20日，已有1 410万盎司的白银被运往美国。[1]

另一方面，财政部没有同意中国的请求，将银价稳定在一个较低的水平。1934年12月，孔祥熙致信给中国驻华盛顿大使施肇基，指出银价的持续上涨正在使白银流出中国，并且中国不堪容忍汇率与平价等高。孔祥熙建议美国，基于1中国元兑34美分的汇率，以每盎司45美分的价格最大限量地收购白银。美国财政部最终决定，白银收购将继续，即使这会迫使中国放弃银本
172 位。作为一种解决办法，银价暂定为每盎司55美分。[2]

1934年12月20日，孔祥熙致电施肇基说，这将导致灾难性的通货紧缩和贸易逆差，并最终导致中国货币体系的崩溃。作为一种妥协，孔祥熙建议将价格定为每盎司50美分，相当于1中国元兑37美分，这一汇率意味着中国可以取消白银出口税，恢复人民对中国通货的信任。[3] 但是，即便是55美分的价格也已经得不到美国政治上的支持。“白银参议员”坚持反对这一提议，摩根韬别无选择只得很快取消了该项计划。

在经过与美国的首次接洽后，中国政府得出结论，要确保币制改革所必需的资金迅速到位，又不引起列强之间的政治冲突，向美国出售白银毕竟是最好的办法。[4]

---

① 美国国务院编：《美国对外关系：外交文件，1935》，页585。摩根韬建议中国政府把剩余的白银存储在大通银行上海分行。作为对摩根韬建议的回应，孔祥熙要求中国政府批准任何被要求的白银输运（中国人民银行总行参事室编：《中华民国货币史资料第二辑（1924—1949）》，页140—141）。

② 亚瑟·杨格：《中国建设国家的努力》，页224。

③ 中国人民银行总行参事室编：《中华民国货币史资料第二辑（1924—1949）》，页125—126。

④ 同上书，页137。

失败的多边贷款

1 月 31 日,中国银行总经理宋子文致信美国政府,声称中国的货币体系将有可能在 6 月前的某个时间崩溃,这一事件会使中国陷于日本的经济控制之下。为了防止国际性危机,中国再次要求美国收购白银。1935 年 2 月 5 日,孔祥熙通过驻美大使施肇基致电美国国务卿赫尔,要求美国购买中国白银。根据中国政府拟定的计划,第一年中国将提供 2 亿盎司的白银,但保留了可作出调整的权利,最高调整数额为 5 000 万盎司。此外,为了配合过渡时期的货币制度,中国政府要求一项高达 1 亿美元的美国政府贷款和同等数额的长期信贷,以日后输送的白银作保。如果美国同意,中国将使其货币和美元挂钩。①

几乎同时,孔祥熙命施肇基大使照会美国政府,中国政府也将考虑,通过一个由日本、英国、美国和法国在 1920 年成立的多国财团,接受一项多边贷款。② 早在 1934 年秋天,当中国政府通 173
过中国海关总税务司梅乐和(Frederick Maze)跟英国政府接触时,已经提议过可能通过该财团取得贷款。英国政府拒绝中国政府的提议,即通过财团贷款启动币制改革、整理国内公债、偿还延付之外国债券利息。但是,中国政府继续寻求通过财团从英国取得贷款,因为其需要财政支援来处理逾期的国内外债务。③

孔祥熙在解释寻求财团贷款的原因时,警告施肇基日本意图利用中国的经济衰退增加其对中国北部经济的控制。孔祥熙指

① 美国国务院编:《美国对外关系:外交文件,1935》,3:533—534。

② 同上书,页 160—161。关于 1930 年代的财团活动,参见"国際金融資本とアジアの戦争:終末期に於ける対中四国借款団",载《年報近代日本研究》第 2 辑(1980 年)。

③ 中国人民银行总行参事室编:《中华民国货币史资料第二辑(1924—1949)》,页 138。

出，日本已经非正式地暗示，它可以提供大量贷款给中国以应付危机。他怀疑该贷款是要求大规模经济合作的一部分，从而使日本控制中国经济，尤其是华北经济。与此同时，日本建议中国和日本应该团结起来，共同抵抗美国的白银收购政策。孔祥熙认为，日本正试图防止西方大国提供任何有效的协助，好让中国别无选择，只能向日本求援。孔祥熙对形势表示悲观：“在这种情形之下，西方将无从反对，因为彼等不曾利用机会来帮助中国。”①提议财团借款的目的即是要阻止日本控制中国经济，以及让其他几国政府在东亚保持力量平衡。②

针对中国第二次请求美国收购白银，美国国务院和财政部又出现不一致的反应；国务院表示反对，而财政部表示支持。1935年2月14日，在美国国务院远东部全体会议上，财政部长摩根韬批评国务院持有的意见，即向中国提供贷款应该是一项多国事务。摩根韬声称该问题是“一个纯粹的货币问题”，并应由财政部
174 “积极”处理。他说国务院的计划将“让我们一事无成”，这件事不

① 中国人民银行总行参事室编：《中华民国货币史资料第二辑（1924—1949）》，页160—161。

② 当时中国政府对日本的态度是复杂的。根据日本驻南京大使須磨弥吉郎1935年3月6日的电报，孔祥熙曾经向他询问，日本政府是否可以提供一项以中国海关税收作担保的5亿—10亿美元的贷款（见外务省纪录A. 2. 1. 0. C6）。但中国方面现在没有有关这一请求的文件。日本政府拒绝了借贷请求。关于日本政府对中国政府请求贷款的反应，参见松浦正孝：“再考日中戦争前夜：中国幣制改革と兒玉訪中団をめぐって”，页135—138。如果说中国政府既不想得罪日本，也不想让日本支配中国的通货，那么财团借款看来是避免这两种极端的选择。关于这期间中日关系的复杂性以及中国政府内部对这一问题的分歧，参见柯博文（Parks Coble）：《面对日本：中国政治与日本帝国主义（1931—1937）》（*Facing Japan: Chinese Politics and Japanese Imperialism, 1931—1937*），哈佛大学东亚研究理事会，1991，页174—194（柯博文此书有社会科学文献出版社2004年中译本，中译本书名为《走向“最后关头”：中国民族国家构建中的日本因素1931—1937》，译者为马俊亚。——译者注）。

应该由国际联合行动来处理；并表示，美国政府应邀请宋子文来美讨论形势问题。[①] 罗斯福总统既不支持外交部也不支持财政部，指示赫尔不要对中国做出答复，或者只是通过动议，告诉他们财政部将与他们讨论中国的货币问题。罗斯福总统还认为避免跟反对美国的列强讨论白银政策问题很重要。[②] 尽管摩根韬感觉总统站在他这一边，但最终国务卿赫尔拒绝了中国的建议：鉴于国际形势的不稳定，美国不能卷入中国的计划。但是赫尔说："如果许多其他国家都同意支持中国的计划，美国也可能会支持中国。"[③]在这一节骨眼上，英国政府成为关键角色。

在英国政府内部，财政部希望中国能在英国的帮助下成功进行币制改革，如此可以加强英国对中国经济的影响力。财政部还希望日本能参与贷款计划，这将会缓解中国和日本之间的紧张关系。但另一方面，英国外交部对是否会引起日本的敌意也愈发小心谨慎。最后，英国政府决定领导一项国际合作，致力于向中国贷款以支持币制改革。[④] 在制定集体援助中国的计划上，英国发挥了关键作用，援助者包括美国、英国、法国和日本。[⑤] 3 月 8 日，英国政府通知中国，英国愿意帮助中国，只要该计划将有助于建立起中国和日本之间的和平关系。3 月 18 日，中国政府通过英国驻南京大使答复称中国欢迎英国政府的努力，愿意启动与其他政府之间的讨论。

---

① 美国国务院编：《美国对外关系：外交文件，1935》，3：535—537。

② 约翰·布鲁姆：《摩根韬日记摘编》，页 208。

③ 美国国务院编：《美国对外关系：外交文件，1935》，3：539。

④ 木畑洋一："リース・ロス使節団と英中関係"（即"李滋—罗斯使节团与英中关系"）。值得注意的是，英国财政部最初计划通过伪满洲国为国民政府提供贷款。英国财政部希望，这样一来，国民政府将接受伪满洲国，并且英国政府也将加强其对中国政府的影响力。

⑤ 同上书，页 207。

> 中华民国国民政府对1935年3月8日的备忘录已予以谨慎的研究，并对联合王国陛下政府所显示的友好精神表示感谢。中国政府与英王陛下政府具有同见，即一个解决中国
> 175 经济与货币困难的持久而又满意的办法，只能在主要有关的外国政府友好的合作和协助之下，才能得到。中国政府也同意，要使解决中国面临的困难的任何计划能成功地实现，远东局势的缓和是非常重要的。因此，中国切望尽其最大努力，为此做出贡献。中国政府热诚地欢迎联合王国英王陛下政府采取行动，与中、美、法、日开始谈判，中国准备参加这些主要有关政府的谈判，并乐于知道王国政府对如何使初步谈判顺利进行的看法。[①]

但是，中国政府很快发现，英国拟议的多边计划并不可行。首先，日本政府既反对借款又拒绝与列强会商，英国政府不得不将多边合作的焦点从借款本身转移到派遣财政代表赴上海进行商讨。鉴于货币金融危机加深，中国政府对拖延贷款会商甚是恼火。此外，英国政府正在谋求多边接洽，它可以将收到的有关中国币制改革的任何信息与其他三国政府共同分享，而对货币改革信息的任何泄露都可能会严重破坏中国的金融市场。中国政府遂决定不再征求英国政府关于币制改革计划详情的意见，而是要求它敦促其他三国政府尽快派遣特使。中国政府的这种做法，使中国至多要与四个国家的专家商讨计划，因而避免了官方正式外交的麻烦。[②] 但是，美国、日本、法国对英国的提议并没有迅速作

---

① 中国人民银行总行参事室编：《中华民国货币史资料第二辑（1924—1949）》，页162。

② 亚瑟·杨格：《中国建设国家的努力》，页228。

出反应，因而英国政府没有委派专家来华，而是等待其他国的做出类似的举动。

最后，日本表示不同意英国的计划。① 美国也未兑现承诺，因为美国代表来华怕其白银收购法案受到批评。② 法国表示，如没有其他两个国家加入，法国也将不参与英国的计划。在未能实现国际合作的情况下，英国在6月宣布，将派遣弗雷德里克·李 176
滋—罗斯爵士（Sir Frederick Leith-Ross）作为财政代表来华。③

中国政府热衷于向美国出售白银，在接待李滋—罗斯率领的代表团的同时，仍继续与美国政府进行磋商。1935年3月后，只有日本被拒之会场门外，无法获得有关中国币制改革的信息。④ 考虑到日本意欲控制中国经济的态度，撇开日本将对中国的外交关系构成严重的危险。然而，由于国内货币金融危机的加深，中国政府不仅没有时间与列强进行漫长的外交谈判，并且还必须避免币制改革信息的任何泄露以免扰乱市场。中国政府非常清楚列强在中国货币问题上的紧张，因此在处理这一情况上谨慎地关注着日本的行动，同时向美国和英国寻求资金支持。

---

① 日本政府一开始就不打算参与多边贷款计划。1935年3月18日，外务省大臣广田弘毅指示日本驻华大使，无论如何都要阻止这一计划成为现实，因为日本无力在对华财政援助上与英美竞争。他还反对派遣特使与列强和中国会商。日本政府拖延答复英国，仅仅是因为它不想为贷款计划失败遭受指责。见外务省纪录A. 2. 1. 0. C6。

② 中国人民银行总行参事室编：《中华民国货币史资料第二辑（1924—1949）》，页166。

③ 关于英国的国内政策和李滋—罗斯代表团等事，参见恩迪科特《外交与企业：英国对华政策（1933—1937）》。

④ 例如，1935年11月2日，也就是中国政府宣布币制改革前一天，日本驻华大使给广田弘毅的电报表明日本政府并不知悉有关币制改革的重要信息（见1935年11月2日驻华大使有吉明致外相广田弘毅电，外务省纪录E. 1. 4. 0. 2-3）。李滋—罗斯也没有向日本透露任何有关币制改革的信息（见李滋—罗斯文件，T188/118，页172）。

构建新货币体系:与李滋—罗斯谈判的影响

1935 年 9 月,李滋—罗斯在英国财政部的埃德蒙·霍尔—巴赫和英格兰银行的西里尔·罗杰斯陪同下抵达上海。他们的访问在中国引起了关于英国贷款的谣言,尽管李滋—罗斯代表团一再声明此行仅仅是来考察。[①] 正如所料,李滋—罗斯确是打算向中国提供贷款,并希望通过日本在贷款计划上的合作实现中日缓和。但在途径东京的时候,李滋—罗斯发现日本政府拒绝合作。[②] 当其抵达中国后,英国政府仍然对是否贷款给中国犹豫不决。

中国政府希望李滋—罗斯的逗留不仅会带来英国对中国币制改革的财政支持,还会使英国支持中国经济复苏的广泛计划。在努力争取获得贷款的同时,中国政府向李滋—罗斯咨询了有关货币、银行和财政改革等问题。

9 月 22 日,宋子文在与李滋—罗斯的第一次会晤中指出,他
177 认为最好的办法就是中国放弃银本位,并使中国元与外国通货挂钩。[③] 在 9 月 25 日的第二次会谈中,宋子文更详细具体地告诉李滋—罗斯,他已经制定了一份关于币制改革的计划框架并准备呈给孔祥熙。[④] 9 月28 日,在与孔祥熙的第一次会谈中,李滋—罗斯问孔祥熙,他是否已经要求美国收购中国因币制改革需要出售的白银。作为回应,孔祥熙证实了中国政府与美国政府的接触:尽管华盛顿不能限制美国仅从中国购买白银,但美国财政部

① 雷文斯:《银钱》,页 311。
② 恩迪科特:《外交与企业》,页 102—114。
③ 李滋—罗斯文件,T188/118,页 10。
④ 同上书,页 16。

将会通过收购中国出售的任何白银来帮助中国。[1]

在提供了有关币制改革筹备工作的基本信息之后，9月30日，孔祥熙和宋子文共同会见了李滋—罗斯，并递交了一份启动币制改革纲要的备忘录。孔祥熙和宋子文重申可以通过向美国出售白银获得币制改革所必须的准备金，但中国需要支持财政改革的额外资金，用以资助和兑现拖欠的债务，以及为铁路和其他开发工程筹资。[2] 他们指出币制改革和财政改革之间的关键联系。[3] 政府需要建立当前收入与支出的平衡，以便稳定金融和激发公众对币制改革计划的信心。[4] 在这方面，应付现有的国内国外债务的沉重负担至为关键。宋子文解释说，在没有外国财政支持的情况下启动币制改革，将是一个相当危险的举动，这不仅是因为有投机活动的存在，而且还因为预算和银行的现状。如果没有外国的财政支持，中国政府将不得不诉诸强制兑换，或延长国内债务和进一步限制偿还外债。宋子文说他不希望看到由此带来的对信贷的冲击。[5]

9月30日的备忘录详细解释了货币体系的转变将需要经济政策的广泛协调。例如，需要平衡预算、减轻债务负担，政府肯定要削减军费这项最大预算开支。问题是，为了避免社会动荡，削
减军费预算将不得不由新的开发项目来平衡，如以建坝、修路等 178
项目来吸收被遣散的士兵。[6]

① 李滋—罗斯文件，T188/118，页24。孔祥熙的说法可能基于此前美国财政部对中国白银的收购。

② “关于预算形势的备忘录，1935年10月4日，孔祥熙致李滋—罗斯”，见亚瑟·杨格文件，第44匣。

③ 李滋—罗斯文件，T188/118，页27。

④ 同上书，页79。

⑤ 同上书，页16。

⑥ 同上书，页32—37。

为了资助币制改革和其他连带项目,孔祥熙和宋子文要求一项1 000万英镑的长期贷款和1 000万英镑的银行信贷,以待清理白银为担保条件。李滋—罗斯说除了白银信贷以外,中国不可能为这一广泛的计划取得高于1 000 万英镑的支持,并且答应将对备忘录做更详细的分析。①

国民政府的外国顾问也提出币制改革与预算改革之间的密切联系,如亚瑟·杨格(Arthur Young)和奥利弗·罗格哈德(Oliver Lockhart)。尽管李滋—罗斯也认同改善政府的财政状况会提升政府信誉,因而是币制改革成功的关键,但他对这一问题的视角却有不同。在 9 月 30 日的备忘录之后,又有 10 月 2 日的币制改革纲要,10 月 4 日的关于预算状况的备忘录。李滋—罗斯就中国政府提出的计划发表评论,强调货币管理机构应尽可能保持独立于政府压力之外。李滋—罗斯严厉批评中国官员未能坚持这一点:"在所讨论的备忘录里,这一基本原则甚至未被提及,要想继续前进,对之予以毫不迟疑的承认看来是非常必要的。只有在这一原则上,任何币制改革计划才最终说得上是好还是坏。"在当时的中国,财政部长还兼任着中央银行的总裁。李滋—罗斯强烈敦促中国政府让中央银行在新的货币体系下独立于政府之外。② 他建议中央银行的总裁和副总裁可以由政府提名,但要有较长时间的任期,比如说五年,而且董事会的其他成员可以由股东选举产生。同时,应该让其他银行和公众尽可能多地认购中央银行股票。③

① 李滋—罗斯文件,T188/118,页 24—26。
② 同上书,页 75。
③ 同上书,页 71。

李滋—罗斯还反对通过财政资助以外国贷款转换国内债务的主张。尽管中国政府声称至少支付给债券持有人一部分本金以提供其市场折现力是非常重要的,但李滋—罗斯警告这些举动仅仅会增加中国国际收支平衡的负担。他建议,中国政府应该鼓 179
励人们购买长期债券。①

10 月 11 日,中国政府提交了一份关于币制和财政改革的补充备忘录,吸收了李滋—罗斯的很多重要建议,如向公众开放中央银行的所有权和管理权,以及将现存国内债务转换成长期公债。② 事实证明,与李滋—罗斯的谈判不仅影响了备忘录的措辞,而且还影响了 11 月 3 日宣布实施币制改革后实际执行的政策,包括政府声明承诺在 18 个月内实现预算平衡,为中央银行聘请外国顾问,发行长期公债以统一现有短期债券。③ 在为新的货币体系和相关的广泛经济改革寻求外国贷款的同时,中国政府非常关心作为未来债权人的英国政府提出的条件。英国特使李滋—罗斯力主的一点建议是,中央银行的独立和平衡预算是确保对新币制信心的关键;随之而来的币制和银行系统的稳定将鼓励外国政府向中国贷款和私人来华投资。

但是,把李滋—罗斯当做是中国币制改革的设计者会是一个

① 李滋—罗斯文件,T188/118,页 27。

② 同上书,页 122—125。

③ 关于政府平衡预算的宣告,参见“财政部长孔祥熙实施法币政策宣言”,载卓遵宏编:《抗战前十年货币史资料》,台北:国史馆,1985,第 1 册,页 179—181。关于币制改革后中央银行的资本化和重组,参见“国民政府公布之修正中央银行法,1936 年 1 月 23 号”,载中国第二历史档案馆、中国人民银行江苏省分行、江苏省金融制编委会:《金融法规》,页 616—622。关于将现存国内债务转变为统一公债,参见“财政部颁发统一公债掉换旧有债券办法布告”,载中国第二历史档案馆编:《中华民国史档案资料汇编》第 5 辑第 1 编财政经济(3),页 199—203。

误导。[1] 正如我们已经看到的，改革框架在他访问中国之前已被制定出来：根据宋子文的说法，该计划已在 6 月份完成，那时李滋—罗斯来华还在等待中。[2] 中国政府拒绝了英国政府提出的要求，认为不能接受币制改革后实行中国元与英镑的固定汇率。李滋—罗斯还建议日本银行应该参与英国在上海的银行安排的银行贷款，但这项建议也未被接受。宋子文表示，他担心日本对中国币制改革的态度，并且声称要尽快推进计划以使日本面对一个既成事实。[3] 宋的理由是，日本将设法阻止英国的贷款，但一旦他们发现英国已同意贷款，日本银行就会参与该计划，而不是
180 将自己排除在外。[4]

由于允诺安排的贷款还没有被伦敦确认，李滋—罗斯在具体问题上的谈判力是有限的。10 月 29 日，也就是宣布币制改革的前五天，宋子文拒绝了李滋—罗斯的建议，他建议在没有制定出深思熟虑的计划之前应暂缓实施改革。宋子文说，需要明确的贷款前景这一点可以作为推迟行动的理由，但是还有众多因素使得行动不能再拖延下去。[5]

正如宋子文所说的，10 月底，公众的不信任越来越影响到中国通货的命运。中国经济变化不定的未来，特别是反复出现政府

---

① 由于日本政府和工商界强调英国对中国币制改革的作用，致使日本对中国币制改革的研究长期共享着英国对此事的看法。近来对中国经济的研究指出了李滋—罗斯角色的有限性。有关此事的有关历史研究文献，请参见久保亨：《戦間期中国「自立への模索」：関税通貨政策と経済発展》，東京：東京大学出版会，1999 版，页 195—196。这项研究即建立在这些分析之上，但是重新评价了李滋—罗斯在形成新货币体系上对中国政府的影响。

② 李滋—罗斯文件，T188/118，页 250。

③ 同上书，页 145。

④ 同上书，页 172。

⑤ 同上书，页 250。

要使中国元贬值的谣言，刺激人们将现金兑换成外币或者基本商品。从 1935 年 2 月以来，上海批发价格逐渐下降，到 9 月，已经比上一年平均水平低了6.4%。① 然而，10 月，偏软的走势突然逆转。随着棉花、小麦、豆油等基本商品交易在 10 月份逐渐趋热，在本月的最后两个星期，价格上涨了近 15%。② 截至 10 月，金融市场的波动已经达到令人震惊的地步。由于预计会贬值，大量的投机者——很多人据说跟政治关联密切——都在积极购买外汇。根据外币计算的中国元价值下降。即期汇率与远期汇率的价差使金融市场陷入混乱，吸收资金进行兑换交易取代了贸易和工业。③ 例如，某人用现金购买外汇，并在 11 月份出手，就可以获得 35%的利润。④ 到 11 月初，市场低迷，人们普遍希望政府有所行动。⑤

向美国出售白银

为币制改革准备外汇储备的问题，在改革开始生效的 1935 年 11 月 4 日之前，仍然没有得到解决。向美国大量出售白银看来是唯一的解决办法，但是形势仍不明朗。

直到 1935 年上半年，美国政府都不愿意从中国大量收购白银，因为这会使它受到所谓“白银参议员”的指责，说政府正在帮 181

① 国家关税税则委员会：《上海商品价格年度报告》，1935 年，页 27。

② 林维英：《中国之新货币制度》，页 76—77。

③ 见第 1 章对货币交易中即期外汇和远期外汇的解释。即期汇率与远期汇率的差异视利率和汇兑风险而定，也就是说，(1) 两国间的利率差异，趋向等同于即期汇率和远期汇率间的差异（利率套汇），(2) 溢价或折扣的规模，如远期英镑与即期英镑相比，表明了市场期望英镑增值或贬值的强度。

④ 原文缺。

⑤ 林维英：《中国之新货币制度》，页 76—77。

助中国放弃银本位。到1935年下半年,随着白银参议员的影响降低,美国的态度逐渐改变。在国际舞台上,美国和日本仍然对李滋—罗斯代表团心存怀疑,生怕新的中国通货会跟英镑挂钩。① 同时,中国政府也时而警告美国,如果其货币和金融体系在高银价的压力下崩溃,日本将主导中国的经济。在这种情况下,罗斯福总统开始支持财政部的立场,通过从中国收购白银支持中国的币制改革。②

1935年10月26日,中国驻美大使施肇基接到指示,要以每盎司65美分的价格提供5 000万盎司白银给美国,并在两个月内交货;接下来四个月内再追加5 000万盎司,并且要求美国再在其后未来六个月内接收1亿盎司。所得收益将用于稳定汇率。

鉴于列强在意欲主宰中国经济问题上的竞争,美国财政部长摩根韬接受中国要美国支持的请求。正如他对罗斯福总统所说:"在李滋—罗斯仍然坐镇中国的时候,让中国向我们走来,这真是非常有意思的事。"③不过,他要求中国政府进一步提供新的财政和货币计划以及资金将如何被使用的信息。④

11月1日,星期五,孔祥熙命令施肇基告诉摩根韬说,中国即将推行币制改革,大概就在这周末。除了提供一个计划纲要外,施肇基还奉命提及中国政府可能会在伦敦市场销售债券,并解释说,如果能够实现,中国的新通货将与英镑挂钩,而不是

① 中国人民银行总行参事室编:《中华民国货币史资料第二辑(1924—1949)》,页167。

② 亚瑟·杨格:《中国建设国家的努力》,页235。

③ 约翰·布鲁姆:《摩根韬日记摘编》,页197—198。

④ 亚瑟·杨格:《中国建设国家的努力》,页234。

其他币种或黄金。[1] 当 11 月 2 日施肇基会见摩根韬的时候,摩根韬表示他已经取得了罗斯福总统的批准收购 1 亿盎司的白银。这个提议基于几个条件:(1) 收益将仅被用于稳定通货,(2) 中国政府应该建立一个通货稳定委员会,其中要包括美国
的银行家,(3) 中国的新通货要与美元挂钩,并且中国同意让美 182
国在其自己选择的水平上自由兑换。因为中国政府不同意关于货币挂钩的条款,这项协议直至 11 月 13 日才最后达成。但是,鉴于摩根韬在 1 月下旬的态度,中国政府确定白银销售的计划会被安排。[2]

尽管形势仍然不稳定,中国政府还是决定在 11 月初推行币制改革。

1935 年 11 月 4 日的币制改革

1935 年 11 月 3 日,星期日,财政部长孔祥熙发布了实施币制改革的布告,规定从 11 月 4 日起实行。改革的目的是"保存国家命脉所系之通货准备金,以谋货币金融之永久安定",以防止金融灾难。改革的性质和主要内容为以下六项:

> 1. 自本年 11 月 4 日起,以中央、中国、交通三银行发行之钞票定为法币,所有完粮纳税及一切公私款项之收付,概以法币为限,不得行使现金,违者全数没收,以防白银之偷漏。如有故存隐匿、意图偷漏者,应准照危害民国紧急治罪

---

[1] 中国人民银行总行参事室编:《中华民国货币史资料第二辑(1924—1949)》,页 168。

[2] 亚瑟·杨格:《中国建设国家的努力》,页 235。

法处治。

2. 中央、中国、交通三银行以外，曾经财政部核准发行之银行钞票现在流通者，准其照常行使，其发行额即以截至11月3日流通之总额为限，不得增发。由财政部酌定限期，逐渐以中央银行钞票换回，并将流通总额之法定准备金，连同已印未发之新钞及已发收回之旧钞，悉数交由发行准备管理委员会（参见第3条）保管。其核准印制中之新钞，并俟印就时一并照交保管。

3. 法币准备金之保管及其发行收换事宜，设发行准备
183 管理委员会办理，以昭确定，而固信用，其委员会章程另案公布。

4. 凡银钱、行号、商店及其他公私机关，或个人持有银本位币，或其他银币生银等银类者，应自11月3日起，交由发行准备管理委员会或其指定之银行兑换法币，除银本位币按照面额兑换法币外，其余银类各依其实含纯银数量兑换。

5. 旧有以银币单位订立之契约，应各照原定数额，于到期日概以法币结算收付之。

6. 为使法币对外汇价按照目前价格稳定起见，应由中央、中国、交通三银行无限制买卖外汇。

除了这些条款之外，布告还提到了有关货币和银行业的几个重要问题。第一个涉及的问题就是中央银行的重组。重组后的中央银行行使银行之银行的指定功能。1934年夏天出现的流动性危机，就是因为储备分散在各个金融机构之间，没有任何一个机构能够控制货币供应。一个强大的中央银行将会为商业银行

增加流动性,通过分配必要的资源来为商业和工业的合理要求提供资金。

第二个问题是信贷。以房地产做抵押的信贷对中国资本市场尤其重要。该布告指出,将成立一个特别机构处理地产抵押业务,并且将采取步骤修改影响房地产抵押贷款的现行法律规定,使房地产成为担保贷款的更可接受的形式。

第三,该布告许诺实施健康的政府财政政策。在提出的改革方案中,政府将考虑其决策如何能关照民意。人们在感情上强烈地反对通货膨胀,这植根于对中央银行将成为政府印钞机的担心。政府在布告结尾保证,已经做出财政调整计划,以使国家预算达到平衡。并且因为货币发行权的集中,法币具备充分的储备供给,以及严格的监管系统,对新通货的信任将得到加强。 184

11 月 18 日,政府公布了一份“新币制说明”(Direction of the New Currency)的文件,保证新币制不会导致通货膨胀。通过“回答人民对新币制的疑问”,政府强调了币制改革的四个重要方面。第一,针对有人怀疑汇兑稳定的可行性问题,保证实行稳定汇率,如果汇率相差太大,三大政府银行将进行干预。第二,政府警告说商品价格将会出现暂时的波动,但是预计在短时间内就会稳定下来,并多半会维持在轻度通胀水平上。第三和第四两点是关于白银的流通的。政府反对人们习惯使用白银拒绝接受法币的立场(参见第 3 条),声称法币有足够的准备金支撑,流通上不会有任何问题(第 4 条)。[①] 事后来看,这一“说明”显示出政府自身不确信公众是否愿意接受没有白银作支撑的新法币。

① 卓遵宏:《抗战前十年货币史资料》,第 1 册,页 213—214。

接收白银与发行法币

对政府来说，首先的一个考验就是白银国有化。虽然法令要求交出白银，并且不支付溢价，但是政府发现，在美国白银价格高出中国三分之二的情况下，很难强迫银行执行。其解决办法是政府给予银行纸币，而银行只需交出占纸币价值60%的白银，另外40%由银行使用政府公债、股票和公司债券来补偿。由于银行可以继续收取抵押证券的利息，他们就会另外得到相当于上交白银价值三分之二的法币收益。该条款有效期为两年，自银行上交白银之日算起。[1]

中国存在众多外商银行，并且他们拥有独立于中国政府的治外法权，从而使白银国有化的问题复杂化。外商银行在中国的国
185 际金融交易中占有重要地位。他们不仅拥有中国储户的大量资金，而且占有很大比例的外汇业务。他们的合作对任何币制和财政改革的成功都是非常重要的。[2]

尽管中国政府取得了很多外国政府对币制改革的支持，但是在中国开设的外商银行并不总是会遵从其本国政府的命令交出白银。跟中资银行一样，他们关心的是至少要取得纸币票面价值与所交出的白银市场价值差价的一部分补偿。孔祥熙的第一个建议是同样给予他们中资银行所享有的特权：由中国政府银行提供纸币换取纸币价值60%的白银和40%的有价证券。这些试探性的条款被送交到洋商银行公会。由于1935年12月到1936年1月期间，白银价格从每盎司65美分降至45美分，外商银行才

---

① 亚瑟·杨格：《中国建设国家的努力》，页240；中国人民银行总行参事室编：《中华民国货币史资料第二辑(1924—1949)》，页207。

② Frank Tamagna：《中国的银行与金融》，纽约：太平洋关系研究所，1942年版，页198。

改变了态度:这样的降价意味着,如果 40 美分的白银价格按 30 美分的汇率比价计算,新的白银价格水平仅比此高出了一点点。因此,向海外出售白银的边际收益大大降低。到 12 月 22 日,除汇丰银行以外,英国的外汇银行都已同意交出白银储备。孔祥熙的最终意见以 12 月 30 日的一封信件的形式送交给各外汇银行,他说:“为解决这一问题起见,我们将很高兴能在 1936 年 1 月 7 日之前收到你们对我们建议的答复。”①

孔祥熙的建议提供了另外一个可供选择的解决方案,即由中央银行和外商银行相互汇兑存款,以代替有价证券存储,并给做出让步的外汇银行以 5%的年利率优惠。在英国政府的强大压力下,汇丰银行同意交出白银。1 月初,除日本银行外,众多外商银行纷纷向中国政府交出白银。②

法币的准备金由发行准备管理委员会监督。这一新的机构由银行代表和政府人员组成:有财政部的 5 位代表,中央、中国、
交通银行各 2 位代表,上海银行业同业公会和钱业同业公会各 2 186
位代表,商会 2 位代表,以及由财政部指定的 5 位其他银行代表。准备金存储在中央、中国、交通三家政府银行。

随着接收白银的进行,三家政府银行发行的纸币稳步增加(见表 7.1)。币制改革之前,习惯以白银为交易中介的人有一种担心,就是人们可能不会轻易接受纸币。结果并非如此。尽管之前有对币制改革的怀疑,但是法币发行量的增加,表明人们开始乐于接受它们。但要达到这种结果,要求政府非常细心地管理这一新的货币体系。

---

① 孔祥熙致洋商银行公会主席暨渣打银行经理 W. R. Cockburn,1935 年 12 月 30 日,转引自景复朗:《汇丰银行史》,第三卷,页 414。

② 景复朗:《汇丰银行史》,第三卷,页 409。

表 7.1　政府银行的纸币发行,1935 年 11 月—1937 年 6 月

（单位:千元）

月/年	中央银行	中国银行	交通银行	农民银行	合计
11/1935	152 221	248 636	143 432	29 847	574 136
12/1935	176 065	286 245	176 245	29 771	668 326
3/1936	252 349	310 151	186 698	34 777	783 975
6/1936	300 099	351 773	204 912	92 035	948 819
9/1936	314 353	377 768	217 110	108 503	1 017 734
12/1936	326 510	459 310	295 045	162 014	1 242 879
3/1937	361 835	501 404	308 577	200 053	1 371 869
6/1937	375 640	509 863	313 548	207 951	1 407 002

注:1935 年的新货币规章没有规定中国农民银行可以发行法币。1936 年 2 月,中国农民银行发行的钞票才被定为法币。参见中国人民银行总行参事室编:《中华民国货币史资料第二辑,1924—1949》,页 200。

来源:F. M. Tamagna:《中国的银行与金融》,1942 年版,页 144。

管理新货币体系

币制改革提出的一个难题是,政府不能强迫公众接受新货币
187 以取代白银。政府启动的币制改革,有可能引发金融市场的恐慌,所寄望的经济复苏也就不会发生。要避免这种潜在的灾难发生,需要政府官员认真地与公众谈判。

稳定汇率。中国首席银行家陈光甫和张嘉璈向人们解释应该接受法币的理由:由外汇代替白银来保证新通货的价值。[1] 上海商业储蓄银行总经理陈光甫明确指出:“管理通货的最重要的职能就是保证人们可以用法币兑换现金或外汇。”[2]一种盛行观点认为,对新货币政策的一个特殊考验就是,政府是否有能力使

① 张嘉璈:《通胀螺旋:中国的经历(1939—1950)》,页 258—286。

② 陈光甫:《陈光甫回忆录》,页 77,纽约:哥伦比亚大学善本与手稿图书馆。

公开市场利率接近于 1935 年 11 月宣布的官方利率。如果汇率下跌，新货币将失去信誉，继之而来的货币抛售将会摧毁这一新的货币体系。政府要尽一切努力使汇率保持在其宣布的水平上，这是一项艰巨的任务。

值得注意的是，中国政府回避了将中国元“盯住”美元或英镑的选择，尽管美国和英国都希望中国元跟其各自货币挂钩；相反，中国政府决定对二者都维持已宣布的汇率。中国政府官员非常重视中国通货对东亚的国际关系产生的政治影响。正如孔祥熙所指出的：“这将引起其货币未被选择作为中国通货基础的那些国家的妒忌和猜疑，因此会令中国的国际处境更为艰难。在这方面，政府获悉，美国、英国、日本政府都愿意看到中国的货币能与其各自的货币挂钩。”①

在币制改革之前，10 月 2 日交给李滋—罗斯的备忘录指出：“鉴于世界范围的货币与经济政治条件的不确定，中国对本国通货基础的选择有待进一步考虑。”②李滋—罗斯建议，中国元应该与英镑和日元挂钩，非正式地与英镑保持一个稳定的汇率。③ 但是，宋子文在英国没有提供贷款的情况下未给予其确定 188
的答复。④

美国政府首先要求中国元跟美元挂钩，作为美国从中国收购白银的条件。但是，中国政府在这一点上拒绝屈服。孔祥熙说中国有权避免使中国元跟任何货币挂钩，他说：

---

① “孔祥熙致陈光甫”(1936 年 3 月 14 日)，陈光甫私人文件，“白银使命 1936”，日记，藏纽约：哥伦比亚大学善本与手稿图书馆。

② 李滋—罗斯文件，T188/118，页 57。

③ 同上书，页 72，227。

④ 同上书，页 250。

> 请告财长，按照他自己的愿望，供售的白银是纯粹的财务交易，不包含任何意义可以解释为这是对我们内部安排的限制，或美国的某种约束。日本对币制改革命令已感到极大冲动，怀疑我们与英国有所协议并与英镑联系，虽然都是莫须有的。币制改革令谨慎地措辞，不确切地说出与任何特种通货联系，其中一部分理由，也就是为了避免遭人反对。若我们同意与美元或黄金联系，我们不禁要问：美国是否准备协助向日本解释。全国对命令出乎意外地拥护接受，外商对于现在新币可兑换任何外币的安排也感到满意。为了我们自己的利益，我们必须保持现在的水平，因为任何破裂，将意味着对新币全部信心的丧失。相信财长当能了解我们的困难，而立即签订购银协定。①

除了要避免引起东亚地区的政治对抗，还要尽量保持中国金融市场的开放，因此中国政府决定不依靠任何货币集团，无论是英镑、美元还是日元。在与美国政府的谈判中，施肇基大使耐心地指出捆绑中国元可能导致的困难。例如，如果让中国元和美元挂钩，那么一旦中国出错，美国也将受到指责。并且如果美国不让步，将驱使中国转向英国或日本。最后，美国财政部和国务院同意将两国货币连接起来是不必要的。②

但是要维持与英镑和美元的汇率并不容易。币制改革后最初宣布的汇率——卖出价 14 3/8 便士、29 1/2 美分，买入价 14 5/8 便士、30 美分——反映了约在 4.92 美元上下波动的英镑套

---

① 中国人民银行总行参事室编：《中华民国货币史资料第二辑（1924—1949）》，页 246。

② 约翰 · 布鲁姆：《摩根韬日记摘编》，页 217—218。

汇汇率,近于币制改革时期的汇率。只要纽约和伦敦之间的套汇 189
汇率在一个狭小的有限范围内波动,中国就能维持中国元的地位。但是,当美元与英镑之间的套汇汇率上升到高于 5.05 美元的时候,中国要维持货币稳定就变得困难了。为了禁止套汇交易,中央银行扩大了两种货币的买入卖出价差,分别调整为 14 1/4—14 3/4 便士,29 1/2—30 1/2 美分。这样,中国政府就没有必要改变官方汇率,直到 1937 年战事爆发。[1]

为将中国元的汇率维持在已宣布的水平上,政府银行被要求一手储备外汇,一手准备以固定利率出售。因为对美白银销售一直到 1935 年 11 月 3 日都没有敲定,最初的准备金只有 3 000 万美元,中国政府必须保障中国元不受攻击,比如日本银行就在 11 月 10 日抛售了价值 125 万美元的中国元。部分出于日本对中国元的攻击,11 月 13 日,美国同意从中国购买 5 000 万盎司白银。[2] 此外,中央银行接管了投机者在 10 月份囤积的外汇。尽管如此,中国的准备金也只有 6 250 万美元。为了避免未来的短期不稳定,需要更大的外汇储备。[3] 中国一直试图出售更多的白银。

12 月 10 日,中国财政部长孔祥熙要求美国财政部长摩根韬在 1936 年 5 月 1 日以前再购买 1 亿盎司白银。但是摩根韬拒绝在 5 000 万盎司的第一批白银未交付给美国之前考虑进一步的收购计划。孔祥熙甚至说,由于民众对白银的依恋,在币制改革宣布三天后中国还没有放弃银本位,仅仅是停止了对银钱的使

① 亚瑟·杨格:《中国建设国家的努力》,页 250。
② 亚瑟·杨格:《中国建设国家的努力》,页 247;约翰·布鲁姆:《摩根韬日记摘编》,页 215—216。
③ 亚瑟·杨格:《中国建设国家的努力》,页 241。

用。但孔后来否认有过此种说法。虽然如此,孔祥熙还是在摩根韬的催索下,于12月21日至次年1月7日完成了初定的5 000万盎司白银的运送。

虽然摩根韬拒绝了孔祥熙的请求,他对中国的币制改革还是支持的。1935年11月中旬,摩根韬从英国驻华盛顿的一名外交官那里得知,李滋—罗斯未被授权劝说中国采用英镑。他还得
190 知,英国政府在贷款给中国上存在困难。因此,摩根韬指出:“如果她[中国]得不到帮助,前景可能会非常不妙。”①

1936年初,摩根韬试图安排宋子文访问华盛顿,以便讨论中国币制改革以及美国白银收购的问题。但是,国务卿赫尔反对宋子文来访,因为这可能会引起日本对美国和英国的不满。② 后来,中国政府向美国询问是否可以接受上海商业储蓄银行总经理陈光甫作为替代前往美国,美国政府表示同意。

从1936年4月到6月,陈光甫在美国逗留了七个星期,期间多次与摩根韬会晤,向其递交了有关中国货币、财政、经济等情况的详细报告。陈光甫指出,美国收购白银不是一项简单的善意和友好之举,而是一项互让之举。就美国而言,中国以及不久之后的香港相继脱离银本位,使世界白银都向美国倾倒的危险成为人们关心的问题;人们开始觉得《1934年白银收购法案》很愚蠢。“白银参议员”只满足于政府收购国内开采的白银;因此,经济学家开始主张废除白银收购法案。摩根韬利用

① 约翰·布鲁姆:《摩根韬日记摘编》,页217—218。

② 美国政府尤其是国务院,力图避免激怒日本,日本是它在亚洲最重要的经济伙伴。1935年,美国在日本的投资达到38 700万美元,是其在中国投资的三倍;美日贸易总值35 620万美元,也比美中贸易的三倍还多。国务院认为,要使美国经济从大萧条中恢复过来,维持跟日本的良好关系是必要的[滝田賢二:“ルーズベルト政権と米中協定”(即“罗斯福政府与美中协定”),见上引野澤豊所编书,页176—177]。

民众对法案的普遍反对，让白银价格在 1935 年 12 月 9 日至 1936 年 1 月 20 日这段时间下跌了 30%，使其跌至每盎司 45 美分。美国政府仍然希望中国政府不要向世界市场抛售白银，以免引起银价暴跌。①

出于同样的原因，能在美国将白银价格保持在每盎司 45 美分的时候将白银出口到美国，对于中国来说利害攸关。如果银价下降到约 40 美分，中国出口白银将无利可图。一旦银价跌至低于 40 美分，中国出口白银就只会赔钱。银价暴跌将严重摧毁民众对中国新通货的信心，因为白银储备的贬值将导致挤兑外币和黄金储备。简而言之，新的货币体系将会崩溃。②

鉴于这些国内问题，财政部官员的所思所想正如陈光甫所
说："如果中国同意与美国合作稳定银价，美国就会协助中国稳 191
定新通货。如果中国没有诚意与美国合作，向世界市场抛售白银，美国就会终止将银价稳定在目前水平上的努力。"③为了增加美国的白银需求，中国答应美国，发行银辅币，并且解禁对白银的非货币性使用。由于这些适当的措施维持了白银价格，陈光甫成功地与美国达成协议，再向美国出售 7 500 万盎司白银，并且得到了以 5 000 万盎司白银作保的 2 000 万美元贷款。④ 1937 年 7 月 8 日，美国再次同意收购白银。整体来看，从币制改革直到战事爆发，中国共向美国出售了 18 700 万盎司的白银。总之，中国政府通过向美出售白银，为支持币制改革提供了约 1 亿美元的

① 约翰·布鲁姆：《摩根韬日记摘编》，页 187—198。
② 雷文斯：《银钱》，页 317。
③ "陈光甫致孔祥熙"（1936 年 5 月 29 日），陈光甫私人文件，"白银使命 1936"，日记。
④ "使团报告"，陈光甫私人文件，"白银使命 1936"。

准备金。[①]

维持货币的可兑换性。即使在货币改革之后，中国政府仍然选择不控制外汇交易，这使得维持汇率变得更加困难。之所以做出这样的决定，是因为政府的高级官员对1934年中期开始的大规模资本外逃记忆犹新。当10月份李滋—罗斯向宋子文建议实行外汇管制的时候，宋子文回答说除非实在无法避免否则不会采取这一政策，他认为对外汇的任何管制都将加速资本的外逃。[②]强加管制将会破坏新通货的信用，从而导致大规模资本的迅速外逃，摧毁新的货币体系。宋子文的看法得到了中央银行业务局总经理席德懋的回应，他指出：

> 一个最明显的原因是，当一个国家（对外汇）实行强迫管制时，除了贸易顺差部分，将整个中止外部资本的输入，而在中国贸易支付平衡多年来一直就是不良的。继续保持海外汇款、外国投资以及本国资本回归等形式的外部资本输入对中国非常重要……任何形式的限制都将有碍恢复信心。我们新币制改革成功的一个主要原因就是，改革方案鼓舞了对
> 192 新货币可自由兑换外汇以及外汇可自由兑换新货币的信心。当政治局势明朗之后，我们自身资本的回归也会再度发生。[③]

---

① 亚瑟·杨格：《中国建设国家的努力》，页242—244。1937年6月，中国持有外币总额共计37 900万美元；其中黄金（以每盎司35美元算）占12.0%；美元占19.5%；英镑（按与美元比价4.95美元算）占24.3%；白银（以每盎司45美分算）占44.3%；日元（按与美元比价0.29美元算）占0.02%。自1937年7月到1941年的战争期间，大多数白银都卖给了美国财政部（亚瑟·杨格：《中国建设国家的努力》，页248—249）。

② 李滋—罗斯文件，T188/118，页250。

③ “给孔祥熙博士阁下的备忘录，内容为对T. Chen's有关限制外汇的备忘录的研究，1936年7月8日”，见亚瑟·杨格文件，第42匣。

正如席德懋指出的，中国长期以来都是以海外华侨汇款等无形输入来补偿贸易逆差的。鉴于外资输入的重要性，席德懋认为中国的货币和金融市场应当保持开放。

货币的可兑换性，成为新货币体系的关键原则。财政部外国顾问亚瑟·杨格在给政府的一封密件中再清楚不过地表明了政府的立场：

> 既然打算实行只有出于“合法”和“非投机”目的才能出售外汇的做法很重要，去年11月份宣布的政策也远不能更改，这个问题值得仔细分析……限制外汇销售将是非常难以执行的。关于这一点，可以回顾一下财政部于1934年9月8日发布的命令，其内容如下。“直至另行通告，禁止购买或出售外汇，除非金融往来是：(1) 合法的、正常的业务需求；(2) 1934年9月8日或之前签订的合同；(3) 合理的旅行或其他个人需要。”现有资料表明，这一命令从未被撤销……依我们来看，在这个时候宣布限制出售外汇、力图控制“投机”，将弊大于利。信心受损将通过资本外逃和不稳定性引起对外币的需求，其将会超出不这样做时遇到的正常需求。还有大量未被触及的办法可用来支持新通货，[但]我们乐于继续支持目前自由买卖的政策，通过谨慎地收缩市场，以使投机者不得不放弃他们的预期交易以免损失。①

要坚决维持中国元的可兑换性，中国政府就须设法向美国出售白银获得准备金以保护新通货。从1935年底到1936年底，中央银行遭遇了三次大规模中国元抛售：1935年12月（新币制的

① “1936年4月2日备忘录”，见亚瑟·杨格文件，第42匣。

起始阶段)，1936 年 5 月(中国南部政治危机期间)，以及 1936 年 12 月(西安事变)。每一次，中央银行都满足了基于官方汇率的
193 所有外汇需求，使民众对新货币的信心得以维持甚至得到增强。[①] 政府知道，它无法控制市场，而只能通过保持货币的可兑换性以及汇率的稳定来培养民众对法币的信任。政府成功地做到了稳定汇率，得以发行大量纸币，因为人们愿意接受它作为合法通货。货币的稳定是通过执行中国元的可兑换政策实现的，法币必须在被用来换取外汇时保持稳定的汇率。一旦汇率下降，新通货的信誉就会降低，对新货币的抛售就会摧毁这一新的货币体系。

平衡预算。银行家和经济学家表示，他们关心的是政府可能会通过增加货币供应量来平衡预算。[②] 而政府否认有任何这样的打算，它指出，现金与货币准备金的比率跟以前是一样的，支撑法币的准备金在发行准备管理委员会的监督之下。[③] 事实上，政府的财政和货币政策，似乎没有引起通货膨胀。稳定汇率与货币可兑换性的规范非常关键。如果政府被怀疑通过发行新币和债券不顾一切地扩张预算，中国元的价值会立即下降。同时，人们将通过在外汇市场上抛售中国元，彻底摧毁政府的财政和货币政策。金融体系随之崩溃将是灾难性的。

因为中国政府的目标是从大萧条中复苏，所以它有充分理由

---

① Frank Tamagna:《中国的银行与金融》，页 148。

② 参见以下杂志和报纸文章：侯树彤“评财部币制新令”(见《抗战前十年货币史资料》第 3 册，页 247—264)，黄元彬“新货币政策之成功关键”(见《抗战前十年货币史资料》第 3 册，页 336—358)，顾季高“中国新货币政策与国际经济均衡”(见《抗战前十年货币史资料》第 3 册，页 373—374，该文原载《东方杂志》第 32 卷第 23、24 号)，顾季高说，一些银行反对币制改革，因为他们对政府不信任。

③ 中国人民银行总行参事室编:《中华民国货币史资料第二辑(1924—1949)》，页 127。

改善其财政状况，以维持新的货币体系。第一，一旦大多数拖欠的外国债务得以清偿，中国政府将设法吸引外国投资来发展铁路和恢复受灾的农村地区；要实现这两个目标，平衡预算和稳定外汇是先决条件。① 第二，汇率的波动将导致对政府严重依赖的海关税收产生负面影响。② 第三，最重要的是，中国长期以来一直依赖海外华侨汇款和外国投资来弥补贸易逆差。货币的波动将 194
会阻碍资金的输入，这对与国际社会紧密联结的经济来说将构成灾难。③

在平衡预算上，最需迫切关注的是国内债务负担。1936 年 2 月，政府发行“统税库券”14.6 亿元，统一先前发行的政府公债；此外，发行 3.4 亿元“善后库券”用于各种复兴项目。尽管一般说来市场欢迎政府的决定，但调整方案被接受的过程依然缓慢。1936 年，市场变化不定，不过直到 1937 年中期债券价格始终保持上涨。显然，币制改革的成功取决于民众对政府的信心。1936 年的债务合并被证明是幸运地减轻了内部债务负担的一个非常重要的办法。④

政府必须尽一切努力削减开支。1936 年的国家预算，证实了财政政策的最重要目标是平衡预算和提高民众对新货币的信心。为达到这一目标，政府坚持了三项政策。第一，经常费照上年度核定预算数，一律不加；第二，新增机关非必要者缓设；第三，

① 中国人民银行总行参事室编：《中华民国货币史资料第二辑（1924—1949）》，页 473。

② 桂中枢：《中国年鉴 1936—1937》，上海：中国年鉴出版公司，1937 年版，页 507—508。

③ 陈光甫即持这种意见（参见陈光甫“给孔祥熙博士阁下的备忘录，内容为对 T. Chen's 有关限制外汇的备忘录的研究，1936 年 7 月 8 日”，见陈光甫“回忆录”）。

④ 亚瑟·杨格：《中国建设国家的努力》，页 108—109。

临时费非必要者不列。①

上述严格的规定阻止了政府不受限制地发行纸币和未经授权的开支，这对币制改革的成功至关重要。但与此同时，也妨碍了财政的灵活性。②

从大萧条中复苏

新的货币政策带来的有利影响可以明显地从批发价格的普遍上涨中看到。上海的批发价格指数，从1935年年中通货紧缩时期的90.5上升到1935年11月的103.3，1936年12月上升到118.8（1926=100）。③ 这样的批发价格水平并不必然地意味通货膨胀，相反，它们代表着复苏，因为它们几乎相当于汇率开始上涨之前的1931年的水平。④ 特别重要的是，农村地区的贸易关系转向积极。例如，在武进地区，农民可获得价格上升了约
195 30%，指数从1935年9月的125上升到10月的162。相比之下，农民需要支付的零售价维持在约153。在接下来的几个月里，农民可获得价格处于波动状态，1936年6月一度达到210，同时零售商品价格逐渐上升到约174。从整体来看，获得价格与支付价

① “国民政府准中政会核定1936年度国家普通预算训令”，见中国第二历史档案馆编，《中华民国史档案资料汇编》第5辑第1编财政经济(1)，页458—459。实际上，从1935年11月到1937年7月，国民政府只发行了两项公债，总计12000万元，而从1927年5月到1935年10月，共发行了36笔公债，总计178000万元。参见中国联合准备银行编，《中国内外债详编》，北京：中国联合准备银行调查室，1940年版，第1章，表2。

② 亚瑟·杨格：《中国建设国家的努力》，页272。

③ 国家关税税则委员会：《上海商品价格年度报告》，1936年，页4。

④ Frank Tamagna：《中国的银行与金融》，页145。

格之间的差价是正的。[①] 由于农业生产者的购买力正在增加，可以预期出现进一步的经济改善。

另一个显著的复苏征兆是中国的国际贸易。1936年12月，对外贸易轻松地达到了一个创纪录数字，整个1935年增加了10.1%，其中进口增加了2.4%，出口增加了22.5%。农产品的出口最有前途。据估计，1933年到1935年，小麦、大米、棉花、小米、高粱和烟草等农产品销售收入平均每年为390万美元，但是在1936年达到了560万美元，增加了170万美元，增幅近44%。如果将生丝、茶叶、羊毛、花生等次要农产品也包括进去，则增加额几乎达到200万美元。宋子文强调，农产品出口增长的重要性在于它表明了农村人口购买力的增长，而这将带来国内经济的恢复。[②] 与此同时，中国也恢复了对东南亚的工业品出口，这导致了跟日本产品的激烈竞争，日本已在1930年代初取得了这些增加的市场份额。[③]

币制改革后，外国投资也有所增加。国民政府争取外国投资者信任的努力得到了金融市场参与者的赞赏。例如，《金融与商业》引述与英国政界和金融界有密切接触的一位消息人士的话说："伦敦的银行家对中国为恢复铁路贷款而做的服务留下了深

① A. B. Lewis、Wang Lien：《江苏武进农业价格》，载《经济实情》第2卷第2号（1936年10月），页73—91。

② "中国银行年度报告"，《金融与商业》第29卷第14号（1937年4月7日），页361。

③ 1931年，日本令日元贬值，使日本产品价格取得竞争优势，进入了东南亚市场。1936年中国的出口刚一恢复，日本政府和工商界就非常关注他们与中国企业的竞争。参见籠谷直人《アジア国際通商秩序と近代日本》，名古屋：名古屋大学出版会，2000年，页392。关于1930年代中期中国和日本对东南亚出口的增加，很重要一点是要注意到无论是中国元还是日元，相对于与当地使用货币挂钩的英镑都在贬值（参见杉原薰：《アジア間貿易の形成と構造》，ミネルヴァ書房，1996年，页129—131）。

刻的印象……中国已经几乎一跃进入了信誉卓著的国家行列，在这种情况下，对进一步增加贷款额度以完成国家重建目的的想法给予支持，也许是颇为自然的。”①实际上，伦敦市场上中国债券的行情已经达到了二十年来的最高水平。除了私人投资，英国政府还提出了两项贷款，一是1936年春为连接上海和宁波的铁路提供110万英镑的贷款，1937年7月为广东省的铁路提供300万
196 英镑的贷款。美国政府和商界人士对中国的兴趣也在增加。1937年，美国进出口银行为中国提供了一项150万美元的贷款用于资助中国购买火车头，摩根财团总裁托马斯·拉蒙特还声言建立一个投资中国的新机构。同年4月，泛美航空公司开通了一条从旧金山到上海的穿越太平洋的航班，5月，美国一家电话公司ITT（国际电话和电报公司）开设了上海与旧金山之间的直接无线电话（direct wireless telephone）。② 中国政府很欢迎这些国内尚无法做到的大规模投资，特别是在基础设施方面的投资。

1937年3月，在中国银行股东年度会议上，宋子文宣布大萧条已经结束：“没有理由认为中国已经脱离了所有困难，[但]不可否认，过去18个月的事实说明，整个国家的境况，无论是政治的、财政的还是商业的，都已经有了彻底的改变和改善。”③

---

① “一图之两面：中国外债与抵押之形势”，《金融与商业》第29卷第20号（1937年5月19日），页513。

② 久保亨：《戦間期中国「自立への模索」——関税通貨政策と経済発展》，页219—221；斎藤叫：“アメリカ銀政策の展開と中国”，页157—58。币制改革取得了意想不到的成功，以及随之而来的外国投资的增长，令日本政府不安。在政府内部，对改革的反应各不相同。其中一方，指责西方列强的干预，日本军方还干扰币制改革在华北地区的实行，阻止白银南运。归根结底，是想在华北建立一个日本傀儡政府。另一方，即外务省的自民党成员和日本工商界，则支持国民政府，试图建立起两国之间良好的经济关系。参见松浦正孝：“再考日中戦争前夜——中国幣制改革と児玉訪中団をめぐって”，载《国際政治》第122号（1999年9月），页138—146。

③ “中国银行年度报告”，《金融与商业》第29卷第14号（1937年4月7日），页361。

宋子文对中国经济恢复的信心得到了其他银行家的回应，如上海银行业同业公会联合准备委员会主席朱博泉（Percy Chu）在 1937 年 3 月 17 日的委员会年会上指出：

> 回顾过去一年发生的事件，可以说每一件都使我们有理由说经济状况开始表现出了明确的复苏迹象。中日关系的紧张和西安事变等政治困难尽管会对金融和商业活动有所影响，但在上海货币市场的水面上几乎未能泛起涟漪，这无疑应该部分归功于 1935 年 11 月的币制改革措施，它战胜了对货币短缺的所有恐惧。如果相同的政治变化和危机出现在新货币政策颁布之前，情况可能会非常糟糕。①

宋子文承认改善并不能归功于任何单个因素，如币制改革，而是多方面因素的综合结果。汇丰银行主席帕特森（J. J. Paterson）的解释代表了一种中庸的看法：整个中国作物的丰收是一个很重要的有利因素，“正当这一结果到来的时候，中国的汇率被定在一个合理的低水平上，中国产品的市场需求因而增 197
加”。② 总之，正像陈光甫所回忆的：“我要说，从 1936 年一直到 1937 年战争爆发之前，是标志性的两年。”③

截至 1935 年底，中国经济正在从萧条中恢复过来。1935 年的币制改革对此次复苏功不可没。稳定的汇率使始自 1936 年的经济积极变化持续下去。

---

① “上海银行业同业公会联合准备委员会第十五次年会报告”，《金融与商业》第 29 卷第 11 号，页 287。

② “汇丰银行眼中的中国现状”，《金融与商业》第 29 卷第 11 号，页 249。

③ 陈光甫：“陈光甫回忆录”，页 87。

小 结

从1929年年底，中国遭受了由国际银价变化导致的大幅度汇率波动。为了消除这些波动的负面影响，中国不得不脱离银本位。

中国政府主要是想通过它与东亚三强（即美国、英国、日本）的经济外交获得外币储备，来支持新的货币体系。随着金本位在1931年结束，国际货币体系分解为若干集团。因此，列强对中国的币制改革非常感兴趣。日本坚持其对中国经济的优势地位，使得其他国家政府对中国的政策复杂化。在派遣财政部高官李滋—罗斯来华之前，英国政府试图领导一项国际合作，通过借贷给中国以支持中国的币制改革。归根结底，英国政府是想通过它对中国的支持增强对中国经济的影响力。并且它也希望日本参与贷款将会缓解中日之间的紧张关系并解决满洲的主权问题。事实最终证明英国的愿望难以达到。在美国政府内部，有两种截然相反的对华政策。在中国进行币制改革期间，美国国务院最初不情愿支持中国改革，但后来在财政部的推动下，美国答应从中国购买白银，这对中国增加外币储备是一项非常关键之举。

中国政府非常清楚这种外国竞争。而且，它还利用列强之间的冲突使自己在政治和经济上远离列强中的任何一方。最终，中
198 国政府成功地避免了使中国元（法币）跟任何通货集团挂钩，从而避免了列强之间的政治对抗，也使中国经济保持了向世界经济的开放。

从银本位变为1935年11月的管理汇兑制，标志着中国政治经济发生了重大转变。在银本位下，货币的国内信用依赖其与白

银的可兑换性。中国暴露于世界银价的起伏波动之下，但是政府对货币事务的干预却是相对较轻的。在新的货币制度下，政府对货币供应的管理变得非常重要。但是存在政府利用这一新的货币系统来填补财政赤字的危险。在这一点上，中国政府从与外国政府的谈判以及从 1934 年和 1935 年资本外逃的痛苦经验中学到的是，始终关注国内外政府管理货币和银行问题的能力。因为意识到中国经济通过贸易和资本流动与世界经济紧密相连，中国政府发现必须通过保持中国元（法币）的可兑换性和稳定汇率培育民众对新通货的信心。

凭着对新货币体系小心翼翼的管理，政府取得了改革中国币制的成功。1935 年 11 月，中国刚一脱离银本位，汇率就稳定下来，这促成了 1935 年后中国经济的复苏；中国的贸易随之复苏，外国投资也开始恢复。新的货币政策非常成功，但是也使中国财政失去了弹性。为了保持汇率稳定和货币的可兑换，中国政府不得不克制发行过多的货币或限制预算扩张。因为有了这种对预算扩张的限制，政府不得不精心选择它的政策。为了使对货币和财政政策都得到专门的考察，下面我将转入第八章，来看看国民
政府在工业和农业复兴中的表现。 199

注：第七章的一个更早版本“20 世纪中国与国际货币体系的关系：历史分析与当代意义”，发表于秋田茂和尼古拉斯·怀特（Nicholas White）主编的《1930 年代至 1950 年代的亚洲国际秩序》（*International Order of Asia in the 1930s and 1950s*），伦敦：Ashgate 出版公司，2010 年 1 月出版。

第八章　成就与局限：经济政策与国民政府再考察

随着大萧条在1930年代初的恶化，城市与农村经济体系的结构性缺陷变得越发明显。面对前所未有的危机，如农村金融体系崩溃，农业生产减少，信贷紧缩蔓延，民众非常希望政府能够介入。我们在第七章已经讨论过，政府对货币制度的改革成功地拉动中国经济走出了大萧条。然而，政府对振兴工业和复兴农业所作的努力取得的结果好坏参半。正如韦立德(Tim Wright)和卜睿哲(Richard Bush)指出的，城市实业家对政府尤其失望，政府未能满足他们关于财政援助、关税保护以及减税的请求。[①] 但是，如果把关注的焦点放在政府在实业上的立场，则往往会忽视各种经济政策的相互关联。我们在上一章曾经指出，政府尽责尽
200 力地保持汇率稳定，肯定会限制预算的扩张，并因此影响其实行其他经济政策的能力。正是在这样的货币背景和财政束缚下，政府试图恢复城市和农村经济。为了分析南京政府如何推行其计划以及在何种程度上取得了成功，我将重点考察长江三角洲地区缫丝、棉纺两种工业以及农村金融的恢复情况。

---

① 韦立德："应对世界性萧条：国民政府与中国工商业的关系，1932—1936"，《现代亚洲研究》第25卷，第4期(1991年10月)，页649—674；卜睿哲：《国民党中国的实业与政治：国民党政权与长江下游地区的纱厂主(1927—1937)》，哥伦比亚大学博士论文，1978年。

缫丝业的复苏

低汇率与生丝出口的复兴

1935 年夏，随着汇率开始下降，缫丝业也出现好转。《金融与商业》上的一篇文章说，鉴于汇率降低以及中国在海外市场的利益日益上升，“现在来看前景一定越来越好”。上海、无锡、杭州、嘉兴等地的蚕茧库存积压量正在减少，生丝的价格也表现出了进一步上涨的迹象。[1] 由于最大生丝消费国美国的经济状况有所改善，带动上海生丝贸易出现明显回升，价格上涨超出所有人的预期。生产者无法跟上需求，相当一部分都是期货。[2] 至 1935 年 11 月，生丝的价格从每担 380 元上涨到 800 多元。[3] 当年中国生丝的总产量为 95 000 担。仅江苏和浙江两省，就生产了 60 000 担，占总量的 63%还多，比上一年增长了 30%。产能的增长也相当惊人：1935 年初，两省 300 家丝厂据报道仅有 20 家在运转。而在 7 月份以后运转数量稳步上升，截至 10 月底，已经有 94 家丝厂在开工。[4]

1936 年上半年，生丝价格遭遇了轻微回落，但旋即恢复，下半年再次上涨。从 1936 年 7 月到 12 月，最低价格也比 1935 年同期高约 50%，最高价格比 1935 年的最高纪录低约 5%。[5] 201

毫无疑问，缫丝行业受益于较低的汇率，但它的复苏原因还应包括政府的农村蚕业改良计划以及企业家对城市丝厂的重组。

① “上海生丝市场之评论”，《金融与商业》第 26 卷，第 7 号（1935 年 8 月 14 日），页 167。

② “上海生丝市场”，《金融与商业》第 27 卷，第 7 号（1936 年 2 月 12 日），页 169。

③④ “1935 年的中国实业”，《金融与商业》第 27 卷，第 15 号（1936 年 4 月 8 日），页 400。

⑤ “上海生丝市场”，《金融与商业》第 27 卷，第 7 号（1936 年 2 月 12 日），页 168。

改良蚕茧养殖

由于大萧条期间日本对美国市场的争夺，提高蚕茧质量成为中国的重中之重。虽然美国对丝织品的需求逐渐降低，但对用于制造高级丝袜的生丝的需求却仍在增长。为了满足这种需求，中国农民不得不采取新的养蚕方法。① 但由于受到丝价下跌的重创，丝厂无力实行这一大型计划。相反，他们试图降低蚕茧的价格，这进一步抑制了农村经济的发展。这时，政府出面干预了。

中央政府、省级政府，以及一批实业家，提出了若干方案以提高生丝质量和缫丝业的生产力。1934 年，在全国经济委员会主持下成立了缫丝改良委员会，发起了一系列倡议。同年，江苏省政府也成立了缫业改进管理委员会。这些委员会成员包括无锡缫丝业领头企业家薛寿萱，上海缫丝领头企业瑞纶丝厂厂主吴申伯，浙江省政府官员曾养甫，实业部官员谭熙鸿，银行家张嘉璈（中国银行）和胡笔江（中南银行），以及蚕农代表。②

缫业改进管理委员会推出的第一个计划是以日本蚕种取代低劣的土种。委员会在桑蚕养殖区如无锡、金坛、武进、江阴、吴县等地指定“模范养蚕区”，并设立指导中心。在那里，委员会采
202 用政府发放的改良品种蚕纸，并向各地分发精选的桑树幼苗。该委员会向农民提供补贴以鼓励他们养殖日本蚕并烧掉土制蚕种。在委员会的严格管理下，1928 年还占武进蚕业 95％的土种迅速完全消失，而且蚕遭病害的比例也从 1930 年的6.42％下降到

① 高景岳、严学熙：《近代无锡蚕丝业资料选辑》，南京：江苏人民出版社，1987 年版，页 251—271；奥村哲：“恐慌下江南製糸業の再編再論”，载《東洋史研究》第 47 卷第 4 号（1989 年 3 月），收入奥村哲：《中国の資本主義と社会主義——近現代史像の再構成》，桜井書店，2004 年版，页 142—143。

② 奥村哲：“恐慌下江南製糸業の再編再論”，见奥村哲：《中国の資本主義と社会主義》，页 145—146。

1935年的0.37%。[①] 但是,在过渡期间,产量却有所减少,导致1935年出现了蚕茧短缺;因为丝厂已开始复苏,生丝产量也就出现不足。缫业努力向生产高级丝转变,这对农村的蚕茧生产产生了最大影响。到1935年,由于委员会努力确保采用无病蚕卵,丝厂生产出了质地更为均匀的细丝。[②]

接下来,缫丝改良委员会和缫业改进管理委员会对蚕茧销售进行整顿。自晚清以来,得到政府许可的茧行就垄断了农村蚕茧市场的销售。两委员会现在要求茧行重新登记,并根据地区蚕茧产量为各地分配一定数量的茧行。同时,他们还增加了对经营茧行的技术要求。禁止使用劣质机器的茧行继续经营,并对那些采用新机器的茧行给予补贴。[③] 对茧行的调整不仅提高了蚕茧的质量,而且还使委员会能够影响蚕茧的价格,蚕茧将由官方定价。茧价肯定不会被定得太高,但其价格水平却必须达到足以鼓励农民继续养蚕的高度。[④]

在改良养蚕和缫丝方面,薛寿萱发挥了重要作用。[⑤] 作为缫丝改良委员会和缫业改进管理委员会的成员,薛寿萱积极推进蚕茧改良和茧行调整。他认为高品质的蚕茧是生产出高级生丝的关键,1929年和1931年间,他设立了三个蚕养殖场。当缫业改进管理委员会设立指导中心推广改良品种的时候,薛寿萱以折扣价甚至干脆免费将蚕种分发给蚕农,条件是他们须将蚕茧卖给他

---

① 奥村哲:"恐慌下江浙蚕糸業の再編",载《東洋史研究》第37卷第2号(1978年),收入奥村哲:《中国の資本主義と社会主義》,页86;陈慈玉:《近代中国机械缫丝业,1860—1945》,台北:中研院近史所,1989年,页106—107。

② "1935年的中国实业",《金融与商业》第27卷,第15号(1936年4月8日),页401。

③ 高景岳、严学熙:《近代无锡蚕丝业资料选辑》,页271—276。

④ 奥村哲:"恐慌下江浙蚕糸業の再編",见奥村哲:《中国の資本主義と社会主義》,页89。

⑤ 高景岳、严学熙:《近代无锡蚕丝业资料选辑》,页325—329。

的工厂永泰。①

薛寿萱还从茧行调整中获益。作为这些茧行的签约成员之
203 一,他对长江下游地区的蚕茧销售建立起了严格的控制。虽然他不能将蚕茧价格压得过低以免农民放弃养蚕,但他对蚕茧市场的控制是他在业务上成功的关键,因为他有能力以相当便宜的价格收购蚕茧。②

虽然薛寿萱在推广蚕业改良计划上作用颇大,但他并不总是支持政府。政府在银行资助下建立的养蚕合作社,尤其对其控制养蚕和蚕茧市场构成威胁。1935 年 9 月,国民政府通过《合作社法》。此后,合作社依法正式成立,江苏省农民银行和其他银行不仅在财政方面提供管理帮助,而且还介入到蚕茧干燥和销售等生产过程。为应对这一挑战,薛寿萱也成立了在自己控制之下的合作社。③ 不过他无法遏止官方合作社的大潮。江苏省农民银行

---

① 徐新吾:《中国近代缫丝工业史》,上海:上海人民出版社,1990 年版,页 351。

② 奥村哲:"恐慌下江浙蚕糸業の再編",见奥村哲:《中国の資本主義と社会主義》,页 89。

③ 关于无锡养蚕合作社,参见陈意新:"国民党处理农村社会经济问题的做法:中国农村合作社运动,1918—1949"(The Guomindang's Approach to Rural Socioeconomic Problems: China's Rural Cooperative Movement, 1918—1949,华盛顿大学,博士论文,1995 年,页 143—149)。陈意新指出,由于受到地方士绅以及实业商人的强大阻力,政府未能改变占主导地位的市场模式和农民的经济状况。但是,奥村哲认为,1930 年代中期以后,合作社逐渐取得了权力。(见"恐慌下江南製糸業の再编再論")证据之一是薛寿萱控制了为自己获利的合作社,参见夏明德(Lynda S. Bell):"从买办到巨头:无锡县缫丝业的资产阶级实践"["From Comprador to County Magnate: Bourgeois Practice in the Wuxi County Silk Industry",见 Joseph Esherick, Mary Backus Rankin 编:《中国地方精英与统治模式》(*Chinese Local Elites and Patterns of Dominance*),伯克利:加利福尼亚大学出版社,1990 年版,页 137—139]、《一种工业,两个中国:无锡县的缫丝企业与农民家庭生产》(*One Industry, Two Chinas: Silk Filatures and Peasant-Family Production in Wuxi County, 1865—1937*,斯坦福:斯坦福大学出版社,1999 年版,页 168—170)。弄明白政府与薛寿萱之间关系的变化,对于认识 1935 年后无锡两种养蚕合作社相互竞争的情况是非常重要的。

报告说,在蚕茧生产县,如无锡、武进和金坛,养蚕合作社在联合加工和蚕茧销售上非常成功。[1] 薛寿萱对农村蚕业的控制地位被削弱。

我们在下一节将会看到,在行业组织的舞台上,薛寿萱对政府措施的反对立场要更为明显。

无锡城市缫丝业的改进

为提高生丝质量,政府还要求丝厂将陈旧的缫丝机更换为更现代的设备。在政府成立缫丝改良委员会和缫业改进管理委员会之前,薛寿萱就已经开始着手对他的丝厂进行重组。当 1929 年他考察日本丝厂的时候,就已认识到日本的缫丝机优于统治中国市场的意大利设备。从日本返回后不久,他就开始着手改进设备。1930 年,他开设了一家新工厂,配备了最新的日本机器,第二年,他创办学校培训女工。得力于这些改进,薛寿萱成功地生 204
产出了高质量生丝,专门出口给美国丝袜制造商。[2]

为了提高企业效益,薛寿萱试图建立起与国外市场的直接通道。1933 年,为了打消外国生丝经营者的顾虑,他在纽约设立了自己的贸易公司,以后又在法国和英国开设了分支。薛还增加了一个部门来处理他的出口业务,以便他能存储支付给贸易公司的回扣。他发现开辟对纽约生丝交易的直接通道极为有利,借此他就可以很快调节产量和销售以适应市场波动。薛寿萱对丝厂的重组是成功的,他生产的“金鹿”牌生丝,市值高出其他生丝的两倍。此外,生意的兴隆使他更容易获得必要的资金,无论是现代

① 江苏省农民银行:《二十四年业务报告》,页 28,46—48。
② 高景岳、严学熙:《近代无锡蚕丝业资料选辑》,页 325—327。

银行还是旧式钱庄，都愿意为他提供长期贷款。①

缫丝改良委员会成立后，薛寿萱曾计划通过委员会从政府借钱，以便他更换丝厂的陈旧设备。1934 年 12 月宣布启动的政府贷款，主要条件是：(1) 年利率 2%，以新安装的设备作为抵押；(2) 四年后每六个月偿还本金的四分之一；(3) 如果丝厂长时间停止运营，则偿还本金和利息；(4) 缫丝改良委员会享有新设备的所有权。贷款将进一步用于政府重组丝厂的计划。政府提议，由委员会收购蚕茧，然后将一部分卖给丝厂，其余的分给设备优良的工厂，然后出售生产的生丝。薛寿萱拒绝参加委员会会议，回避表达他对这一计划的意见。当 1934 年丝业前景暗淡之时，他曾考虑加入该计划，尽管他反对严格的政府控制。但当 1935 年丝业复苏之时，集体生产和销售对他来说显然无利可图，他就决定不参加了。②

薛寿萱还领导了无锡丝厂的合并。1936 年春，他以兴业缫丝公司的名义，承租了无锡 50 家丝厂中的 30 家。兴业一下子成
205 了无锡丝厂中的“托拉斯”。公司规章如下：(1) 丝厂管理仍然保持独立，但蚕茧的收购和分配由公司控制；(2) 公司监督每一家丝厂的运营；(3) 所有下属丝厂生产的生丝由永泰丝厂销售部分配。薛寿萱计划积聚 50 万元的资本，但是仅得到 25 万元。众多无锡丝厂聚集在兴业名下。有的打算与薛寿萱合作垄断蚕茧收购，有的则把合并作为淘汰新手出局的办法。他们尤其关心防止上海丝厂主在无锡承租丝厂，以利用无锡接近养蚕区的便利。

---

① 高景岳、严学熙：《近代无锡蚕丝业资料选辑》，页 362—364；徐新吾：《中国近代缫丝工业史》，页 348—350。

② 奥村哲：“恐慌下江南製糸業の再編再論”，见奥村哲：《中国の資本主義と社会主義》，页 145—150。

最终，兴业控制了江苏各地 400 多家茧行，这些茧行可以收购 50 多万担蚕茧，约占全省总产量的 90%。公司的利润总额为 25 万—26 万元，几乎等同于其资本。公司取得了巨大成功，但一年后，很多下属丝厂纷纷退出，公司也因此关张。因为一旦生丝的出口增加，丝业再度变得利润丰厚，兴业旗下的丝厂就不再允许薛寿萱获得这些剩余利润。他们又一次开始了彼此竞争。但薛寿萱仍然经营着无锡十八家丝厂，继续在当地的缫丝业中扮演着支配角色。①

在从大萧条中恢复的同时，政府加强了其对丝业的控制，尤其是农村地区的养蚕业。城市实业家虽然希望政府能够为他们提供财政支持，但反对政府对养蚕业的控制。结果，实业家们不得不设法在没有政府资助的情况下增加产量。实业界对政府的态度，像薛寿萱这样的地方知名人士可以起到举足轻重的作用。但他无法控制他的同行。那些独立的丝厂仍要为出口市场利润竞争。

实业家对政府干预的矛盾态度，以及财政资源在农村与城市地区之间的分配等等复杂问题，对棉纺工业的恢复来说，同样是至关重要的。 206

棉纺业的复苏

1935 年 5 月 23 日，在上海棉纺织工业同业会年度董事会

① 高景岳、严学熙：《近代无锡蚕丝业资料选辑》，页 354—359；徐新吾：《中国近代缫丝工业史》，页 351—353；奥村哲："恐慌下江南製糸業の再編再論"，页 159—161。夏明德在《一种工业，两个中国》中也分析了兴业在无锡缫丝业中的角色（页 168—170）。但是，由于没有提及 1935 年薛寿萱并未参与政府计划和兴业在 1937 年解体，她所描述的薛寿萱的立场是跟政府非常近的。

上,董事们指出了三个紧迫问题:信用紧缩、生产设备陈旧、花贵纱贱。

1935 至 1936 年的信贷紧缩问题

在萧条时期,棉纱厂面临的最严重的问题就是信贷紧缩。在 1935 年初的结算之后,银行执行的严格贷款措施蔓延到行业的各个角落。一些纱厂被置于债权银行的直接控制之下,另一些则缩减甚至完全停止运转。

截至 1935 年 6 月底,国内 40%的纱锭都处在闲置状态。虽然新的棉花作物刺激了几家工厂重新开张,但这些大多是外商纱厂。接近年底时,有近 25%的纱锭和织布机闲置,而且大多仍是国内纱厂。纱厂主希望政府提供财政帮助,并且,他们同意与政府合作进行行业重组。

1935 年 3 月 20 日,华商纱厂联合会提交了一份计划,要求成立政府保护下的棉业协会,并对棉纺工业进行重组。该计划指出,纱厂目前的机器和设备过于陈旧,导致效率低下、成本高昂。[①] "欲改进技术必从机件设备着手。惟是需费甚巨,尤非现时各厂财力所能胜任。此外,如营运之不合理,管理之未尽如法,非有强有力之健全机关,不足以统筹全局,而起沉疴。"联合会要求政府发行价值 5 000 万元的棉纺工业公债。新协会将由财政部、实业部、棉业统制委员会(1933 年由全国经济委员会设立的

① "行政院关于华商纱厂联合会为挽救纺业危机建议标本兼治办法致全国经济委员会公函",见中国第二历史档案馆编:《中华民国史档案资料汇编》第 5 辑第 1 编财政经济(6),页 77。

一个机构)以及华商纱厂联合会共同组织。[①] 所有中国纱厂将都 207
被要求入会。协会计划领导包括技术、设备以及管理在内的棉业复兴的所有项目。会员纱厂将会得到由公债提供的财政支持,并要求遵守协会的规章。[②] 纱厂主迫切需要这种支持,这也是他们之所以会接受政府对行业的严格监控的原因。然而,政府发现自己无法发行价值 5 000 万元的公债,因而建立一个由政府主导的协会根本未能实现。

担负着实施棉纺行业改革任务的棉业统制委员会,制定了一项与纱厂主计划不同的计划。[③] 其提案要求成立大华棉业信托公司,纱厂可以通过它进行融资、生产并集中销售他们的产品。大华信托公司将发行总额 500 万元的公债,其中 200 万元由中央

---

① 常务委员会的构成反映了各方最关心棉纺工业:纱厂主李升伯(大生纱厂)、唐星海;财政部固定税务司司长谢棋、银行家暨轮船招商局董事会成员叶琢堂、农学家邹秉文。关于棉业统制委员会的详细研究,尤其是其意识形态和政治背景,见曾玛琍《拯救国家》一书,特别是该书第 3—6 章。曾玛琍正确地指出,政府的原棉改进计划取得了成功,并且证明其有利于棉纺织企业(页 172)。但是,她的某些论述看起来有误导之嫌。第一,曾玛琍认为,棉业统制委员会是南京政府在一种社团主义的体系下,试图达至政治经济中央集权化和将政府与实业关系制度化的关键组织(页 129)。无论政府官员是否原计划通过棉业统制委员会实施改进,指出自 1931 年起围绕着政府和企业的经济环境发生了急剧变化这一点都是很重要的。正如本章所显示的,在萧条期间,棉业统制委员会并没有足够的财力来领导私营企业。第二,曾玛琍认为,1930 年代的农村形势有利于投资,因为城市实业家找不到让他们的资金可以获利的出口。她对农村经济的分析是有问题的。因为我们在第四章和第六章已经看到,城市金融机构所积累的资金大部分来自农村地区。扭转资金流动的方向,并不像曾玛琍所暗示的那么容易。

② “行政院关于华商纱厂联合会为挽救纺业危机建议标本兼治办法致全国经济委员会公函”,见中国第二历史档案馆编:《中华民国史档案资料汇编》第 5 辑第 1 编财政经济(6),页 77—79。

③ “大华棉业信托有限公司创设缘起及营业计划书草案”(1935 年 3 月 26 日),见中国第二历史档案馆编:《中华民国史档案资料汇编》第 5 辑第 1 编财政经济(6),页 87—93;“实业部工业司关于救济全国纱厂案会议程序及各机关所拟建议节略与各地厂商对于救济纺织业意见稿”(1935 年 6 月 3 日),见《中华民国史档案资料汇编》第 5 辑第 1 编财政经济(6),页 97—101。

银行认购，其余 300 万元由普通投资者认购。

信托公司的最初目的是将投资者吸引到棉纺工业上来。棉业统制委员会计划邀请管理良好的企业加盟信托公司。选出来的企业将通过信托公司获得他们所需要的资金，并且无需抵押他们的设备和工厂。甚至陷入困境的企业也可以加入信托公司，只要他们能够重新组织管理，使他们能够恢复生产不再拖延。棉业统制委员会企图降低投资纱厂的风险，同时减轻企业的利率负担。为了使会员纱厂的管理有成效，棉业统制委员会要求他们达到棉纱的质量目标，并且生产成本要能与日商在华纱厂生产的棉纱竞争。

棉业统制委员会还为信托公司制订了一项计划，以帮助纱厂取得用于资金周转的短期贷款。根据这项计划，棉商组织成便利原棉收购的几个机构，并按月为纱厂供应原棉。接下来，纱厂生产预定数量的棉纱和棉布，然后通过信托公司出售产品。委员会
208 官员认为，信托公司不仅会使获得周转资金的进程变得容易，而且还使产品的买卖变得理性化了。另外，一旦信托公司负责管理原棉和制成品的买卖，将加强纱厂的信用度，金融机构也会发现提供短期贷款相对安全。虽然头几年政府会提供所需资金，但跟金融机构提供的信贷相比，政府的财政支持毕竟会成为第二位的。

最终，这一计划未能实现，因为财政部不同意发行浮动公债。① 我们在第七章已经说过，财政部对通过发行公债扩张预算是谨慎的。而且，也还不清楚政府是否有能力在不打折的情况下

① “行政院及实业部等办理戴传贤等在国民党‘五大’提请由政府切实维护棉纺织业案的有关文件”，见中国第二历史档案馆编：《中华民国史档案资料汇编》第 5 辑第 1 编财政经济(6)，页 157。

使公债浮动。由于迫切需要收入，政府打折销售公债并支付券面价值的利息。这些公债的高收益吸引了投资者，而这又导致减少了向实业的投资以及为这些公债支付高利率的必要。币制改革后，问题依然如故。1935 年 11 月，上海商界头面人物虞洽卿，联合实业家聂潞生、荣宗敬、郭顺、刘鸿生呈请实业部敦促中央银行从金融市场上收回高利息政府公债，以鼓励一般投资者直接将资金投向实业。① 但由于政府财政基础薄弱，这一冒失的举措并不可行。相反，1935 年 12 月，财政部命令上海市银行业同业公会降低利息。银行表示反对，指出他们不会执行这一政府命令，理由是利率跟货币供给波动、政府公债收益以及外汇汇率紧密相关。②

银行信贷依然紧缩，房地产市场的低迷更趋严重。③ 1929—1931 年间，以投机为目的的信贷过分扩张对实业和金融机构都造成了伤害。信贷市场的僵局阻止了工业的长远发展。有人说，除非被房地产套住的大量资金能够开始获得合理的利息，否则上海的经济永远不可能恢复。我们在前面章节已经看到，上海实业与房地产所有权密切相关。很多企业的资本源自地产，这些地产 209
被抵押以获得资金流动性。1936 年 1 月，估计约有超过 2 亿元的资金被冻结，既不能用来支付利息也不能偿还本金。④ 总的来

① “虞洽卿等关于金融恐慌工商凋敝请予救济的有关文件”（1935 年 11—12 月），见中国第二历史档案馆编：《中华民国史档案资料汇编》第 5 辑第 1 编财政经济（4），页 369—371。

② “上海银钱两会奉令合议减低放宽利率以维护工商会呈”（1935 年 3 月 26 日），见中国第二历史档案馆编：《中华民国史档案资料汇编》第 5 辑第 1 编财政经济（4），页 665—666。

③ “上海银行业同业公会联合准备委员会”，《金融与商业》第 29 卷第 11 号（1937 年 3 月 17 日），页 287。

④ “租界近期地产销售”，《金融与商业》第 27 卷第 3 号（1936 年 1 月 15 日），页 56。

说，业务正在回升，但大多数的交易都必须使用现金。① 要恢复长期投资，必须使被冻结的资产流动起来。

在币制改革的计划阶段，政府宣布将建立一个抵押贷款银行。不过，它并不清楚怎样将拟议的银行运转起来。与此同时，不是政府，而是银行家组织——上海银行业同业公会联合准备委员会和上海银行票据承兑所，试图增强如抵押贷款等长期贷款的流动性。② 政府没有任何办法影响信贷市场。

产业结构的转变

得不到政府的财政支持，纱厂主们只好靠自己的力量来提高生产率。为了走出大萧条，长江三角洲地区纱厂，尤其是上海的纱厂，通过重组来改善生产方法和管理，引入纵向合并，增加细纱产量，提高效率。③

---

① 莫湮："上海金融恐慌的回顾与前瞻"，《东方杂志》第32卷第22号（1936年11月），页33—43。

② 上海银行业同业公会联合准备委员会成立于1932年2月27日。在1932年1月上海"一·二八事件"引发的短暂恐慌时期，金融机构对代表性的地产价值崩溃的威胁相当关注。委员会的成立是为了清偿银行证券投资中不易兑现的资产。上海所有的银行，无论其是否为上海银行业同业公会的成员，都可以被接纳进入委员会。一旦他们加入，就被要求存储下述资产作为委员会的准备资产：(1) 任何位于公共租界和法租界内的房地产；(2) 易于销售的商品；(3) 在上海、伦敦或纽约流通的以及存储在海外银行的证券和股票；(4) 能够兑换成黄金或金条的金币；(5) 经委员会批准的上述之外的有价证券。一旦会员银行存储了这些准备资产，委员会就会发给保管收据，并给予联合准备兑换券和联合国库券，以及总资产值70%的安全认证书（总资产值由联合准备委员会委任的评估委员会做出估价）。安全认证书被会员银行作为贷款担保接受。联合准备委员会的附属机构上海银行票据承兑所，成立于1936年3月16日。其目的是引入能被市场自由接受的可流通金融工具。并且只准许联合准备委员会与票据承兑所成员进入。只有作为提款人的会员银行签发的账单、以及以存储的资产或商品作抵押的账单才是被接受的（Frank Tamagna：《中国的银行与金融》，页177—179）。

③ 久保亨提到，新裕纱厂通过采用引进新技术和由受过高等教育的技术人员进行管理，以及裁员等方式实现了业务复兴（见久保亨：《戦間期中国の綿業と企業経営》，東京：汲古書院，2005年版，页41—51）。

即便在萧条期间,纱厂生产也已从粗纱转向市场需求没有大幅下降的细纱。如表 8.1 所示,从 1931—1933 年,20 支或高于 20 支的细纱的生产份额在增加,尤其是上海纱厂更为明显。上海的纱厂在 1931 年以前就已开始纺细纱。随着国内市场粗纱需求萎缩,他们继续转向细纱生产。与其他地区的纱厂相比,他们的细纱生产份额更大。①

表 8.1 中国纱厂生产各种纱的比例,1931—1933 年

地方	1931			1932			1933		
	<20	20	>20	<20	20	>20	<20	20	>20
上海	63.5	25.5	11.0	54.1	34.2	11.7	39.6	42.2	18.2
江苏	76.0	22.0	2.0	60.4	33.0	7.6	52.1	33.3	14.6

来源:森时彦:《中国近代綿業史の研究》,京都大学学术出版会,2001 年版,页 400。

由于纺纱的利润降低,具备雄厚财力基础的纱厂采用了纵向合并的措施,通过增加动力织布机生产布匹。1930 年,总数 81 家华商纱厂中有 32 家装备了动力织布机;五年后,总数 95 家中的 47 家拥有了动力织布设备。也就是说,纱厂从事动力织布的 210
比例从 1930 年的 39.5%上升到 1935 年的 49.5%。一些工厂还从事印染和抛光。这种一体化的趋势在 1936 年得到加强,整个产业出现兴旺的景象。②

总体来说,在经济危机这几年中,中国纱厂的生产力有所增长。一位日本调查者发现,1924 年后,特别是在 1930 年后,中国

① 丁佶(Leonard G. Ting):《近来中国棉业之发展》(*Recent Developments in China's Cotton Industry*),上海:中国太平洋国际学会,1936 年版,页 34。

② 上海社会科学院经济研究所:《荣家企业史料》,上海:上海人民出版社,1980 年版,页 518。

纱厂的生产力和劳动效率在许多方面都有所提高；平均每个工人所纺纱包数量从 1930 年的 10.135 提高到 1933 年的 11.935；每个纱锭的纺纱量也在增加，从 1930 年的 0.618 包增长到 1932 年的 0.650 包，1933 年有所下降，为0.598包，可能是因为工时减少的缘故。除了延长工时以外，一些设备的改进也有助于提高生产力。许多工厂，特别是上海工厂，开始使用电力。那些缺乏资金购买新机器的工厂，也对旧设备进行修复，这也增强了他们的生产力。①

尽管这些努力从长远来看提高了生产力，但在国内购买力恢复之前，棉业的复苏仍然缓慢。11 月的币制改革以及随之而来的低汇率，导致了棉布进口的明显减少，国内棉纱价格随之迅速上涨，从 10 月份的每包 177.66 元上涨到 11 月份的 195.47 元。虽然棉纱价格上涨，但生产者仍然被较高的原棉成本所束缚。1935 年，华北地区以及湖北、湖南等地，在播种季节出现了严重的干旱，摧毁了大部分作物。② 而且汇率较低带来的一个结果就
211 是，印度和美国原棉的价格大幅上涨，而这又推高了国内原棉价格。③

受国内需求增加的影响，棉纱价格自 1935 年 11 月开始大幅上升，且持续了整个 1936 年。1936 年的作物大丰收和农业出口的增加，改善了农村的经济状况，农村地区的购买力也因之提高。由于棉纱价格提高和布匹需求增大，一些纱厂重新开

---

① 户田義郎:"支那紡績会社の経営について"，载《支那研究》第 36 期(1935 年 3 月)，页 212—213。

② "1935 年的中国棉业"，《金融与商业》第 27 卷，第 13 号(1936 年 3 月 25 日)，页 341。

③ "1935 年的中国实业"，《金融与商业》第 27 卷，第 15 号(1936 年 4 月 8 日)，页 400。

张了。[①]

然而,直到 1936 年秋,棉纺业的命运才算最终有所好转。由于棉花丰收,纱厂以较为优惠的价格取得了足够的原棉供给。1936 年的原棉产量达到 8 485 651 包,比 1935 年高出 60%。[②]此外,国内棉花种植面积的扩大使人担心供过于求,纽约棉花市场需求下降,以及中日关系的紧张导致对日出口的减少,所有这些都促使棉花价格下跌。随着原棉与棉纱价格差距的扩大,纱厂变得可以获得利润了。[③] 自 1930 年代初开始,许多纱厂都处在债权银行的直接控制或严格监管之下。而此次棉纺业状况的好转和货币改革带来的轻微通胀,使纱厂可以清偿他们的债务了。[④]

棉纺业的复苏,似乎主要是通过企业家努力再加上币制改革后轻微通胀产生的积极影响取得的。但是,原棉产量的增加对棉纺业的复兴才是决定性的,而且政府对提高原棉产量做出了重大贡献。

改良棉花种植

1929 后,中国原棉产量不再能够满足国内需求,1931 年,棉花的进口数量达到高峰。政府担心中国的巨额贸易逆差,因而不愿意接受原棉进口。然而,很难减少原棉进口,因为中国原棉的质量不断下降。此外,只要棉纺企业转向细纱生产,他们就需要 212
长绒棉,而长绒棉主要来自美国。因此,政府开展了大规模的棉

① "汇丰银行眼中的中国现状",《金融与商业》第 29 卷,第 10 号(1937 年 3 月 10 日),页 249。

② 上海社会科学院经济研究所:《荣家企业史料》,页 517。

③ 同上书,页 518。

④ 中国人民银行上海市分行金融研究所:《上海商业储蓄银行史料》,上海:上海人民出版社,1990 年版,页 548—549。

产改进计划，尤其是提高美国品种的种植。

具有讽刺意味的是，原棉改良计划最初的资金来源于中美两国在 1933 年 6 月签订的“棉麦借款”。事实上，这项外国借款是中国政府在避免债务浮动的情况下筹集资金的唯一办法。[①] 根据 1933 年 6 月 4 日签订的借款合同，借款总额为 5 000 万美元，其中 4/5 用于购买美棉，1/5 用于购买美国小麦。三年内还清本金及 5%的利息，并且暗示借款期限可以延长两年。[②] 这项中美借款计划对两国政府来说都是重要的政治工具。中国财政部长宋子文，目的是要用这笔资金来解决农村的危机。借款合同签订以后不久，中国政府宣布，该项借款将仅用于发展实业、复兴农村、兴办水利、交通运输，绝对不会用于军事目的。对美国政府和美国财政复兴公司（Reconstruction Finance Corporation）来说，该项借款是被用来处理美国过剩农产品的办法。[③] 但是，这些目标中都不包括棉纺业。不过，纱厂还是期望能在借款分配上分一杯羹。由于美国棉花比预期的更昂贵，纱厂无法获取利润。尽管中国纱厂在向中国政府提供资金方面发挥过关键作用，但他们并未因此获得多大的利益。

原棉交易建立在纯粹的商业运作基础上，三家美国贸易公司垄断了上海所有大规模原棉进口，负责运输并把原棉卖给纱厂。[④] 纱厂通过中国政府指定的代理机构中央银行支付原棉款

---

① 侯哲葊：“中美棉麦借款与农村复兴”，载《东方杂志》第 30 卷，第 18 号（1933 年），页 22。

② 亚瑟·杨格：《中国建设国家的努力》，页 382。

③ 卜睿哲：《国民党中国的实业与政治：国民党政权与长江下游地区的纱厂主（1927—1937）》，哥伦比亚大学博士论文，1978 年，页 213。

④ “美国对中国的棉麦借款”，《金融与商业》第 22 卷，第 8 号（1933 年 8 月 23 日），页 206。

项。因为是集中支付，中央银行要交给美国5%的利息，剩下的钱归中国政府。① 纱厂既没有得到利益，也没有被给予有利条件。 213

然而，美国棉花的销售量远小于预期。中国的纱厂主之所以对美棉感兴趣，是因为1933年初他们预计国内棉花会歉收。但事实上，1933年中国棉花获得了丰收，且产量高出正常年份的20%。而且，美国棉花要比中国棉花更贵。1933年，罗斯福政府实施了一项美国农业复兴计划，其中包括降低棉花种植面积和对棉农的财政援助。在这种情况下，中国纱厂没有了购买美棉的动力。并且国内棉纱需求疲软，纱厂对大宗购买棉花迟疑不决。实际上，他们刚刚（在1933年6月1日）决定停止夜间工作，这使他们对棉花的需求减少了约40%。②

棉业借款的规模也从4 000万美元最终削减到1 000万美元。借款计划的失败带来强烈的政治影响：1933年10月，宋子文辞职。借款计划事件说明政府与棉纺企业之间存在分歧。政府在筹备从美国进口原棉的计划时，对纱厂的需求未能给予足够的重视。不过，政府成功地筹集到了用于改进国内棉花生产的资金。至少棉业统制委员会达到了这个目的。

棉业统制委员会在两个关键领域介入了农村经济：技术转让和扩大信贷。关于第一点，棉业统制委员会设立中央棉产改进所，并与省政府合作在湖南、湖北、江苏和陕西设立分支机构。每个分支机构都有一个种子培育站和种子分发部。委员会还研究新种子及其产量与中国农民种植计划和中国气候之间的关系问

① “财政部关于棉麦借款委托中央银行经理等致中央银行公函”，见中国第二历史档案馆编：《中华民国史档案资料汇编》第5辑第1编财政经济(3)，页251。

② “截至1935年3月15日棉麦借款情况报告”，见财政部档案，3(2)—2550。

题。1934 年,18 000 多公担的棉种被分发到江苏、陕西、湖北、山东和浙江;到 1935 年 10 月,约 137.6 万亩的土地上种植的都是改良棉种。除了增加产量,扩大美国长绒棉的种植面积对供应细纱生产也是非常重要的。到 1936 年,棉花种植总面积的一多半种植的都是美国品种。[①] 因为棉花种植面积扩大,原棉产量迅速
214 增加。[②] 农民因为棉花价格相对其他农产品更有赚头而自愿选种棉花。棉花给农民带来更为丰厚的收入,政府也鼓励棉花种植。正是由于这些原因,再加上气候条件有利,1934 年,原棉产量达到 1 100 万担。但是,1935 年,由于前文提及的春季干旱,尤其是华北地区,加上湖北和湖南两省产棉区有一半遭遇洪水,棉花产量只有 819.7688 万担,是上一年产量的 75%。1936 年,再次丰收,产量达到 1 450.8230 万担。

由于产棉区扩大,长江三角洲地区的纱厂,特别是上海的纱厂,收购原棉的地方随之增多。不过,江苏省的原棉改进很关键,因为江苏供应着约 60%的原棉。自 1920 年代末以来,因为种植面积和收成的减少,江苏省的原棉产量一直在下降。1924 年,每亩产量尚为 39.4 斤,但 1930 年下降为 12.6 斤,1931 年进一步下降到每亩 8.2 斤。江苏省政府对棉花产量下降、特别是对劣质品种种植的蔓延感到忧虑。被称为通海地区的长江北岸已经产出了高质量的原棉,其甚至可以被用来纺制 20 支纱。这些地区适合种植长绒棉。黄浦江沿岸生产的是国产短绒棉。省政府在棉业统制委员会的合作下,寻求扩大原棉的种植面积,改良最适合

① 丁佶:《近来中国棉业之发展》,1936 年版,页 18。关于种植美棉的地区差异,请参见弁納才一:《華中農村経済と近代化:近代中国農村経済史像の再構築への試み》,汲古書院,2004 年版,第 5 章。

② 上海社会科学院经济研究所:《荣家企业史料》,页 461。

每个地区种植的原棉品种。三年后的 1936 年，该计划取得了明显的进展。棉花种植面积增加了 36%，达到 1 040.1 万亩，产量增长了 3.8 倍，达到 242.6 万担。总体来看，每亩产量增加了 23.3 斤。①

扩大农村信贷是棉业统制委员会的另一个焦点，并通过合作社达成了这一目标。② 事实上，这两种做法密切相关：通过合作社，棉业统制委员会可以将从商业银行借来的贷款用于农村经济，然后监督农民，以确保他们把钱用于农业改良。由于银行与棉纺工业息息相关，其对农村棉产改进和棉纺工业最终复苏抱有 215
强烈的兴趣。③ 现代银行通过合作社将钱贷给棉农，用这些资金资助原棉生产和销售。④ 例如，上海商业储蓄银行大量贷款给合作社用于生产原棉，⑤金城银行也将钱贷给河北和陕西的棉业改进会。⑥ 合作社收到贷款并将它们分发给农民。农民再将原棉交给合作社算是偿还债务。⑦ 这套做法对农民和银行都有利，农民可以获得贷款，银行也避免了卷入农村金融的风险。这一集体借款的办法也被用于其他类型的合作社。⑧

---

① 興亜院華中連絡部：《中之綿花の改良並びに増産》，出版地不详，1940 年版，页 3。

② 曾玛琍：《拯救国家》，页 143—45；全国经济委员会棉业统制委员会：《棉产改进事业报告第二期》，南京：出版者不详，1935 年版，页 122。

③ 弁納才一："中国における商業銀行の対農業投資：1931—1936 年"，载《アジア経済》第 35 卷第 3 期(1994 年 3 月)，页 51—52。

④ 丁佶：《近来中国棉业之发展》，1936 年版，页 25—26。

⑤ 吴经砚："上海商业储蓄银行历史概述"，见近代中国工商经济丛书编委会编：《陈光甫与上海银行》，北京：中国文史出版社，1991 年版，页 24。

⑥ 中国人民银行上海市分行金融研究所：《金城银行史料》，上海：上海人民出版社，1983 年版，页 460—471。

⑦ 全国经济委员会棉业统制委员会：《棉产改进事业报告第二期》，页 169。

⑧ 通过合作社集体贷款没有遇到困难，如排除组织混乱而选择组织良好的合作社等都未遇困难。同时，贷款也的确满足了农民的需求，特别是用于生产目的的需求。关于农村信贷扩展的问题将在接下来关于江苏省农民银行的一节得到讨论。

政府在拯救缫丝和棉纺工业方面并没有发挥重要作用。但它确实将有限的资金分配给了农业部门，正如我们已经看到的，政府偏向农业而非工业。不过，私人企业和金融机构也不会向规模宏大且存在风险的计划如改良农业投资，即使提高农产品质量在1930年代初对克服工业停滞来说是必不可少的。

正是在这样的背景之下，政府改进农业生产的计划才显得不同寻常。这引起了另外一个问题：政府是否“控制”了农村？接下来的一节将说明，政府对农村的干预并不全面。关于政府恢复农村经济的努力，重点是要考察它针对1930年代初农村的大规模凋敝做了些什么。江苏省农民银行的活动可以说明，政府如何应对农村萧条并取得了哪些成绩。

农村金融的重建

江苏省农民银行

1927年，国民党成立江苏省政府后不久，其高级官员决定将农民组织进一种叫做合作社的单位里，以此加强省政府对农村地
216 区的控制。他们还计划成立江苏省农民银行，来资助这一项目。银行的起始资金来自原地方军阀孙传芳征收但却没有用掉的“二角亩捐”。省政府要求已经征收过二角亩捐的各县将其全部上交，未曾征收过的其他各县则需征集同等数额的捐税。

江苏省农民银行于1928年7月16日开始营业。根据其章程，银行的任务是协调农村金融和提高农业生产。① 换言之，银行不仅要提供贷款，而且还需确保这些贷款用于增加农业生产。

---

① 中央银行经济研究处：《中国农业金融概要》，上海：商务印书馆，1936年版，页300。

这里,其主要目的是提高农产品质量,以及帮助农民变得更为“现代”和“科学”。

银行开始营业后不久,农村情况恶化,使得银行难以履行其雄心勃勃的计划。相反,银行被迫应付正在崩溃的农村经济。对农产品需求的下降以及相伴而来的价格下跌意味着,农民很快就会发现他们挣的钱根本不够养活自己。此外,农村地区的资金外流进入城市。在这种情况下,农村的贷款需求迅速增加,远远超过当地现存的任何金融资源的供给能力。

随着农村萧条的日益加深,江苏省农民银行更有选择性地提供信贷。总经理王志莘在银行第二次管理大会的发言中,强调银行要对贷款进行严格监管:

> 银行的管理应基于商业基础。农民银行乃农民的金融机构,而非慈善机构。只要银行运转,我们就理应从业务中赚取利润。此外,农民银行作为省政府的一个项目,应该通过健全的管理促进农民福祉。因此,我建议应该更谨慎地遵循以下三个原则来管理银行。第一,为保持银行资金稳定,贷款理应保守。第二,为避免浪费公帑,应当鼓励限制自身开支。第三,为满足广大农民需求,应该有序扩展业务。①

王志莘敦促银行在甄别借款人时,不要过于关注潜在借款人
信誉度的情况。我们在下一节将会看到,在这方面,农业合作社 217
成为银行放贷的一个有效的渠道。

银行与合作社的关系

江苏省政府已促成了合作社的成立,使之能够加强对农村地

① 江苏省农民银行:《江苏省农民银行第2次业务会议汇编》(1930年3月),页5。

区的政治控制。然而，随着农村经济开始下滑，合作社的主要工作——借钱给农民——交到江苏省农民银行手里。为了避免损失，银行必须审查贷款申请人的信用状况，并对借款人偿还计划进行监督，这就需要派遣员工前往村庄，而这是一笔不小的支出。不过，因为村民已被相互密切联在一起，银行就可以以较少的资金支出来审查和监督农民，即通过监督合作社来实现，这是了解借款人背景的有效渠道。

由于该银行的任务是支持省政府推广合作社的计划，银行只能贷款给合作社。但是，它很快发现难以持续这项政策。第一，1920 年代后期合作社的数量还相对较少，能够良好管理的合作社数量就更少了。使问题更为严重的是发现自己处在可怕的资金短缺之中的农民，把银行当成了最后的依赖。甚至一些人将合作社仅仅视为贷款机构。[1] 此外，农村士绅随意使用合作社的资金。由于银行员工有限，银行很难直接控制合作社。[2] 举例来说，费孝通在江苏省开弦弓村观察到了下面的情形：

> 合作社借出了数千元钱。但是由于借款人到期后无能力偿还债务，信贷者又不用高利贷者所用的手段迫使借债人还债，借款利息又小，不足以维持行政管理上的开支。当这笔为数不大的拨款用完后，信贷合作社也就停止发生作用，
> 218 留下的只是一张写得满满的债单。[3]

---

① 江苏省农民银行：《第三年之江苏省农民银行》，镇江：江苏省农民银行总行，1931 年，页 120—121。

② 江苏省农民银行：《江苏省农民银行第 7 次业务会议汇编》(1932 年 9 月)，页 4—5。

③ 费孝通：《江村经济：中国农民的生活》，伦敦：Routledge and Kegan Paul，1939 年版，页 280—281。

费孝通所描述的开弦弓村的问题并非个案。1931年，银行解除了对个人贷款的限制，开始向非合作社成员的个体农民发放贷款。但银行发现如果不花费大量的支出调查农民的信用情况，就很难跟个体农民合作。① 作为贷款的先决条件，银行要求农民拿出如地契等可靠的抵押品。但这一要求并没有解决问题。农民交来的地契常常是假的，银行被迫花费大量的时间和金钱代替农民核对这些文书。另外，即便银行能够取得真地契，农民照样会拖欠贷款，拍卖用作抵押的土地也麻烦不少，因为银行官员担心，万一名义上为“农民”开设的银行却毫无愧色地拍卖他们的土地，会导致民众对政府的愤怒。因此，使用地契作为抵押并没有减轻银行向农民贷款的风险。②

这种尝试资助个体农民的失败，使得银行再次转向合作社。在没有合作社的地方，银行将钱贷给生产互助会或村民代表。有时，银行也会给个体农民最高50元的借款，条件是他们要找到有信誉的商人或当地富人做担保。即便如此，贷给合作社的钱也只占银行放贷总额的一半。③

农业合作社的数量迅速增加(见表8.2)。这种快速扩张对银行来说未必是件好事。相反，农村金融机构的崩溃导致更多的农民依赖合作社乃至江苏省农民银行。1932年7月，农民银行无锡分行报告说，农民把该行视为“唯一向他们开放的金融机构”，支行挤满了蜂拥而至来借款的农民，因为当铺拒绝借给他们

① 江苏省农民银行：《第三年之江苏省农民银行》，页193。

② 江苏省农民银行：《江苏省农民银行第3次业务会议汇编》(1930年7月)，页55。

③ 中央银行经济研究处：《中国农业金融概要》，页221—224；陈意新：“国民党处理农村社会经济问题的做法：中国农村合作社运动，1918—1949”(华盛顿大学，博士论文，1995年)，页128—129。

现款用于水稻种植。[①] 武进、松江、嘉定几家支行报告说，当地农民对合作社和银行也抱有同样的热情。[②]

表 8.2　江苏省合作社，1928—1936 年

年份	有合作社的县数	合作社数量	成员数量	成员股份（单位：元）
1928	20	309	10 971	46 371
1929	31	668	21 175	96 473
1930	50	1 226	38 280	266 885
1931	51	1 721	53 512	434 312
1932	52	1 828	57 100	453 580
1933	54	1 897	n. a.	n. a.
1934	60	2 937	105 036	n. a.
1935	56	4 091	138 369	n. a.
1936	56	1 875	79 170	814 489

来源：菊池一隆："江蘇合作事業推進の構造と合作社：南京国民政府、江蘇省、江蘇農民銀行と関連させて"，载野口鐵郎编：《中国史における教と国家》，东京：雄山閣出版，1994，页 377—378。

最初几年，银行资金有限，而且 1930 年代初，农村地区的资
219 金都流向了上海，银行很难从富裕的农村居民中吸收存款。许多农村金融机构提供诱人的利息吸引存款；同时以高利率向外放贷。但根据法律规定，江苏省农民银行不得支付高于 1%的月利率，因此它无法提供具有竞争力的存款利息。幸运的是，渐渐地，银行吸引存款变得容易起来。江苏省农民银行建立起管理经营稳定的信誉，使它获得了更多的存款。银行还尝试从合作社中吸纳存款。1934 年末之后从上海回流的一部分资金也被存到农民

① 江苏省农民银行：《江苏省农民银行第 6 次业务会议汇编》（1932 年 7 月），页 63—64。

② 同上书，页 54。

银行。尽管如此,银行还是不能满足申请贷款的合作社的资金需求。[1]

为了使有限的资金得到最好的利用,农民银行试图谨慎地选择合作社,排除组织管理混乱的合作社。[2] 例如,无锡支行的管理者说,银行不会再贷款给那些拖欠还款的合作社,而对按时还款的合作社将增加其贷款额度。金坛支行的管理者说,他们只贷款给需要资金的农民,这样农民就不会仅仅依赖于银行。随着时间的推移,银行在发放贷款上变得更为有效。作为这方面的证据,我们可以看看 1929 年的放贷情况。这一年,共发放贷款
681 566.17 元,其中被偿还 394 254.52 元(57.8%)。1936 年, 220
2 542 个合作社共从银行借款 291 万元;其中 2 109 个合作社(83%)在贷款到期日偿还了 237.9 万元(81%)。

农民银行还扩展了其业务范围。截至 1935 年,它已经在江苏省 61 个县设立了 73 家支行。同时,贷款总额和存款总额都已增加。[3] 1934 年,江苏省农民银行开始接受当地政府的资金,这使得它的存款总额显著上升。[4] 随着这些新资金的取得,银行就可以扩大其贷款业务了(见图 8.1)。

---

① 江苏省农民银行:《江苏省农民银行第 6 次业务会议汇编》(1932 年 7 月),页 3—4;赵国鸿:“银行贷款农村应有之注意及其责任问题”,载《农行月刊》第 1 卷,第 8 号(1934 年 12 月),页 1—2。

② 江苏省农民银行:《江苏省农民银行第 8 次业务会议汇编》(1932 年 7 月),页 45—46。

③ 同上书,页 3。

④ 为了增加当地金融的透明度,省长陈果夫和财政厅厅长赵棣华将当地政府的资金都集中到了江苏省农民银行(参见飯塚靖:《中国国民政府と農村社会:農業金融・合作社政策の展開》,東京:汲古書院,2005 年版,页 179—182)。

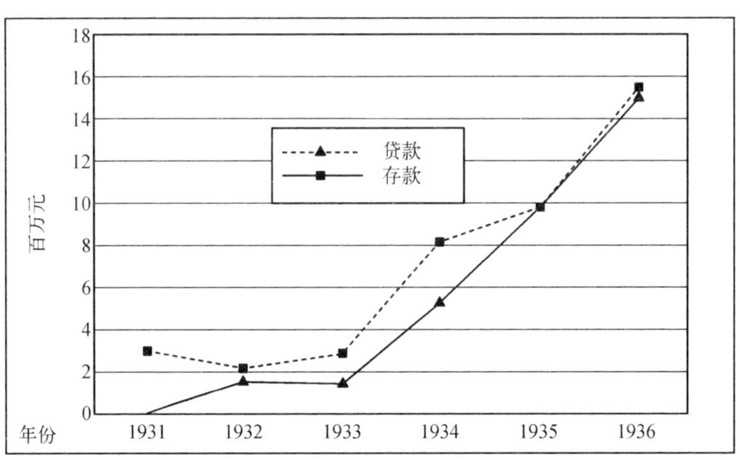

图 8.1　江苏省农民银行的贷款和存款，1931—1936 年

来源：江苏省农民银行：《第二年之江苏省农民银行》；《第三年江苏省农民银行》；《二十四年业务报告》。

仓库贷款

江苏省农民银行的另外一个重要项目是经营仓库。农民银行跟上海商业储蓄银行、中国银行合作一起运营这些仓库。农民银行为农民提供低息贷款，换取他们的农产品，并把这些农产品
221 存放在银行的仓库里。仓库项目迅速扩展，通过这种方式放出的贷款很快就超过了借给合作社的贷款（见表 8.3）。农民银行发现仓库系统比通过合作社的贷款更为有利，后者需要银行对借款人的信用进行评估，还需要承担欠债不还的风险。相反，通过直接将抵押物保存在仓库，银行就能更安全地放贷，银行遂转向了仓库系统。①

① 飯塚靖：《中国国民政府と農村社会：農業金融・合作社政策の展開》，東京：汲古書院，2005 年版，页 198—211。

表 8.3　江苏省农民银行的贷款情况,1933—1936 年

（单位:元）

年份	合作社贷款	仓库贷款	合计
1933	2 126 764	1 281 707	3 408 471
1934	2 360 844	4 278 621	6 639 465
1935	1 811 638	8 304 305	10 115 943
1936	3 397 769	14 184 966	17 582 738

来源:飯塚靖:《中国国民政府と農村社会:農業金融·合作社政策の展開》,表Ⅲ-4,页 184。飯塚靖纠正了江苏省农民银行原始数据("1934—1936 年三年来业务推进报告",见江苏省农民银行档案)中的一些重复计算。

仓库系统对农民来说也是一项真正的实惠,因为他们的现金收入不仅不充裕,而且还是季节性的。满足人们对现金的季节性需要,对农村地区的福祉来说太重要了。农民银行的管理者看到,既然个人信贷风险太大,长期贷款又回笼太慢,那么通过仓库项目的短期贷款就是向农村地区提供贷款的最实用的办法。① 1929 年,农民银行首次组织了三家合作社的仓库,1932 年仓库数目有所增加。在收获季节,农产品价格是最低的,隶属于合作社的农民便把他们的产品带到仓库,换取低息贷款(月利息约 1.5%)。当价格上涨的时候,农民再取回他们的产品,以偿还贷款。② 1935 年,江苏省 40 个县共建了 180 多个仓库,仓库贷款总额达到 400 万元。③ 担保仓库贷款的农产品包括大米、棉花、小

① 江苏省农民银行:《江苏省农民银行第 8 次业务会议汇编》(1932 年 7 月),页 100。

② 陈意新:"国民党处理农村社会经济问题的做法:中国农村合作社运动,1918—1949",页 129—130。

③ 苏农非:"江苏农村与都市间之新金融",载《中国经济》第 4 卷,第 7 号(1936 年 7 月 15 日),页 56—57。

麦、大豆以及农民发现最为有利的蚕茧。[①]

222 满铁调查人员在太仓也注意到银行仓库在该县的重要作用。江苏省农民银行太仓分行建立了四个仓库。这些仓库接受农民的产品如大米、棉花、小麦、大豆、芝麻、葵花籽等作为抵押品，然后发放约合产品价值 70%的贷款，每 100 元收取 1.2%的日利息。贷款期限可长达 10 个月。如果农民到期没有偿还债务，银行就将他们的抵押品卖到上海市场。满铁调查人员报告说，尽管仓库贷款条件苛刻，直到 1937 年中日战争爆发，这些仓库一直处于运转之中。[②]

政府干预农村的成功与失败

由于农村危机的严重性，江苏省农民银行仅取得了有限的成功。[③] 但是，鉴于农村金融机构已经崩溃，江苏省农民银行的活动，特别是其仓库贷款项目，值得给予更多的关注。

我们已经看到，贷款对农村家庭的幸福非常重要，它不仅能解决农民购买生活必需品的问题，而且还有效应对了农民季节性的现金短缺。由于无论在村内还是在村外都找不到可以借贷的人，农村家庭经历了严重的资金流动性困难。合作社和仓库贷款某种程度上缓解了他们的困难。比如，通过这种途径，江苏省的

---

① 虽然有分行报告说一些商人非法利用了仓库系统，但仓库贷款对向农村经济注入资金的重要性不容忽视。（参见飯塚靖：《中国国民政府と農村社会：農業金融・合作社政策の展開》，页 179—182）

② 南満洲鉄道株式会社調査部：《江蘇省太倉県農村実態調査報告書》，上海：南満洲鉄道株式会社調査部，1939 年，页 47—48。

③ 特别是，合作社对农民的覆盖面是有限的；例如，1935 年，江苏省参加合作社的家庭数(79 170))仅为全省农村家庭总数(5 058 000)的 1.56%。（见陈意新："国民党处理农村社会经济问题的做法：中国农村合作社运动，1918—1949"，页 152）正如本章所显示的，政府处于一个两难困境：因为合作社扩大，控制其质量往往就更加困难。

合作社成员就可以利用这些贷款了(参见表 8.4)。

表 8.4　江宁县合作社成员对贷款的使用情况，1929 年

贷款目的	人数	百分比	数额(元)	百分比
偿还其他贷款	166	45.1	15 135	61.2
赎　地	12	3.3	1 880	7.6
经营副业	17	4.6	1 740	7.0
建　筑	6	1.6	500	2.0
买卖本钱	100	27.2	1 200	4.9
购买生产必需品	34	9.2	2 272	9.2
购买生活日用品	33	9.0	2 010	8.1
合　计	368	100	24 737	100

来源：中央银行：《中国农业金融概要》，上海：商务印书馆，1936 年，表 62，页 226。

用这些新贷款偿还旧债是贷款使用的最大一项，比重达到 61.2%。这些旧债是由当铺和非正式的金融机构提供的，以帮助农民解决现金收入的季节性短缺。这种始于 1920 年代末的模式类似于农村萧条之前的情况。贷款的第二大项用于资助农业生产，第三大项则是购买生活日用品。

江苏省农民银行没能改变农村家庭经济的基本结构，而政府也无意改变农村的金融系统。激进方案被认为是不切实际的。政府官员解释说，通过法律禁止高利贷将是不成功的。只要贷款 223
需求存在，试图调节就会减少资金供应，最终会提高利息。而且也很难在短期内建立起大量的合作社。在临时过渡期，政府发现利用现有机构提高农村的信贷能力更合算。

恢复当铺被认为是一个理想的出发点。有人认为，只要政府注入资金，曾在萧条前的农村金融市场发挥关键作用的当铺，就将能够恢复营业并维持下来。政府提出了三项具体措施。第一是将贷款期限缩短至 10—12 个月之间。贷款期限再长，将迫使当铺出售农民的抵押物以弥补意外的损失。一年的时限被认为是够长了,对农民来说可以满足他们每年的现金短缺,对当铺来说,也可以减少他们的损失。第二,政府提倡金融机构之间互相存款。通过这种途径,正在遭受资金短缺的当铺可以从其他机构借款,增加自己的流动性。第三,政府敦促当铺接受除大米之外的农产品做抵押。

政府也从合会(一种农村金融互助组织)中学到了经验。农
224 村地区流行互助会,其成员对这些组织的义务感非常突出;农民甚至能在向房东交纳到期的房租之前履行自己对组织的义务。如果我们注意到农民信誉是政府改善农村金融计划的中心环节,就不难理解其对合会的高度评价。信用合作社的一个主要目标就是使农民能够共同守信,因为农村经济的任何下滑都会伤害到城市工业和金融部门,而这一问题是城市企业主们非常关心的。因此,关键问题是要让资金反向流动,即从城市流向农村。为了降低投资农村地区的风险,政府敦促农民成为合作社成员,并且组成小组。通过这种方式,农村合作社成为了城市银行投资农村的场所。合作社的主要目标是让农民守信誉,江苏省农民银行在这一点上带了头。①

对合作社的资金支持主要来自银行。例如,1936 年,银行投资占了合作社预算的 80%。② 上海商业储蓄银行是合作社最积

① 飯塚靖在《中国国民政府と農村社会:農業金融・合作社政策の展開》的第 5 章指出,在江苏、浙江两省,互助会提供了信用合作社的样板模式。

② 石德兰(C. F. Strickland):《中国的合作社运动:中国之行观察报告,1934—1935》(*The Co-operative Movement in China: Report on Observations Made During a Trip to China, 1934—1935*),南京:中英文化协会,1936 年版,页 44;弁納才一:"中国における商業銀行の対農業投資:1931—1936 年",载《アジア経済》第 35 卷第 3 期(1994 年 3 月),页 44。

极的投资者。从1934年7月到1935年6月,它贷给了七个省份的125个合作社共200多万元,这一数额占到了其农业贷款的60%。[①] 同样,中国银行的农村贷款也从1933年的占贷款总额4.8%,上升到两年后的19.98%。[②]

1936年6月,在实业部下面成立了一个新的部门——农本局。这个组织的目的是充当放贷银行和借贷的农业合作社之间的中间担保人。[③]

银行贷款给合作社并非突发奇想。一些私营银行甚至在农本局成立之前就向合作社提供贷款。1935年2月,五家银行(上海商业储蓄银行、金城银行、浙江兴业银行、交通银行、中国银行),汇集了250万元,并成立了中华农业合作贷款银团;银团的目的是减轻银行对组织良好的合作社的控制竞争,降低向农村投资的风险。银团将整个国家分为七个贷款区,并共同发放贷 225
款。[④] 当年晚些时候,六个中小型银行也加入银团,将成员银行的数量增加到11个。1934年的《银行法》要求每家储蓄银行至少将其储蓄存款总额的20%用于农业贷款。在农村地区没有分支的中小型银行,发现很难满足这一要求;因此,银团是他们农业

① 中国人民银行上海市分行金融研究所:《上海商业储蓄银行史料》,上海:上海人民出版社,1990年版,页289;王文钧:"商业银行在农村之动态",载《银行周报》第19卷第48号(1935年12月10日),页24。

② "中国银行民国二十二年度营业报告""中国银行民国二十四年度营业报告",见中国银行总行和中国第二历史档案馆:《中国银行行史资料汇编:上编(1912—1949)》,南京:档案出版社,1990年版,第三册,页2104—2105,2187。

③ 国民党中央党部国民经济计划委员会编:《十年来之中国经济建设》,出版地不详,1936年版,第2章第3节,页24—25。

④ 王文钧:"商业银行在农村之动态",载《银行周报》第19卷第48号(1935年12月10日),页26—27。

贷款的理想媒介。①

在政府设立农本局之后，中华农业合作贷款银团重组为流动资金银团。另有 19 家银行加入，使银行团成员总数达到 30 个。这些成员银行提议五年内每年提供 600 万元，再由政府在同样长的时限内每年提供另外 600 万元。② 这笔资金将投资于农业生产，加强农村金融，建立农业仓库，促进农产品销售和农业研究。③ 城市银行增加贷款意味着农村地区具备了更多可以利用的资金。

小　结

在中国自萧条中复兴期间，随着政府对经济发挥越来越大的作用，长江地区的工业地图被改变了。政府干预既显示出其优势，也暴露了其劣势。

尽管棉纺业和缫丝业都在寻求政府援助，尤其是财政支持，无奈政府财政支绌，还是没能满足他们的援助请求。因此，丝厂主退出了政府领导的带有附加条件的重组计划，纱厂主也仍然遭受着信贷紧缩的痛苦。

实际情况是，不是中央银行，而是银行业组织在决定着长期贷款的流动性。相反，由于高息公债的存在，政府无法再对工业进行投资。在大多数情况下，棉纺业和缫丝业不得不依靠自己的

① 盛宪民："一般储蓄银行有组织农村放款联合团之必要"，载《银行周报》第 18 卷第 36 号（1934 年 9 月 18 日），页 15—17。

②《钱业月报》，第 16 卷第 9 号（1936 年 9 月），页 100—101；陈意新："国民党处理农村社会经济问题的做法：中国农村合作社运动，1918—1949"，页 241—244。

③ 宫下忠雄：《中國銀行制度論》，東京：岩松堂書店，1941 年版，页 208—216。

力量进行技术改进和管理改革。币制改革对这两个产业都产生了有益影响。由于汇率优势，缫丝业目睹了对其产品需求的增 226
长，棉纺工业的复苏则受益于日益增长的国内购买力。

事实证明，政府改良农业对这两大工业来说最为重要。1931年后期，随着农业萧条加剧，农产品质量下降；与此同时，自然灾害又使农村地区的情况恶化。城市实业家、银行家以及知识分子对这种糟糕局面会如何影响城市部门都深感忧虑，但又缺乏适当的机构来为农村注入资金。为此，政府带头进行养蚕和棉产改进。

不过，认为政府已经控制了农村经济的看法却是一种误导。我们在第七章已经看到：一方面，中国民众希望政府坚持保守和稳健的货币政策；另一方面，又希望政府对长江三角洲地区的工业改进和农业复兴发挥强有力的领导作用。政府无法同时实现这两方面的政策目标。正如我们已经看到的，在江苏省农民银行缺乏足够资金的情况下，政府利用合作社来监督农村借款人，为城市银行向农村投资牵线搭桥。由于财政的拮据，政府无意也无力改变农村地区。 227

结　论

在前面几章，我已经考察了大萧条期间中国经济危机的原因、机制和结果，也考察了全球性的经济衰退对中国经济产生的影响，以及中国经济在从这场危机中复兴期间发生了怎样的结构转变。同时，我还剖析了关于中国经济的几个主要关系：包括城乡关系、银行与工业企业的关系、政府与市场的关系以及国内经济与世界经济的关系。接下来，让我们来考虑一下这些诸多关系的理论意义，并且从历史和全球的视角来对大萧条时代中国的政治经济做一番观察。

银本位与中国的工业化

在20世纪的第一个十年，现代工业开始出现在中国。长江三角洲地区的城市居民带头实现了这种发展，他们在那里建立起了一个首要的轻工业中心。白吉尔(Marie-Claire Bergère)将共和时代(1915—1927年)的第一个十年称为“上海资产阶级的黄金时代”。[①]

---

① 白吉尔：《中国资产阶级的黄金时代(1911—1937)》(*The Golden Age of the Chinese Bourgeoisie, 1911—1937*)，英国剑桥：剑桥大学出版社，1986年版，页1—10，279—280(该书有上海人民出版社中译本，译者为张富强、许世芬，1994年版。——译者注)。

在此期间，上海公共租界的企业家们可以不受中国政府的干预来扩展其业务。不过，公共租界内企业家的事例并不能解释为什么长三角地区其他城市也有了工业发展。另外，也不能解释尽管有清王朝倒台之后的混乱以及其后军阀时代的政治不稳定，中国的 229 工业企业还是能够有所发展。

幸运的是，一些中国公司的档案纪录揭示了这些重要问题。对新兴现代工业企业最重要并且长期的挑战，是为日常运转和未来发展筹集资金。这些问题并非 20 世纪初的中国所独有的。在英国、德国、美国和日本，实业家们也都面临着筹集资金的难题；不过，融资方式却因国而异。[1] 19 世纪的英国公司依靠的是家庭财富和银行透支，而非政府援助。德国则由全能银行——一种综合了商业银行、投资银行和投资信托公司的组织——贷款给私营企业，此外还帮助他们购买、销售股票和债券。同样，二战后取得了迅速发展的日本企业，也得到了私营银行的资助，而这些私营银行又严重依赖日本银行和财政部。在 19—20 世纪，美国公司对银行的依赖超过他们的英国同行，但没有德国和日本公司那样严重。特别是对那些大企业集团来说，原始资金通常都来自留存盈余。

中国纺织企业最突出的特点是他们对抵押银行贷款的过分依赖，无论是长期资本还是短期资本都是如此。传统上，钱庄对他们非常熟悉的客户很少要求抵押。然而，像其他国家一样，在 19 世纪末 20 世纪初的经济政治气候下，中国也出现了抵押融资

---

① Peter Botticelli："英国资本主义与三次工业革命"，页 62—64；Jeffrey Fear："德国资本主义"，页 142—144；Thomas McCraw："美国资本主义"，页 331—36；Bernstein："日本资本主义"，页 478—449；以上均见 Thomas McCraw 编：《创造现代资本主义》(*Creating Modern Capitalism*)，马萨诸塞州剑桥：哈佛大学出版社，1997 年版。

贷款的办法。由于辛亥革命引发了金融市场的动荡，上海外商银行要求有可靠的抵押品才能贷款给钱庄。钱庄也就跟进这种做法，要求商人和实业家客户提供抵押。长期贷款抵押可包括工厂、建筑物和设备；短期贷款则可以由如蚕茧、棉花等原材料以及生丝、棉纱等最终产品来抵押。实业家们发现尽管有抵押要求和
230 要支付利息，贷款还是有用；它有别于以往向亲朋好友借钱的方式，贷款使他们可以在自己的社交圈外寻找投资者，并且可以在不给予债权人分红的情况下取得资金。因此，银行贷款成为中国早期工业增长的关键因素。

正如我已指出的，银本位是这种融资贷款的核心。金融机构在获得他们认为安全的抵押品后发放贷款，因为他们相信通过这种办法可以规避放贷的风险。银行对抵押品的信心是可理解的，这是因为，19 世纪末白银正在贬值（一战后银价有短暂的回升），导致了轻微的通货膨胀。银价下跌降低了中国对外国货币的汇率，刺激了海外汇款和外国对华投资，并且对进出口贸易都为有利。我们在第三章已经看到，原棉、棉纱、蚕茧和生丝的价格，或保持稳定，或有所上升。作为上海金融市场最重要的抵押物，上海公共租界的房地产价值也在稳步上升。在这些有利条件下，这一抵押融资贷款方式十分有效。

但是，正如我在第一章已经解释过的，从长期来看，银行对抵押品的信心并无根据。在中国以外，白银仅仅是一种商品，其价格不受中国的控制，部分是因为在国际市场上商人可以自由买卖白银，部分是因为中国政府对白银贸易不加管理。因此，当上海的白银价格高于世界其他地方的时候，商人就会通过向中国销售白银获利。但是，一旦上海银价低于世界其他市场，商人就会将白银运出中国。白银在中国的这种进出流动对中国经济有着严

重的影响。一旦大量白银流出中国，商品价格下跌，抵押品也就不能保值了。因此，中国纺织工业的发展包含着结构性弱点：贷款合同容易受到物价下跌的冲击。

货币体系的政治经济学

中国在大萧条期间的经历将信用问题推到了前台。我是在
最一般意义上使用“信用”这个词的，即值得相信和信任。可以从 231
两个层次上来谈信用问题。首先是借贷关系——金融机构基于
对抵押物安全的信心借钱给债务人；其次是货币体系的信用问
题，它是中国政治经济关系的核心。

货币与白银的挂钩限制了政府操控货币体系的能力。在传统的货币体系下，帝国政府铸造铜币，但却将对白银的管理权下放给私营铸造商和商人。① 各种货币的流通依托白银，靠白银来衡量价值。对货币缺乏控制的原因目前仍在争论中。② 这里的关键问题是，帝国的货币制度在辛亥革命之后被保留了下来。在1910 年代至 1920 年代的政治混乱时期，银本位支撑着中国货币体系的信用。军阀与各地政府通过发行过量的纸币来弥补预算赤字的做法，受民众拒绝接受他们的纸币或纸币严重贬值而有所

---

① 景复朗(Frank H. H. King)：《中国的货币与货币政策(1845—1895)》(*Money and Monetary Policy in China, 1845—1895*)，马萨诸塞州剑桥：哈佛大学出版社，1965 年版，第 5 章。

② 黑田明伸认为，清政府故意让各种各样的货币流通，以避免地方性金融危机(见黑田明伸：《中華帝国の構造と世界経済》第 1 章，名古屋：名古屋大学出版会，1994 年版)。认为缺乏控制是因为政府的不称职的观点，参看景复朗：《中国的货币与货币政策(1845—1895)》，页 134；以及万志英(Richard von Glahn)：《财富之源：中国的货币与货币政策》(*Fountain of Fortune: Money and Monetary Policy in China, 1000—1700*)，伯克利：加利福尼亚大学出版社，1996 年版，页 252—253。

抑制。①

但是，大萧条期间国际银价的巨大波动严重影响了中国经济。这一不利征兆在 1929—1931 年已经很明显，尽管那时中国仍处于通胀状态，这与整个世界都在遭受经济衰退相比显得十分例外。白银价格的下跌降低了中国的汇率，这种情形刺激了投资和汇款。在白银的净输入状态下，实业与金融都一片繁荣。然而，国际市场农业价格的下降正逐渐影响着中国农业部门。

当国际银价停止下跌，中国的通胀趋势随之结束。1931 年 9 月，英国放弃金本位制并将其货币贬值，其他国家随后跟进，日本于 1931 年 12 月、美国于 1933 年 3 月相继放弃金本位。根据这些国家的货币衡量的白银价格上涨，中国对这些国家的汇率也就随之上涨。中国的工业丧失了从前的低汇率优势：中国在国外市场销售的产品价格低廉，进口到中国的国外商品则价格高昂。中国的贸易停滞不前，资本输入减少。中国不得不向外出口白银弥补逆差。

1934 年 6 月，美国通过白银收购法案，进一步提高了国际银
232 价，导致了大量白银流出中国。目前的共识是外商银行大量抛售引发了白银流失，但我的结论是，白银外流是由中国民众和外商企

① 公众并非完全不受政府操控。例如，彭慕兰(Kenneth Pomeranz)指出，华北地方政府限制白银和铜钱跨省界流动。由此产生的货币短缺导致当地政府发行硬币和纸币进入流通[见彭慕兰：《腹地的构建：华北内地的国家、社会和经济(1853—1937)》(*The Making of a Hinterland: State, Society, and Economy in Inland North China, 1853—1937*)第 1 章，伯克利：加利福尼亚大学出版社，1993 年版。(该书有 2005 年社会科学文献出版社中译本，译者为马俊亚——译者注。)但是，正如彭慕兰指出的，这些政府并不能完全防止货币走私，这抑制了政府通过滥造硬币、滥发纸币或人为地强加不同于银铜兑换比率的兑换率而获利的企图。关于天津银行家增加民众对货币的信任的努力，请参见史瀚波(Brett Sheehan)《乱世中的信任：民国时期天津的货币、银行与政府社会关系》(*Trust in Troubled Times: Money, Banks, and State-Society Relations in Republican Tianjin*，马萨诸塞州剑桥：哈佛大学出版社，2003 年版]第 4 章。史瀚波所研究的天津情况也表明，反对地方权力操控货币的终极保障是民众对货币可兑换性的要求。

业向金融市场抛售中国元引发的。[1] 由于国际银价迅速上升，出于对国民政府会让中国元贬值以及禁止继续出口白银的担心，外商公司把资金转变为本国货币，富裕的中国人也将他们的资产转移到国外。外汇需求因此急剧上升，以外币计算的上海银价比世界其他市场银价更低，正是这种价格空间刺激了白银从中国大规模出口。

白银大量外流，随之商品价格下跌，资产价值缩水。同时，对支撑贷款的抵押品的信心减弱。首先，随着农产品价格下跌和农村耕地贬值，农村金融机制停止了运转。随后，原材料和最终产品的价格下降，纺织业发现越来越难以从银行取得贷款。最后，由于国内外市场的萧条，纺织企业已经不可能再承受先前贷款的负担。金融机构限制贷款以减少资金损失，但是，他们也未能逃脱这一危机。房地产市场的崩溃对金融机构来说是致命的，因为银行和钱庄都大量涉入了房地产抵押之中。而且，由国际银价上涨引发的这一震荡被大萧条之前形成的信贷关系放大了。中国经济陷入严重的萧条之中。

中国经济的一个主要问题是，缺乏一个能够制止白银出口或使经济安全度过紧缩期的机制。中国的银本位货币体系基于白银在国内国外的自由交易。中国通货、白银和外汇之间的交易不受管制；因此，在市场上抛售中国元完全是合法的。此外，货币准备金是分散的，不存在对货币发行和信贷扩张的控制的问题。金融机构之间的竞争导致了货币充足时债券发行的增加和信贷的扩张，但是一旦货币紧缩，对现金的争夺就是一场灾难。随着危 233
机的加剧，经济机构不得不重组以适应不断变化的环境。

脱离银本位被认定是令金融复苏的基础。1935 年 11 月 4

① 汪熙:《求索集》，上海:上海人民出版社，1999 年版，页 397—398。

日，国民政府实施币制改革。尽管刚开始并不能确定民众是否会接受没有白银做支撑的法币，但后来证明改革是非常成功的。为了兑换白银，三家政府银行增加了法币发行量。批发价格，尤其是农产品的批发价格上升了。随着农村购买力的恢复，以国内市场为目标的工业如棉纺业复苏了。同时，利用低汇率的优势，国际导向的工业如缫丝业也恢复了出口。

值得注意的是，尽管中国民众放弃了白银而支持法币，但他们继续影响着政府的货币政策。他们要求政府以负责任的方式行事。中国民众认真地观察着纸币的价值。一旦他们感觉到法币价值有丝毫下降，他们就会向外汇市场出售中国元。在这里，可以看到银本位的遗产。法币必须以准备金作支撑，也不得不维持其与外币的可兑换性，还不得不以固定汇率与国际挂钩。

反过来，国民政府也非常清楚丧失民众对新通货信任的危险。政府官员从1934—1935年的大规模资本外逃中吸取了教训，那次危机就是源于民众对不确定的政府政策的担心。因此，维持货币的可兑换性和汇率的稳定成了国民政府的基本政策。

本书的核心之点就是国际经济与国内政策之间的关联。由于这些政策限制，政府必须平衡预算。因此，为了维持通货价值，政府不能自由或过量地发行纸币和债券。① 正是因为对预算扩张的这些严格限制，政府取得了币制改革的成功，但却降低了在

① 政府的三个主要政策目标是不相容的，这让人想起包括汇率稳定、私人资本流动，以及货币政策自主权在内的一个宏观经济的模型。为了维护汇率稳定，政府不得不要么限制资本流动(通过限制或税收)，要么限制自己的货币政策自主权。如果他们不愿或不能牺牲其中任何一个，那么汇率稳定的目标本身可能会最终受到损害。随着时间的推移，这三个目标无法同时实现。参见罗伯特·蒙代尔(Robert Mundell)：《国际经济学》(*International Economics*)，纽约：麦克米兰出版公司，1968年版，第16—18章。

其他经济政策上的活力。具有反讽意味的是,中国民众一方面密 234
切监督着政府方面滥发纸币会引起的法币贬值,但另一方面,他们希望政府帮助他们摆脱经济危机。大萧条期间,经常用到的一个词就是“救济”,如救济农村、救济小工商业、救济钱庄。哈罗德·詹姆斯(Harold James)写道,严格的计划经济需要强有力的政府指导,这是德国、俄国等国家从大萧条中学到的最明显的教训。① 中国民众和政府官员并不是不清楚这一点。② 面临着与日本产品的激烈竞争,实业家批评国民政府没有像日本政府对日本工业那样给予他们足够的支持。③ 但他们可能还不明白货币政策与财政政策之间的关系。结果,期望在有限的预算下执行一系列的救济计划,国民党政府发现自己处在一个非常难的位置上。

货币政策和财政政策之间的冲突,说明了国民政府经济管理上的优势和劣势。国民政府清楚自身能力限制了它在金融领域内的行动,遂不得不在政策和管理工具上有所选择。由于缺乏能

---

① 哈罗德·詹姆斯:《全球化的终结:来自大萧条的教训》(*the End of Globalization: Lessons from the Great Depression*),马萨诸塞州剑桥:哈佛大学出版社,2001年版,页198。

② 本杰明·史华慈的经典之作《寻求富强:严复与西方》表明,早在19世纪末20世纪初,中国知识分子就梦想着由一个强有力的政府来领导经济发展。柯伟林在《德国与中华民国》一书中考察了国民政府的意识形态以及经济、军事都跟德国的密切关系[柯伟林:《德国与中华民国》(*Germany and Republicn China*),斯坦福:斯坦福大学出版社,1984年版。该书有2006年江苏人民出版社中译本,陈谦平等译——译者注]。曾玛琍认为,在国民党内部,汪精卫、陈公博一派认为经济的自给自足是国家统一的关键(见《拯救国家:民国时期经济现代性》第1章)。

③ 缫丝业实业家的请求比较典型,见本书第四章。很多国家的政府都增加了关税以图保护民族经济。中国政府也增加了关税税率以增加财政收入和保护国内生产者。不过,它不能过多地增加关税。第一,较高的关税会影响从日本的进口,从而引起日本对华北的侵略。我们在第四章已经看到,尽管有华商纱厂主的强烈反对,政府还是不得不削减关税。第二,高关税将刺激国民政府控制力较弱的华南地区的走私。政府肯定承担不起关税收入的损失。参见杨格:《中国建设国家的努力》,页48—54;以及久保亨:《戦間期中国「自立への模索」:関税通貨政策と経済発展》,第1—6章,有关国民政府关税政策的部分。

够使资金反向农村流转的机制,国民政府改进农业和恢复农村金融的努力不容忽视。尽管实业家表达了对政府没有直接支持他们的不满,他们还是从农业部门的改进中获得了益处。然而,必须指出的是,政府无意控制或改变农村经济。通过江苏省农民银行的案例,我们已经看到,它的目标是适度的,如通过将农民组织进合作社,以及恢复当铺、互助会等传统金融机构,加强农村借贷者对城市金融机构的信用。

只要国内的货币体系还跟国际货币体系相挂钩,政府就不能
235 自由地制定独立的经济政策。①

中国与世界经济

我已经试图提醒人们注意中国经济与世界经济的联系以及这种关联对中国国内政治的影响。意味深长的是,尽管大萧条引发了重大的变化,但它却一般不被认为是中国历史上的严重事件。很不幸,紧随大萧条之后的政治和经济动荡遮蔽了中国离现在并不遥远的历史事实。1937 年 7 月爆发了中日战争,随后

① 对后帝制时代中国国家与社会的关系的研究表明,任何时候政治权力试图插手社会事务,政权的合法性就会受到人民的质疑。例如,杜赞奇写道,当地方居民拒绝付给收税者额外的费用而致使地方政府未能收取到追加的税收时,该政府的信誉在当地居民的眼中受到了严重损害(见杜赞奇:《文化、权力与国家》第三章)。沈艾娣(Henrietta Harrison)在《打造共和国民:中国的政治仪式与象征》(*The Making of the Republican Citizen: Political Ceremonies and Symbols in China*,牛津:牛津大学出版社,2000 年版)一书中,考察了政治仪式、象征与国家控制之间的关系。不过,对于货币制度,这个国家不得不跟中国社会协商的最重要的问题之一,却还没有充分的分析。一个例外是史瀚波《乱世中的信任》一书中,有关天津地区货币和银行情况的部分。在《腹地的构建:华北内地的国家、社会和经济(1853—1937)》第 1 章中,彭慕兰考察了山东、河北两省地区的货币与信贷市场,研究了地方政府经济政府对地方经济的影响。

1945年又爆发了内战，这些都导致了大规模破坏。1949年10月，中国共产党建立了中华人民共和国，随后新政权开始了对货物、服务和人口等流动的严密管制。继而，在1960年代至1970年代的“文革”时期，中国完全自给自足，当时毛泽东将中国从外部世界中隔绝封锁起来。1978年，在经过多年的自力更生之后，邓小平将中国经济向世界开放，表面看来这是中国第一次开放。① 而实际上，中国很早以前就是对外开放的。② 虽然战前中国经济那意义深远的开放几乎已被遗忘，但1930年代的中国人，特别是国民党的决策者们，敏锐地认识到中国与世界经济的紧密联系，并因此形成了他们相应的策略。

为了保持中国元对英镑和美元的汇率稳定，国民党官员选择牺牲政府对货币政策的自主权。在世界很多地方都在实行经济国家化的时候，国民政府却坚持开放政策，这很值得注意。哈罗德·詹姆斯指出，作为对大萧条的反应，出现了对经济全球化的有力反对。普遍流行的观点是，任何跨国的事物，无论是政治、商

---

① 参见处理中国从1978或1979年开始与世界经济的联系的相关作品。稍为举例，如：大卫·茨威格(David Zweig)：《走向国际化的中国》(*Internationalizing China: Domestic Interests and Global Linkages*，纽约绮色佳：康奈尔大学出版社，2002年版)；托马斯·摩尔(Thomas Moore)：《世界市场上的中国》(*China in the World Market: Chinese Industry and International Sources of Reform in the Post-Mao Era*，英国剑桥：剑桥大学出版社，2002年版)；黄亚生(Yasheng Huang)：《出售中国：改革时代的外国投资》(*Selling China: Foreign Investment during the Reform Era*，英国剑桥：剑桥大学出版社，2003年版)。他们聚焦于1980年代开始的改革，有充分的理由选择这些年份作为起点。但是，我认为，中国与世界经济联系的历史背景值得特别关注，原因至少有两个。第一，自19世纪末起，海外投资就中国经济就是非常重要的。第二，银本位与大萧条的遗产，在中日战争、国共内战及战后，都继续影响着政府政策与个人行为。我将在本节的后一部分详细讨论这一问题。

② 关于中华民国在政治、经济、文化领域意义重大的国际化，请参见柯伟林：“中国的国际化：民国时期国内外的外交关系”，载《中国季刊》(*China Quarterly*)第150号(1997年6月)，页433—458。

品还是人口，都应该停止，或者至少应当受到控制。尤其是资本流动，遭到了严厉的批评，理由是它造成了 1930 年代初的重大金融危机。在这些思潮的影响下，很多国家的中央银行加强了对外汇交易的管制。①

国民政府不能采取这种严格的政策，因为它会立即引起了公
236 众对政府操纵新货币体系的怀疑。政府必须避免货币体系的紊乱。我们在第一章已经看到，中国经济严重依赖海外华侨汇款和外国对华投资。汇率不稳和通货紊乱将会阻止政府所急需的外资输入。

而且，自 1930 年代中期以后，中国与国际货币体系的联系继续影响着国家与市场的关系。1937 年爆发的中日战争，被认为不仅对中国政治而且对东亚国际秩序来说都是一个重大事件。但是，我们不应忽视这样一个事实，即维持货币的可兑换性一直到 1938 年底都被认为是首要的事情。② 由于担心汇率下跌导致民众恐慌，在战争初期，国民政府通过向上海金融市场出售外汇来维持汇率。这一行动不仅减轻了战时通货膨胀，而且还支撑了对新通货的普遍信心，尽管它也引起了外汇的大量漏卮。

1938 年 10 月，当国民党政府撤退到内陆省份四川之时，它对汇率稳定和健全财政政策的保证被破坏了。由于缺乏足够多的外汇储备，政府无法维持现有的汇率。同时，军费开支在 1940 年增加，通过扩大货币发行来资助的政府支出也在稳步增长。中国经济向这种通货膨胀的压力让步。截至 1945 年底，中国的物

① 哈罗德·詹姆斯：《全球化的终结：来自大萧条的教训》，页 187—189。

② 张嘉璈：《通胀螺旋：中国的经历（1939—1950）》，纽约，约翰威立国际出版公司，1958 年版，页 95—96；中国人民银行总行参事室：《中华民国货币史资料第二辑（1924—1949）》，页 284—285。

价据报道达到了战前水平的1632倍。即使在抗日战争结束的1945年8月，国民政府也未能制止失控的通货膨胀，反而使它加剧了。政府支出的迅速扩张使货币供给增加。① 资本外逃不仅抬高了外汇的市场价格，而且通过限制外汇在进口上的使用，使本已失控的通货膨胀继续恶化。政府对外汇分配越是严格，进口商就越是囤积居奇以便从不断上涨的物价中获利。由此产生的恶性通货膨胀削弱了国民政府的政治合法性。②

共产党政权通过将资金纳入严格管控的渠道来处理恶性通货膨胀遗留下来的问题。它禁止黄金、白银和外汇的流通。一切 237
对外贸易都被交到国营企业手里（1950年3月），并且交易仅使用外币，不使用中国通货人民币。由于摆脱了国际市场的影响，政府此后有效加强了对国内人民币流通的控制。③

国民党政府去台湾后，也从大陆时期恶性通货膨胀的经验中学会了财政和货币上的保守主义，并且这些教训再也没有被遗忘。④ 同时，国民党政府试图控制外汇汇率，使其能够在当局领导的控制下，促进台湾的工业发展。

随着通胀的结束和战后的恢复，国民党在台政府实施了第一个四年发展计划（1953—1956）来促进工业化。为鼓励进口替代，

---

① 张嘉璈：《通胀螺旋：中国的经历（1939—1950）》，页98—100。

② 张嘉璈：《通胀螺旋：中国的经历（1939—1950）》，页304。

③ 德怀特·珀金斯（Dwight Perkins）：《共产中国的市场控制与计划》（*Market Control and Planning in Communist China*），马萨诸塞州剑桥：哈佛大学出版社，1966年版，页II。

④ 薛立敏（Li-min Hsueh）、徐振国（Chen-kuo Hsu）、德怀特·珀金斯（Dwight H. Perkins）编：《工业化与国家：台湾经济中政府角色的变化（1945—1998）》（*Industrialization and the State: The Changing Role of the Taiwan Government in the Economy, 1945—1998*），马萨诸塞州剑桥：哈佛大学国际发展研究所，2001年版，页4。

尤其对纺织品，政府确定有前途的投资机会，制定计划，并提供低息贷款让民营企业家贯彻落实。汇率受到控制，较低的官方汇率被用来实现公营部门的进口、私营部门所需的重要原材料以及中间产品的交易。

1950 年代末，国民党在台政府从进口替代转向促进出口。因为从前的汇率被认为是高估了，1958 年的外汇改革被证明是最重要的。1958 年，新台币贬值，从新台币 24.7 元兑 1 美元下降到 36.1 元兑 1 美元；买入汇率跌得更多，降为新台币 40 元兑 1 美元。同时，废除多元汇率体系，改为单一汇率。加上其他刺激措施，如进口退税和出口加工区，改革最终使出口带动的增长达到极点，并且自 1960 年代起，出口带动增长就成为台湾经济的最显著特征。①

从 1970 年代末到 1980 年代初，大陆和台湾的经济政策都开始改变。1978 年 12 月，中国共产党批准了四个现代化政策，其中之一就是将中国经济向世界开放。四年后的 1982 年，中共中
238 央总书记胡耀邦解释这一政策时说：为了发展与其他国家的经济关系，我们必须：(1) 吸引外资，(2) 引进先进技术，(3) 开展劳务合作，(4) 扩大出口。② 经过几十年与外汇市场的隔绝，共产党政权再次向外国投资和援助敞开了大门。③

1980 年代初，已经有了大量盈余并且外汇储备仍在不断上

---

① 薛立敏、徐振国、德怀特·珀金斯编：《工业化与国家：台湾经济中政府角色的变化(1945—1998)》，页 2，19—20。

② “胡耀邦关于对外经济关系问题”(1982 年 1 月 14 日)，中共中央文献研究室编：《三中全会以来重要文献选编(下)》，页 1111—1131。

③ 巴里·诺顿(Barry Naughton)：《走出计划：中国的经济改革(1978—1993)》(*Growing Out of the Plan: Chinese Economic Reform, 1978—1993*)，英国剑桥：剑桥大学出版社，1995 年版，页 302—304。

升的台湾,受到了使新台币升值的压力,1980 年代末,政府最终不得不使新台币升值。新台币升值结束了台湾对劳动密集型产品出口的严重依赖。不断上升的外汇储备迫使台湾当局允许资本输出。这种贸易和投资变化绵延至 1990 年代渐进发展为经济自由化。①

今天,中国的经济,包括中国大陆和台湾在内,再次开放,中国经济回归到国际金融市场和外汇波动的影响之下。最新也是最重要的证明就是 1997 年的东亚金融危机。世界银行分析了短期资本在东亚金融市场上的进出运动及其对该地区国家的货币体系的影响,以及该地区各国政府为应对危机所执行的政策。②就在泰国在股市下跌之后不久,1997 年初,泰国货币泰铢开始受到冲击。泰国银行试图维持固定汇率但未获成功,泰国银行最终允许泰铢自由浮动。泰铢对美元的价值迅即下降了约 18%。泰铢在 1997 年 7 月的崩溃引发了临近经济体的资本外逃。在随后几个月里,菲律宾、新加坡、马来西亚、香港和韩国的货币也处在了压力之下。因为经济已经停滞,日本也陷入了经济困境。该地区各国政府都面临的挑战是如何应付这一传染性的危机。例如,马来西亚总理马哈蒂尔声称要战胜国际资本的威胁,就需要采取对资本运动的严格控制。③

---

① 薛立敏、徐振国、珀金斯编:《工业化与国家:台湾经济中政府角色的变化(1945—1998)》,页 4。

② 世界银行:《东亚:复兴之路》(*East Asia: The Road to Recovery*),华盛顿特区:世界银行,1998 年版,第 1 章。

③ 有人认为马哈蒂尔行为时空错乱;也有人指出,它帮助提振了国内金融部门的信心。评价的多元化反映了国家与世界资本的复杂关系。参见安妮·布斯(Anne Booth):“东南亚经济危机的起源:有关争论的批评”(The Causes of South East Asia's Economic Crisis: A Sceptical Review of the Debate),载《亚太事务评论》(*Asia Pacific Business Review*),第 8 卷(2001 年),页 36—37。

就国际资本流动对东南亚地区金融和货币体系的严重影响来说，1997 年的危机类似于 1930 年代中国的遭遇。但是，为了
239 应对危机，中国大陆和台湾政府选择了相反的政策。因为中国大陆控制着资本运动，其经济体没有受到像其他东亚国家所遭受的严重冲击。因此，中国大陆能够避免货币贬值。[1] 台湾政府则诉诸贸易促进政策，使新台币贬值，尽管它已有充足的贸易盈余和庞大的外汇储备。[2]

在幸免于 1997 年亚洲金融危机后，中国扩大了经济的对外开放。中国占世界贸易的份额从 1979 年的不足 1%上升到 2003 年的约 6%。中国自 1990 年以来(除 1993 年外)一直享受着贸易顺差，2005 年达到顶峰。2003 年以来，贸易顺差、外国直接投资的输入以及海外华侨汇款共同构成了中国的外汇来源。[3] 中国与世界经济一体化的进程，不仅使中国经济取得了显著的增长，而且，中国政府面临的挑战也在增加。不断增长的贸易顺差和外汇储备使人民币升值(尤其是相对于美元的升值)的国际压力增大。[4] 自从 2005 年 7 月中国政府宣布实施汇率制度改革，从对美元的固定汇率变为管理浮动汇率制，世界金融市场和外国政府

---

① 關志雄:《円と元から見るアジア通貨危機》，東京:岩波書店，1998 年版，页 18—27。

② 薛立敏、徐振国、珀金斯编:《工业化与国家:台湾经济中政府角色的变化(1945—1998)》，页 183。

③ 普拉萨德(Eswar Prasad)，朗博(Thomas Rumbaugh):"概述"，见普拉萨德编:《中国的增长与国际经济一体化:前景与挑战》(*China's Growth and Integration into the World Economy: Prospects and Challenges*)，国际货币组织不定期文件 232 号，华盛顿特区:国际货币组织，2004 年版，页 1—2。

④ 库珀(Richard Cooper):"与全球不平衡相伴而行"(Living with Global Imbalances: A Contrarian View)，载《国际经济政策摘要》(*Policy Brief in International Economics*)，no. PB05 - 3(国际经济研究所，2005 年 11 月)，页 1—10。

更加密切关注中国对人民币的管理。① 同时，作为世界贸易组织的一员，中国不得不大幅度降低关税，并拆除非关税壁垒。②

随着中国经济的不断开放，中国的政治家们在制定国内经济政策之时，需要考虑众多国际因素。只要中国坚持严格的管理汇率制，财政政策就尤其重要。③ 国际金融市场如何影响中国国内经济政策？换句话说，在本国经济与世界货币和金融体系紧密联系在一起的同时，政府该如何保持其经济政策的自主性？这些问题事关过去，也事关今天。研究战前决策者们设计的解决方案，不仅仅是基于一项历史的兴趣，而且也有可能在某种程度上契合
于今天的经济情势。 240

① 伊藤隆敏："中国人民元改革と東アジア"，《日本経済新聞》，2005 年 7 月 29 日。

② 朗博(Thomas Rumbaugh)，布兰奇(Nicolas Blancher)："国际贸易与加入 WTO 的挑战"，见普拉萨德编：《中国的增长与国际经济一体化：前景与挑战》，页 5。

③ 普拉萨德，朗博："概述"；费德里诺(Annalisa Fedelino)，辛格(Raju Jan Singh)："中期财政挑战"，均见普拉萨德编：《中国的增长与国际经济一体化：前景与挑战》，页 3；页 29—35。

参考文献

Primary Sources

Caizhengbu dang'an 财政部档案. Chinese Second Historical Archives (Zhongguo dier lishi dang'an guan), Nanjing.

Chang, Kia-ngau (Zhang Jiaao 张嘉璈, Zhang Gongquan 张公权). "Reminiscences of Chang Chia-ao." Rare Book and Manuscript Library, Columbia University, New York.

Chen, K. P. (Chen Guangfu 陈光甫). Papers. Rare Book and Manuscript Library, Columbia University, New York.

——. "Reminiscences of Ch'en Kuang-fu." Rare Book and Manuscript Library, Columbia University, New York.

Dasheng fangzhi gongsi dang'an 大生纺织公司档案. Nantong Municipal Archives, Nantong, PRC.

Gaimushō kiroku 外务省记录. (Records of the Ministry of Foreign Affairs) A. 2. 1. 0. C6. Tokyo.

Gaimushō kiroku 外务省记录. (Records of the Ministry of Foreign Affairs) E. 1. 4. 0. 2 - 3. Tokyo.

HSBC Group Archives, London.

Jiaotong yinhang dang'an 交通银行档案. Chinese Second Historical Archives (Zhongguo dier lishi dang'an guan), Nanjing.

Leith-Ross, Frederick. Papers. National Archives, London.

Shanghai shi mianfangzhi gongye tongyehui dang'an 上海市棉纺织工业同业会档案. Shanghai Municipal Archives, Shanghai.

Shanghai shi saosi gongye tongyehui dang'an 上海市缫丝工业同业会档案.

Shanghai Municipal Archives, Shanghai.

Shanghai shi yinhang tongyehui dang'an 上海市银行同业会档案. Shanghai Municipal Archives, Shanghai.

Shenxin fangzhi zongguanlichu dang'an 申新纺织总管理处档案. Shanghai Municipal Archives, Shanghai.

Shiyebu dang'an 实业部档案. Chinese Second Historical Archives (Zhongguo dier lishi dang'an guan), Nanjing.

Young, Arthur. Papers. Hoover Institution on War, Revolution, and Peace, Stanford University, Stanford, California.

Zhongguo yinhang dang'an 中国银行档案. Chinese Second Historical Archives (Zhongguo diet lishi dang'an guan), Nanjing.

Secondary Sources

Akita, Shigeru, and Nicholas White, eds. *The International Order of Asia in the 1930s and 1950s* (London: Ashgate, 2010).

Amano Motonosuke 天野元之助. *Chūgoku nōgyo keizairon* 中國農業経済論 (The Chinese agricultural economy). Tokyo: Gihōdo, 1948. Reprinted—Tokyo: Ryūkei shosha, 1978.

Austin, Gareth, and Kaoru Sugihara, eds. *Local Suppliers of Credit in the Third World, 1750 - 1960*. New York: St. Martin's Press, 1993.

Bell, Lynda. "From Comprador to County Magnate: Bourgeois Practice in the Wuxi County Silk Industry." In *Chinese Local Elites and Patterns of Dominance*, ed. Joseph Esherick and Mary Backus Rankin, pp. 113 - 39. Berkeley: University of California Press, 1990.

——. *One Industry, Two Chinas: Silk Filatures and Peasant-Family Production in Wuxi County, 1865 - 1937*. Stanford: Stanford University Press, 1999.

Bennō Saiichi 弁纳才一. "Chūgoku ni okeru shōgyō ginkō no tai nōgyō tōshi, 1931 - 1936" 中国に於ける商業銀行の対農業投資 (Rural investment by commercial banks in China, 1931 - 1936). *Ajia keizai* アジア経済 35, no. 3 (Mar. 1994): 43 - 56.

——. *Kachū nōson keizai to kindaika: Kindai Chūgoku nōson keizaishi zō no sai kōchiku e no kokoromi* 華中農村経済の近代化:近代中國農村経済史像の再構築への試み (Modernization and the rural economy of central China: A preliminary reconsideration of the modern Chinese rural economy). Tokyo: Kyūko shoin, 2004.

Bergère, Marie-Claire. *The Golden Age of the Chinese Bourgeoisie, 1911 - 1937*. Cambridge, Eng.: Cambridge University Press, 1986.

Bernstein, Jeffrey. "Japanese Capitalism." In *Creating Modern Capitalism*, ed. Thomas McCraw, pp. 439 - 89. Cambridge, MA: Harvard University Press, 1997.

Blum, John. *From the Morgenthau Diaries: Years of Crisis, 1928 - 1938*. Boston: Houghton Mifflin, 1959.

Boomgaard, Peter, and Ian Brown, eds. *Weathering the Storm: The Economies of Southeast Asia in the 1930s Depression*. Leiden: KITLV, 2000.

Booth, Anne. "The Causes of South East Asia's Economic Crisis: A Sceptical Review of the Debate." *Asian Pacific Business Review* 8 (2001): 19 - 48.

Borg, Dorothy. *The United States and the Far Eastern Crisis of 1933 - 1998: From the Manchurian Incident Through the Initial Stage of the Undeclared Sino-Japanese War*. Cambridge, MA: Harvard University Press, 1964.

Bose, Sugata. *Agrarian Bengal: Economy, Social Structure, and Politics, 1919 - 1947*. Cambridge, Eng.: Cambridge University Press, 1986.

Botticelli, Peter. "British Capitalism and the Three Industrial Revolutions." In *Creating Modern Capitalism*, ed. Thomas McCraw, pp. 49 - 93. Cambridge, MA: Harvard University Press, 1997.

Brandt, Loren. *Commercialization and Agricultural Development: Central and Eastern China, 1870 - 1937*. Cambridge, Eng.: Cambridge University Press, 1989.

Brandt, Loren, and Thomas J. Sargent. "Interpreting New Evidence About China and U. S. Silver Purchases." *Working Papers in Economics* E - 87 - 3. Stanford: Hoover Institution, Stanford University, 1987.

Bratter, Herbert. *The Silver Market*. Washington, DC: Government Printing Office, 1932.

Brown, Ian, ed. *The Economies of Africa and Asia in the Inter-War Depression*. London, Routledge, 1989.

Buck, John Lossing. *Land Utilization in China*. Chicago: University of Chicago Press, 1937.

——. *Land Utilization in China: Statistics*. Chicago: University of Chicago Press, 1937.

Buckley, Graeme. "Financing the Jua Kali Sector in Kenya." In *Finance Against Poverty*, ed. David Hulme and Paul Mosley, 2: 1 - 31. London: Routledge, 1996.

Bush, Richard. "Industry and Politics in Kuomintang China: The Nationalist Regime and Lower Yangtze Chinese Cotton Mill Owners, 1927 - 1937." Ph. D. diss., Columbia University, 1978.

Cai Binxian 蔡斌咸. "Xian jieduan Zhongguo nongcun jinrong konghuang de jiantao" 现阶段中国农村金融恐慌的检讨 (An investigation into the current crisis of the Chinese rural economy). *Xin Zhonghua* 新中华 3, no. 13 (July 1935): 83 - 89.

Cao Xingsui 曹幸穗. *Jiu Zhongguo Su'nan nongjia jingji yanjiu* 旧中国苏南农家经济研究 (A study of the traditional farm household economy in the Su'nan area). Beijing: Zhongyang bianyi chubanshe, 1996.

Chang, John K. *Industrial Development in Pre-Communist China*. Edinburgh: Edinburgh University Press, 1969.

Chang, Kia-ngau (Zhang Gongquan 张公权). *The Inflationary Spiral: The Experience in China, 1939 - 1950*. New York: John Wiley & Sons, 1958.

——. "Naidi yu Shanghai" 内地与上海 (Shanghai and the interior). *YHZB* 18, no. 14 (Apr. 1934): 13 - 15.

——. "Zhongguo jingji muqian zhi bingtai ji jinhou zhi zhiliao" 中国经济目前之病态及今后之治疗 (The present maladies of the Chinese economy and remedies for them). *ZHYK* 5, no. 3 (Sept. 1932): 1 - 9.

Chao Gang 赵冈 and Chen Zhongyi 陈锺毅. *Zhongguo mianye shi* 中国棉业史 (History of the Chinese cotton industry). Taipei: Lianjing chuban, 1977.

Chao, Kang. *The Development of Cotton Textile Production in China*. Cambridge, MA: Harvard University Press, 1977.

Chen Ciyu 陈慈玉. *Jindai Zhongguo de jixie saosi gongye, 1860 - 1945* 近代中国的机械缫丝工业, 1860 - 1945 (The silk industry of modern China, 1860 - 1945). Taipei: Institute of Modern History, Academia

Sinica, 1989.

Chen Chunsheng 陈春生. "Woguo nongcun jingji bengkui zhi weiji ji jiuji zhi fang'an" 我国农村经济崩溃之危机及救济之方案 (The collapse of the rural economy and methods for its rehabilitation). *SYYB* 12, no. 10 (Oct. 1932): 1–3.

Chen Guangfu 陈光甫. "Zenyang dakai Zhongguo jingji de chulu: you Shanghai de jinrong xianzhuang jiangdao Zhongguo de jingji chulu" 怎样打开中国经济的出路:由上海的金融现状讲到中国的经济出路 (How to find a way out for the Chinese economy: discussing a breakthrough for the Chinese economy from the standpoint of the current situation in the Shanghai financial market). *Xin Zhonghua* 新中华 1, no. 1 (Jan. 1933): 27–30.

Chen Yi 陈一. "Wuxi nongcun zhi xiankuang" 无锡农村之现况 (A survey of rural villages in Wuxi). *NHYK* 2, no. 4 (Apr. 1935): 31–34.

Chen, Yixin. "The Guomindang's Approach to Rural Socioeconomic Problems: China's Rural Cooperative Movement, 1918–1949." Ph. D. diss., Washington University, 1995.

Chen Zhen 陈真, ed. *Zhongguo jindai gongyeshi ziliao disiji: Zhongguo gongye de tedian, ziben, jiegou he gongye zhong gehangye gaikuang* 中国近代工业史资料第四辑:中国工业的特点,资本,结构和工业中各行业概况 (Materials on the history of modern Chinese industrialization, fourth series: features, capital, and structures of Chinese industries and the state of various industrial enterprises). Beijing: Sanlian shudian, 1961.

Chen Zhengping 陈争平. *1895–1936 nian Zhongguo guoji shouzhi yanjiu* 1895–1936 年中国国际收支研究 (A study of China's international balance of payments from 1895 to 1936). Beijing: Zhongguo shehui kexue chubanshe, 1996.

Cheng, Linsun. *Banking in Modern China: Entrepreneurs, Professional Managers, and the Development of Chinese Banks, 1897–1937*. Cambridge, Eng.: Cambridge University Press, 2003.

Cheng, Yu-Kwei. *Foreign Trade and Industrial Development of China*. Washington, DC: University Press of Washington, D. C., 1956.

Chinese Maritime Customs. *Foreign Trade of China, 1929*. Shanghai: Inspector General of Customs, 1929.

——. *The Trade of China, 1932, 1933*. Shanghai: Inspector General of Customs, 1933, 1934.

Chu Tingru 褚挺如. "Dongtai nongcun jingji gaikuang" 东台农村经济概况 (Survey of rural villages in Dongdai). *NHYK* 2, no. 10 (Oct. 1935): 27 - 29.

Coble, Parks. *Facing Japan: Chinese Politics and Japanese Imperialism, 1931 - 1937*. Cambridge, MA: Harvard University, Council on East Asian Studies, 1991.

——. *The Shanghai Capitalists and the Nationalist Government, 1927 - 1937*, 2d ed. Cambridge, MA: Harvard University, Council on East Asian Studies, 1986.

Cochran, Sherman. *Encountering Chinese Networks: Western, Japanese, and Chinese Corporations in China, 1880 - 1937*. Berkeley: University of California Press, 2000.

Cohen, Benjamin. *The Geography of Money*. Ithaca, NY: Cornell University Press, 1998.

Committee for the Study of Silver Values and Commodity Prices. *Silver and Prices in China*. Shanghai: Commercial Press, 1935.

Cooper, Richard N. "Living with Global Imbalances: A Contrarian View." *Policy Briefs in International Economics*, no. PB05 - 3 (Institute of International Economics, Nov. 2005): 1 - 10.

Dasheng xitong qiyeshi bianxiezu 大生系统企业史编写组, ed. *Dasheng xitong qiyeshi* 大生系统企业史 (A history of the Dasheng corporations). Nanjing: Jiangsu guji chubanshe, 1990.

Ding Changxian 丁昶贤. "Zhongguo jindai jiqi mianfang gongye shebei, ziben, chanliang, chanzhi de tongji he guliang" 中国近代机器棉纺工业设备、资本、产量、产值的统计和估量 (Statistics and estimates of equipment, capital, and output of the mechanized cotton textile industry in modern China). *Zhongguo jindai jingji shi yanjiu ziliao* 中国近代经济史研究资料 6 (Apr. 1987): 82 - 103.

Duara, Prasenjit. *Culture, Power, and the State: Rural North China, 1900 - 1942*. Stanford: Stanford University Press, 1988.

Eastman, Lloyd. *Abortive Revolution: China Under Nationalist Rule, 1927 - 1937*. Cambridge, MA: Harvard University Press, 1974.

Eichengreen, Barry. *Golden Fetters: The Gold Standard and the Great*

Depression, 1919 - 1939. New York: Oxford University Press, 1992.

——. "The Origins and Nature of the Great Slump Revisited." *Economic History Review* 45, no. 2 (May 1992): 213 - 19.

Endicott, Stephen. *Diplomacy and Enterprise: British China Policy, 1933 - 1937*. Manchester, Eng.: Manchester University Press, 1975.

Eng, Robert Y. *Economic Imperialism in China: Silk Production and Exports, 1861 - 1932*. Berkeley: University of California, Institute of East Asian Studies, 1986.

Faure, David. *China and Capitalism: A History of Business Enterprise in Modern China*. Hong Kong: Hong Kong University Press, 2006.

——. *The Rural Economy of Pre-Liberation China: Trade Expansion and Peasant Livelihood in Jiangsu and Guangdong, 1870 - 1937*. Oxford: Oxford University Press, 1989.

Fear, Jeffrey. "German Capitalism." In *Creating Modern Capitalism*, ed. Thomas McCraw, pp. 133 - 82. Cambridge, MA: Harvard University Press, 1997.

Fedelino, Annalisa, and Raju Jan Singh. "Medium-Term Fiscal Challenges." In *China's Growth and Integration into the World Economy: Prospects and Challenges*, ed. Eswar Prasad, pp. 29 - 35. IMF Occasional Paper 232. Washington, DC: International Monetary Fund, 2004.

Feetham, Richard. *Report of the Hon Mr. Justice Feetham to the Shanghai Municipal Council*. Shanghai: North China Daily News, 1931.

Fei, Hsiao-t'ung (Fei Xiaotong 费孝通). *Peasant Life in China: A Field Study of Country Life in the Yangtze Valley*. London: Routledge and Kegan Paul, 1939.

Feng Ziming 冯子明. "Nongcun wenti zhi yanzhong" 农村问题之严重 (Serious rural problems). *YHZB* 16, no. 44 (Nov. 15, 1932): 9 - 11.

Feuerwerker, Albert. *China's Early Industrialization: Sheng Hsuan-huai (1844 - 1916) and Mandarin Enterprise*. Cambridge, MA: Harvard University Press, 1958.

Flynn, Denis O., and Arturo Giráldez. "Arbitrage, China, and World Trade in the Early Modern Period." *Journal of Economic and Social History of the Orient* 38, no. 4 (1995): 429 - 48.

Gao Jingyue 高景岳 and Yan Xuexi 严学熙, eds. *Jindai Wuxi cansiye ziliao xuanji* 近代无锡蚕丝业资料选辑 (Selected materials on the silk industry in modern Wuxi). Nanjing: Jiangsu renmin chubanshe, 1987.

Godley, Andrew, and Duncan Ross, eds. *Banks, Networks, and Small Firm Finance*. London: Frank Cass, 1996.

Grove, Linda. *A Chinese Economic Revolution: Rural Entrepreneurship in the Twentieth Century*. Lanham, MD: Rowman & Littlefield, 2006.

Gu Zhenzhong, 顾振中. "Wuxi nongcun jingji shuailuo zhi xianzhuang" 无锡农村经济衰落之现状 (The state of the declining rural economy in Wuxi). *NHYK* 1, no. 4 (May 1934): 19 - 20.

Guomindang. Zhongyang dangbu. Guomin jingji jihua weiyuanhui 国民党中央党部国民经济计划委员会, ed. *Shinianlai zhi Zhongguo jingji jianshe* 十年来之中国经济建设 (Chinese economic development in the previous decade). N. p., 1936.

Guomin zhengfu. Zhujichu. Tongjiju 国民政府主计处统计局, ed. *Zhonghua minguo tongji tiyao* 中华民国统计提要 (Selected statistics on Nationalist China). Shanghai, 1935. Reprinted——Taipei: Xuehai chubanshe, 1972.

Hamashita Takeshi 濱下武志. "Chūgoku heisei kaikaku to gaikoku ginkō" 中国幣制改革と外国銀行 (China's currency reform and foreign banks). *Gendai Chūgoku* 现代中国 58 (Apr. 1984): 46 - 69.

——. *Chūgoku kindai keizaishi kenkyū: Shinmatsu kaikan zaisei to kaikōjō shijō ken* 中国近代経済史研究:清末海関財政と開港場市場圏 (Modern Chinese economic history: fiscal administration of the Maritime Customs in the late Qing and market areas around open ports). Tokyo: Kyūko shoin, 1989.

Hangshi ziliao, see Zhongguo yinhang zonghang and Zhongguo dier lishi dang'an guan.

Hara Kakuten 原覚天. *Gendai Ajia kenkyū seiritsu shiron: Mantetsu chōsabu, Tōa kenkyūjo, IPR no kenkyū* 現代アジア研究成立史論:満鉄調査部,東亜研究所, IPR の研究 (A preliminary study of the formation of modern Asian studies: the cases of the SMR, Tōa kenkyūjo, and IPR). Tokyo: Keisō shobō, 1984.

Harrison, Henrietta. *The Making of the Republican Citizen: Political Ceremonies and Symbols in China*. Oxford: Oxford University Press,

2000.

Hatano Sumio 波多野澄雄. "Heisei kaikaku e no ugoki to Nihon no tai-Chū seisaku" 幣制改革への動きと日本の対中政策 (Chinese currency reform and Japanese policies toward China). In *Chūgoku no heisei kaikaku to kokusai kankei* 中国の幣制改革と国際関係, ed. Nozawa Yutaka 野澤豊, pp. 265 – 98. Tokyo: Tōkyō daigaku shuppankai, 1981.

Hill, Hal, and J. Thomas Lindblad, eds. "Special Issue—East Asia in Crisis: Perspectives on the 1930s and 1990s." *Australian Economic History Review* 43, no. 2 (July 2003).

Hisashige Fukusaburō 久重福三郎. "Bukka yori mita Shina keizai no ichimen" 物価より見た支那経済の一面 (The Chinese economy seen from its price trends). *Shina kenkyū* 支那研究 36 (Mar. 1935): 105 – 38.

Hong Jiaguan 洪葭管 and Zhang Jifeng 张继风. *Jindai Shanghai jinrong shichang* 近代上海金融市场 (Modern Shanghai financial markets). Shanghai: Shanghai renmin chubanshe, 1989.

Hou Zhean 侯哲葊. "Zhong-Mei mianmai jiekuan yu fuxing nongcun" 中美棉麦借款与复兴农村 (The U. S.-China Cotton-Wheat loan and recovery in rural areas). *Dongfang zazhi* 东方杂志 30, no. 18 (1933): 22 – 26.

Hsiao, Liang-lin. *China's Foreign Trade Statistics, 1864 – 1949*. Cambridge, MA: Harvard University Press, 1974.

Hsueh, Li-min; Chen-kuo Hsu; and Dwight Perkins. *Industrialization and the State: The Changing Role of the Taiwan Government in the Economy, 1945 – 1998*. Cambridge, MA: Harvard Institute for International Development, 2001.

Huang, Philip. *The Peasant Family and Rural Development in the Yangzi Delta, 1350 – 1988*. Stanford: Stanford University Press, 1990.

Huang, Yasheng. *Selling China: Foreign Direct Investment During the Reform Era*. Cambridge, Eng.: Cambridge University Press, 2003.

Iizuka Yasushi 饭塚靖. *Chūgoku kokumin seifu to nōson shakai: nōgyō kinyūgassakusha seisaku no tenkai* 中国国民政府と農村社会:農業金融・合作社政策の展開 (The Chinese Nationalist government and rural society). Tokyo: Kyūko shoin, 2005.

Imura Yukio 井村薫雄. *Shina no kin'yū to tsūka* 支那の金融と通货 (Chinese banking and currency). Shanghai: Shanghai shuppan kyōkai, 1924.

Itō Takatoshi 伊藤隆敏. "Chūgoku jinmingen kaikaku to Higashi Ajia" 中国人民元改革と東アジア (The reform of the *renminbi* and East Asia). *Nihon keizai shinbun* 日本経済新聞, July 29, 2005, p. 33.

Iwata Kikuo 岩田规久男. *Shōwa kyōkō no kenkyū* 昭和恐慌の研究 (A study of the Shōwa depression). Tokyo: Tōyō keizai shinpōsha, 2004.

James, Harold. *The End of Globalization: Lessons from the Great Depression*. Cambridge, MA: Harvard University Press, 2001.

Jiangsu sheng nongmin yinhang 江苏省农民银行. *Diernian zhi Jiangsu sheng nongmin yinhang* 第二年之江苏省农民银行 (The second year of the Jiangsu Farmers' Bank). Zhenjiang: Jiangsu sheng nongmin yinhang conghang, 1930.

——. *Disannian zhi Jiangsu sheng nongmin yinhang* 第三年之江苏农民银行 (The third year of the Jiangsu Farmers' Bank). Zhenjiang: Jiangsu sheng nongmin yinhang conghang, 1931.

——. *Ershisi nian yewu baogao* 二十四年业务报告 (Business report for 1931). N. p., n. d.

——. *Jiangsu sheng nongmin yinhang di 2 ci yewu huiyi huibian* 江苏省农民银行第二次业务会议汇编 (The second business meeting of the Jiangsu Farmers' Bank). N. p., Mar. 1930.

——. *Jiangsu sheng nongmin yinhang di 3 ci yewu huiyi huibian* 江苏省农民银行第三次业务会议汇编 (The third business meeting of the Jiangsu Farmers' Bank). N. p., July 1930.

——. *Jiangsu sheng nongmin yinhang di 6 ci yewu huiyi huibian* 江苏省农民银行第六次业务会议汇编 (The sixth business meeting of the Jiangsu Farmers' Bank). N. p., July 1932.

——. *Jiangsu sheng nongmin yinhang di 7 ci yewu huiyi huibian* 江苏省农民银行第七次业务会议汇编 (The seventh business meeting of the Jiangsu Farmers' Bank). N. p., Sept. 1932.

——. *Jiangsu sheng nongmin yinhang di 8 ci yewu huiyi huibian* 江苏省农民银行第八次业务会议汇编 (The eighth business meeting of the Jiangsu Farmers' Bank). N. p., July 1933.

Jiangsu sheng shiyeting. Disanke 江苏省实业厅第三科. *Jiangsu fangzhiye zhuangkuang* 江苏纺织业状况 (The state of the cotton-spinning industry in Jiangsu province). Nanjing, 1919.

Kagotani Naoto 篭谷直人. *Ajia kokusai tsūshō chitsujo to kindai Nihon* アジア国際通商秩序と近代日本 (The international order of trade in Asia and modern Japan). Nagoya: Nagoya daigaku shuppankai, 2000.

Kan Shiyu 関志雄. *En to gen kara miru Ajia tsūka kiki* 円と元から見るアジア通貨危機 (The Asian monetary crisis in terms of the Japanese yen and the Chinese *yuan*). Tokyo: Iwanami shoten, 1998.

Kann, Eduard. "China's Loan Policies." *FC* 28, no. 27 (Dec. 30, 1936): 722 - 24.

——. *The Currencies of China: An Investigation of Silver and Gold Transactions Affecting China*. 2d ed. Shanghai: Kelly and Walsh, 1927.

——. "Economic China: A Review of the Decade 1926 - 1935." 2 pts. *FC* 27, no. 20 (May 13, 1936): 539 - 43; no. 21 (May 20, 1936): 567 - 71.

——. "Financial Notes." 2 pts. *FC* 28, no. 18 (Oct. 30, 1935): 462; 28, no. 26 (Dec. 23, 1936): 689.

——. Review of *The New Monetary System of China: A Personal Interpretation*. *FC* 28, no. 5 (July 29, 1936): 5 - 6.

Kibata Yōichi 木畑洋一. "Leith-Ross shisetsu dan to Ei-Chū kankei" リース・ロス使節団と英中関係 (The Leith-Ross mission and relations between Great Britain and China). In *Chūgoku no heisei kaikaku to kokusai kankei* 中国の幣制改革と国際関係, ed. Nozawa Yutaka 野泽丰, pp. 199 - 232. Tokyo: Tōkyō daigaku shuppankai, 1981.

Kikuchi Kazutaka 菊池一隆. "Koso gassaku jigyō suishin no kōzō to gassakusha: Nankin kokumin seifu, Kōso shō, Kōso nōmin ginkō to kanren sasete" 江蘇合作事業推進の構造と合作社:南京国民政府,江蘇省,江蘇農民銀行と関連させて (Cooperatives and their development in Jiangsu province: in relation to the Nanjing Nationalist government, Jiangsu province, and the Jiangsu Farmers' Bank). In *Chūgoku shi ni okeru kyō to kokka* 中国史における教と国家, ed. Noguchi Tetsurō 野口铁郎, pp. 360 - 404. Tokyo: Yūzankaku, 1994.

Kindleberger, Charles P. *Manias, Panics, and Crashes: A History of Financial Crises*. 4th ed. New York: John Wiley & Sons, 2000.

——. *The World in Depression, 1929 - 1939*. Rev. ed. Berkeley: University of California Press, 1986.

King, Frank H. H. *The History of the Hong Kong and Shanghai Banking Corporation*, vols. 2 and 3. Cambridge, Eng.: Cambridge University Press, 1988.

——. *Money and Monetary Policy in China, 1845 - 1895*. Cambridge, MA: Harvard University Press, 1965.

Kirby, William. "China Unincorporated: Company Law and Business Enterprise in Twentieth-Century China." *Journal of Asian Studies* 54, no. 1 (Feb. 1995): 43 - 63.

——. *Germany and Republican China*. Stanford: Stanford University Press, 1984.

——. "The Internationalization of China: Foreign Relations at Home and Abroad in the Republican Era." *China Quarterly*, no. 150 (June 1997): 433 - 58.

Kishimoto Mio 岸本美绪. *Shindai Chūgoku no bukka to keizai hendō* 清代中国の物価と経済変動 (Chinese prices and economic changes during the Qing dynasty). Tokyo: Kenbun shuppan, 1997.

Kōain. Kachū renrakubu 興亜院華中連絡部. *Chūshi menka no kairyō narabi ni zōsan* 中支綿花の改良並びに増産 (Improvements and increases in raw cotton production in central China.) N. p.: Kōain, Kachū renrakubu, 1940.

Kobayashi Hideo 小林英夫. "Heisei kaikaku o meguru Nihon to Chūgoku" 幣制改革をぬぐる日本と中国 (Sino-Japanese relations and Chinese currency reform). In *Chūgoku no heisei kaikaku to kokusai kankei* 中国の幣制改革と国際関係, ed. Nozawa Yutaka 野泽豊, pp. 233 - 64. Tokyo: Tōkyō daigaku shuppankai, 1981.

Koh, Tsung Fei. "Blocked Dollars and Rigid Exchange Control." *FC* 25, no. 26 (June 26, 1935): 725 - 26.

——. "Silver at Work." 10 pts. *FC* 25, nos. 7 - 16 (Feb. 13—Apr. 17, 1935): 178 - 80, 204 - 6, 237 - 39, 266 - 68, 296 - 98, 326 - 32, 362 - 64, 389 - 91, 418 - 20, 446 - 47.

Köll, Elisabeth. *From Cotton Mill to Business Empire: The Emergence of Regional Enterprises in Modern China*. Cambridge, MA: Harvard University Asia Center, 2003.

Kubo Tōru 久保亨. *Senkan ki Chūgoku "jiritsu e no mosaku": kanzei seisaku to keizai hatten* 戦间期中国「自立への模索」:関税政策と経済発展 (China's search for independence during the interwar period: tariff policies and economic development). Tokyo: Tōkyō daigaku shuppankai, 1999.

——. *Senkan ki Chūgoku no mengyō to kigyō keiei* 戦間期中国の綿業と企業経営 (Chinese cotton industry and business management during the interwar period). Tokyo: Kyūko shoin, 2005.

Kuroda Akinobu 黒田明伸. *Chūka teikoku no kōzō to sekai keizai* 中華帝国の構造と世界経済 (The structure of the Chinese empire). Nagoya: Nagoya daigaku shuppankai, 1994.

Kwei, Chungshu, ed. *The Chinese Year Book, 1936 - 1937*. Shanghai: Chinese Year Book Publications and Co., 1937.

Latham, A. J. H. *The Depression and the Developing World, 1914 - 1939*. London: Croom Helm, 1981.

Leavens, Dickson H. "American Silver Policy and China." *Harvard Business Review* 14 (Autumn 1935): 45 - 58.

——. "A Chart of Silver and Exchange Parities." *Chinese Economic Journal* 3 (Aug. 1928): 394 - 410.

——. *Silver Money*. Bloomington, Ind.: Principia Press, 1939.

Ledgerwood, Joanna. *Microfinance Handbook: An Institutional and Financial Perspective*. Washington, DC: World Bank, 1999.

Lee, Tahirih V. *Chinese Law: Social, Political, Historical, and Economic Perspectives*, vol. 3, *Contract, Guanxi, and Dispute Resolution in China*. New York: Garland Publishing, 1997.

Lewis, A. B., and Lien Wang. "Farm Prices in Wuchin, Kiangsu." *Economic Facts* 2, no. 2 (Oct. 1936): 73 - 91.

Li, Bozhong. *Agricultural Development in Jiangnan, 1620 - 1850*. New York: St. Martin's Press, 1998.

——. *Jiangnan de zaoqi gongye hua, 1550 - 1850* (Early industrialization in Jiangnan, 1550 - 1850). Beijing: Shehui kexue wenxian chubanshe, 2000.

Li Fan 李范. "Wujin xian xiangcun xinyong zhi zhuangkuang ji qi yu diquan yidong zhi guanxi" 武进县乡村信用之状况及其与地权异动之关系 (Survey of rural credits in Wujin and of their relationship with land transactions). In *Minguo ershi niandai Zhongguo dalu tudi wenti ziliao* 民国二十年代中国大陆土地问题资料, *ed.* Xiao Zheng 萧铮, *pp.* 46779 - 970. Zhongguo dizheng yanjiusuo congkan 中国地政研究所丛刊, no. 88. Taipei: Chengwen chubanshe, 1977.

Li, Lillian. *China's Silk Trade: Traditional Industry in the Modern World, 1842 - 1937*. Cambridge, MA: Harvard University Press, 1981.

Li Shuchu 李述初. "Ershisan nian siye zhi huigu" 二十三年丝业之回顾 (A review of the silk industry in 1934). *Shehui jingji yuebao* 社会经济月报 2, no. 1 (Jan. 1935): 57 - 72.

Li Wenhai 李文海. *Zhongguo jindai dazaihuang* 中国近代大灾荒 (Natural disas ters in modern China). Shanghai: Shanghai renmin chubanshe, 1994.

Lieu, D. K. (Liu Dajun 刘大钧). *Shanghai gongyehua yanjiu* 上海工业化研究 (A study of industrialization in Shanghai). Shanghai: Shangwu yinshuguan, 1937.

——. *The Silk Reeling Industry in Shanghai*. Shanghai: n. p., 1931.

Lin Gang 林刚 and Tang Wenqi 唐文起. "1927 - 1937 nian Jiangsu jiqi gongye de tezheng ji qi yunxing gaikuang" 1927 - 1937 年江苏机器工业的特征及其运行概况 (A survey of features and conditions of mechanized industries in Jiangsu province, 1927 - 37). In *Jiangsu sheng gongye diaocha tongji ziliao, 1927 - 1937* 江苏省工业调查统计资料, ed. Nanjing tushuguan, Tecang bu 南京图书馆特藏部, and Jiangsu sheng shehui kexueyuan, Jingjishi ketizu 江苏省社会科学院经济史课题组, pp. 5194 - 648. Nanjing: Nanjing gongye chubanshe, 1987.

Lin, Man-houng. *China Upside Down: Currency, Society, and Ideologies, 1808 - 1856*. Cambridge, MA: Harvard University Asia Center, 2006.

Lin, Wei-ying. *The New Monetary System of China: A Personal Interpretation*. Chicago: University of Chicago Press, 1936.

Lu Guoxiang 陆国香. "Jiangsu dianye zhi shuailuo ji wenti" 江苏典业之衰落及问题. (Problems of the decline of pawnshops in Jiangsu). *NHYK* 3, no. 6 (1936): 41 - 56.

Lu Hui 陆辉. "Qunian Zhongguo mianzhiye zhi huigu" 去年中国棉织业之

回顾 (Review of the Chinese cotton industry in the previous year). *GSBY* 6, no. 8 (Apr. 15, 1934): 1 - 50.

Luo Zhiru 罗志如. *Tongiibiao zhong de Shanghai* 统计表中的上海 (Shanghai as seen in its statistics). Nanjing: Guoli zhongyang yanjiuyuan, Shehui kexue yanjiusuo, 1932.

Ma, Debin. "Modern Economic Growth in the Lower Yangzi: A Quantitative and Historical Perspective." Paper Presented at an All-UC Group in Economic History Conference entitled "Convergence and Divergence in Historical Perspective: The Origins of Wealth and Persistence of Poverty in the Modern World," Nov. 2002, University of California, Irvine.

Ma Yinchu 马寅初. "Ruhe shi Shanghai youzi ji waiguo yuzi liuru naidi yiwei fuxing nongcun zhi zhunbei" 如何使上海游资及外国余资流入内地以为复兴农村之准备 (How to make idle foreign funds in Shanghai flow into the interior to revitalize rural villages). *YHZB* 18, no. 29 (July 31, 1934): 1 - 12.

"Mantetsu chōsa kankeisha ni kiku, no. 26" 満鉄調査関係者に聞く (Interviews with SMR researchers). 2 pts. *Ajia keizai* アジア経済 26, no. 12 (Dec. 1985): 46 - 65; 29, no. 6 (June 1988): 68 - 92.

Matsuura Masataka 松浦正孝. "Saikō Nitchū sensō zen'ya: Chūgoku heisei kaikaku to Kodama hō-Chū dan o megutte" 再考日中戦争前夜:中国幣制改革と児玉訪中団をぬぐつて (The eve of Sino-Japan War reconsidered: with special attention to the currency reform and Kodama mission to China). *Kokusai seiji* 国际政治 122 (Sept. 1999): 134 - 50.

McCraw, Thomas. "American Capitalism." In *Creating Modern Capitalism*, ed. idem, pp. 301 - 48. Cambridge, MA: Harvard University Press, 1997.

Minami Manshū tetsudō kabushiki kaisha. Chōsabu 南満洲鉄道株式会社調査部. *Mushaku ni okeru seishigyō* 無錫に於ける製糸業 (The silk-reeling industry in Wuxi). Shanghai: Minami Manshū tetsudō kabushiki kaisha, 1941.

——. *Shanhai ni okeru fudōsan kankō chōsa shiryō sono 1* 上海に於ける不動産慣行調査資料その1 (Materials on real estate practices in Shanghai, vol. 1). Dairen: Minami Manshū tetsudō kabushiki kaisha,

Chōsabu, 1943.

Minami Manshū tetsudō kabushiki kaisha. Shanhai jimusho. Chōsashitu 南満洲鉄道株式会社上海事務所調査室. *Kōso shō Mushaku ken nōson jittai chōsa hōkokusho* 江蘇省無錫県農村実態調査報告書 (Report of the rural investigation in Wuxi, Jiangsu province). Shanghai: Minami Manshū tetsudō kabushiki kaisha, Chōsabu, 1941.

——. *Kōso shō Nantsū ken nōson jittai chōsa hōkokusho* 江蘇省南通県農村実態調査報告書 (Report of the rural investigation in Nantong, Jiangsu province). Shanghai: Minami Manshū tetsudō kabushiki kaisha, Chōsabu, 1941.

——. *Kōso shō Taisō ken nōson jittai chōsa hōkokusho* 江蘇省太倉県農村実態調査報告書 (Report of the rural investigation in Taicang, Jiangsu province). Shanghai: Minami Manshu tetsudō kabushiki kaisha, Chōsabu, 1939.

——. *Shanhai tokubetsu shi Katei ku nōson jittai chōsa hōkokusho* 上海特別市嘉定区農村実態調査報告書 (Report of the rural investigation in Jiading, Shanghai special municipality). Shanghai: Minami Manshū tetsudō kabushiki kaisha, Chōsabu, 1939.

Mitani Taichirō 三谷太一郎. "Kokusai kin'yū shihon to Ajia no sensō: shūmatsuki ni okeru tai-Chū shikoku shakkandan" 国際金融資本とアジアの戦争:終末期に於ける対中四国借款団 (International financial capitals and the war in Asia: the final phase of the Chinese consortium). *Nenpō kindai Nihon kenkyū* 年报近代日本研究 2 (1980): 114 - 58.

Miyashita Tadao 宮下忠雄. *Chūgoku ginkō seido ron* 中国銀行制度論 (A study on the Chinese banking system). Tokyo: Genshōdo, 1941.

——. *Shina kahei seido ron* 支那貨幣制度論 (A study on the Chinese monetary system). Osaka: Hōbunkan, 1943.

Mo Yan 莫湮. "Shanghai jinrong de huigu yu qianzhan" 上海金融恐慌的回顾与前瞻 (Retrospect and prospect of Shanghai finance). *Dongfang zazhi* 东方杂志 32, no. 22 (Nov. 1936): 33 - 43.

Moore, Thomas. *China in the World Market: Chinese Industry and International Sources of Reform in the Post-Mao Era*. Cambridge, Eng.: Cambridge University Press, 2002.

Mori Tokihiko 森时彦. *Chūgoku kindai mengyō shi no kenkyū* 中国近代綿業史の研究 (A study of the modern Chinese cotton industry). Kyoto:

Kyōto daigaku shuppankai, 2001.

Morse, Samuel. *An Inquiry into the Commercial Liabilities and Assets of China*. China, Imperial Maritime Customs, 1904.

Mosley, Paul. "Metamorphosis from NGO to Commercial Bank." In *Finance Against Poverty*, ed. David Hulme and Paul Mosley, 2: 1-31. London: Routledge, 1996.

Mundell, Robert. *International Economics*. New York: Macmillan, 1968.

Nakai Hideki 中井英基. *Chō Ken to Chūgoku kindai kigyō* 張謇と中国近代企業 (Zhang Jian and modern Chinese enterprises). Sapporo: Hokkaidō daigaku tosho kankōkai, 1996.

——. "Chūgoku nōson no zairai men orimonogyō: Shinmatsu Minkokuki o chūshin ni" 中国農村の在来綿織物業:清末民国期を中心に (Rural cloth weaving in China: late Qing to early Republican period). In *Proto kōgyōka-ki no keizai to shakai* プロト工業化期の経済と社会 (Economy and society in the proto-industrialization period), ed. Yasuba Yasukichi 安場保吉 and Saitō Osamu 斎藤修, pp. 125-60. Tokyo: Nihon keizai shinbunsha, 1983.

National Government of the Republic of China. Commission of Financial Experts. *Project of Law for the Gradual Introduction of a Gold-Standard Currency System in China Together with a Report in Support Thereof*. Nanjing, 1929.

National Tariff Commission. *An Annual Report of Shanghai Commodity Prices, 1934 1936*. Shanghai.

——. *A Monthly Report of Shanghai Commodity Prices*. Shanghai.

Naughton, Barry. *Growing out of the Plan: Chinese Economic Reform, 1979-1993*. Cambridge, Eng: Cambridge University Press, 1995.

Nishijima Sadao 西嶋定生. *Chūgoku keizaishi kenkyū* 中国経済史研究 (A study on Chinese economic history). Tokyo: Tōkyō daigaku shuppankai, 1966.

Nōshōmushō 農商務省. *Shinkoku sanshigyō chōsa fukumeisho* 清国蠶糸業調査復命書 (The report of the investigation of the silk-reeling industry in Qing). Tokyo: Nōshōmushō, Nōshōmukyoku, 1899.

Nozawa Yutaka 野澤豊. *Nihon no Chūka minkoku shi kenkyū* 日本の中華民国史研究 (Japanese studies on Republican China). Tokyo: Kyūko shoin, 1995.

Okumura Satoshi 奥村哲. "Kyōkōka Kōnan sanshigyō no saihen" 恐慌下江南蚕糸業の再編（The transformation of the silk-reeling industry during the Depression）. *Tōyōshi kenkyū* 东洋史研究 37, no. 2（1978）. Reprinted in idem, *Chūgoku no shihon shugi to shakai shugi: kingendaishi zō no saikōsei* 中国の資本主義と社会主義:近現代史像の再構成（Capitalism and socialism in China: a reconsideration of modern and contemporary history）, pp. 81 – 118. Tokyo: Sakurai shoten, 2004.

——. "Kyōkōka Kōnan sanshigyō no saihen sairon" 恐慌下江南蚕糸業の再編再論（The transformation of the silk-reeling industry in Jiangnan during the Depression, reconsidered）. *Tōyōshi kenkyū* 東洋史研究 47, no. 4（Mar. 1989）. Reprinted in idem, *Chūgoku no shihon shugi to shakai shugi: kingendaishi zō no saikōsei* 中国の資本主義と社会主義:近現代史像の再構成（Capitalism and socialism in China: a reconsideration of modern and contemporary history）, pp. 141 – 80. Tokyo: Sakurai shoten, 2004.

Ōta Eiichi 太田英一. "Shina no naisai" 支那の内債（Chinese internal loans）. *Shina kenkyu* 支那研究 36（1936）: 219 – 41.

Oyama Masaaki 小山正明. "Shinmatsu Chūgoku ni okeru gaikoku menseihin no ryūnyū" 清末中国に於ける外国綿製品の流入（Imports of foreign cotton piece goods in the late Qing）. 近代中国研究 *Kindai Chūgoku kenkyū* 4（1960）. Reprinted in idem, *Min-Shin shakai keizaishi kenkyū* 明清社会経済史研究（A study on the socioeconomic history of Ming-Qing China）, pp. 435 – 531. Tokyo: Tōkyō daigaku shuppankai, 1992.

Pan, Ming-Te. "Rural Credit in Ming-Qing Jiangnan and the Concept of Peasant Petty Commodity Production." *Journal of Asian Studies* 55, no. 1（Feb. 1996）: 94 – 117.

Pearse, Arno S. *The Cotton Industry of Japan and China*. Manchester, Eng.: Taylor Garnett Evens, 1929.

Perkins, Dwight. *Agricultural Development in China, 1368 – 1968*. Chicago: Aldine, 1969.

——. *Market Control and Planning in Communist China*. Cambridge, MA: Harvard University Press, 1966.

Pomerantz, Kenneth. "Beyond the East-West Binary: Resituating

Development Path in the Eighteenth-Century World." *Journal of Asian Studies* 61, no. 2. (May 2002): 539 - 90.

——. *The Great Divergence: China, Europe, and the Making of the Modern World Economy*. Princeton: Princeton University Press, 2000.

——. *The Making of a Hinterland: State, Society, and Economy in Inland North China, 1853 - 1937*. Berkeley: University of California Press, 1993.

Prasad, Eswar, and Thomas Rumbaugh. "Overview." In *China's Growth and Integration into the World Economy: Prospects and Challenges*, ed. Eswar Prasad, pp. 1 - 4. IMF Occasional Paper 232. Washington, DC: International Monetary Fund, 2004.

Qian Jiaju 千家驹. "Jiuji nongcun pianku yu dushi pengzhang wenti" 救济农村偏枯与都市膨胀问题 (How to rescue the rural distress against the urban expansion). *Xin Zhonghua* 新中华 1, no. 8 (Apr. 1933): 11 - 31.

Quanguo jingji weiyuanhui. Mianye tongzhi weiyuanhui 全国经济委员会棉业统制委员会. *Mianchan gaijin shiye gongzuo zongbaogao di er qi* 棉产改进事业总报告第二期 (The second general report on improvements in rawcotton production). Nanjing: n. p., 1935.

Raeburn, John R., and Fung-ting Ko. "Prices Paid and Received by Farmers in Wuchin, Kiangsu." *Economic Facts* 6, no. 6 (July 1937): 250 - 61.

Rawski, Thomas G. *Economic Growth in Prewar China*. Berkeley: University of California Press, 1989.

Remer, C. F. *Foreign Investment in China*. New York: Macmillan, 1933.

Rothermund, Dietmar. *The Global Impact of the Great Depression, 1929 - 1939*. London: Routledge, 1996.

Rumbaugh, Thomas, and Nicolas Blancher. "International Trade and the Challenges of WTO Accession." In *China's Growth and Integration into the World Economy: Prospects and Challenges*, ed. Eswar Prasad, pp. 5 - 13. IMF Occasional Paper 232. Washington, DC: International Monetary Fund, 2004.

Saidō Masao 西藤雅夫. "Kajin bōseki no keiei ni okeru mondai" 華人紡績の経営に於ける問題 (Some problems in the management of Chinese textile businesses). *Tōa keizai ronsō* 东亚经济论丛 1, no. 4 (Dec. 1941): 154 - 77.

Saitō Takeru 斎藤叫. "Amerika gin seisaku no tenkai to Chūgoku" アメリカ銀政策の展開と中国 (U. S. silver policies and China). In *Chūgoku no heisei kaikaku to kokusai kankei* 中国の幣制改革と国際関係 ed. Nozawa Yutaka 野澤豊, pp. 127 - 64. Tokyo: Tōkyō daigaku shuppankai, 1981.

Sazanami (Shiroyama), Tomoko 佐々波(城山)智子. "Fei Xiaotong's 1957 Critique of Agricultural Collectivization in a Chinese Village." *Papers on Chinese History* 2 (Feb. 1993): 19 - 32.

——. "Senzenki Shanghai sokai chiku ni okeru fudosan fudōsan torihiki to toshi hatten" 戦前期上海租界地区における不動産取引と都市発展 (The trade in real estate and urban development in the prewar Shanghai International Settlement). *Shakai keizai shigaku* 社会経済史学 62, no. 6 (Feb. 1997): 1 - 30.

Shanghai shangye chuxu yinhang 上海商业储蓄银行. *Shanghai zhi mianhua yu mianye* 上海之棉花与棉业 (Raw cotton and the cotton industry in Shanghai). Shanghai: Shanghai shangye chuxu yinhang, 1931.

Shanghai shehui kexue yuan. Jingji yanjiusuo 上海社会科学院经济研究所, ed. *Hengfeng shachang de fasheng fazhan yu gaizao* 恒丰纱厂的发生发展与改造 (The origin, development, and reconstruction of the Hengfeng cottonspinning mill). Shanghai: Shanghai renmin chubanshe, 1958.

——. *Rongjia qiye shiliao* 荣家企业史料 (Materials on the Rong family's businesses). Shanghai: Shanghai renmin chubanshe, 1980.

Shanghai shi mianfangzhi gongye tongye gonghui choubeihui 上海市棉纺织工业同业公会筹备会, ed. *Zhongguo mianfang tongji shiliao* 中国棉纺统计史料 (Statistics on the Chinese cotton-spinning industry). Shanghai: n. p., 1951.

——. "1931 nian zhi haiwai sishi huigu" 1931 年之海外丝市回顾 (The foreign silk markets in 1931). *SYYB* 12, no. 3 (Mar. 1932): 29 - 30.

Sheehan, Brett. *Trust in Troubled Times: Money, Banks, and State-Society Relations in Republican Tianjin*. Cambridge, MA: Harvard University Press, 2003.

Sheng Xianmin 盛宪民. "Yiban chuxu yinhang you zuzhi nongcun fangkuan lianhetuan zhi biyao" 一般储蓄银行有组织农村放款联合团之必要 (The necessity of organizing a group of ordinary savings banks to invest in rural areas). *YHZB* 18, no. 36 (Sept. 18, 1934): 15 - 17.

Shiyebu. Guoji maoyiju 实业部国际贸易局. *Zhongguo shiyezhi: Jiangsu sheng* 中国实业志:江苏省 (Chinese industries: Jiangsu province). Shanghai: Shiyebu, Guoji maoyiju, 1933.

Shou Bai 寿百. "Jingji Jiang Zhe siye wenti" 经济江浙丝业问题 (Problems of the silk industry in Jiangsu and Zhejiang). *SYYB* 12, no. 4 (Apr. 1932): 1 - 3.

Skinner, G. William. "Regional Urbanization in Nineteenth-Century China." In *The City in Late Imperial China*, ed. G. William Skinner, pp. 211 - 52. Stanford: Stanford University Press, 1977.

Smith, Kerry. *A Time of Crisis: Japan, the Great Depression, and Rural Revitalization*. Cambridge, MA: Harvard University Asia Center, 2001.

SMRC, *see* Minami Manshū tetsudō kabushiki kaisha.

Soda Saburō 曽田三郎. *Chūgoku kindai seishigyō no kenkyū* 中国近代製糸業の研究 (A study on the modern Chinese silk-reeling industry). Tokyo: Kyūko shoyin, 1994.

Strauss, Julia. *Strong Institutions in Weak Polities: State Building in Republican China, 1927 - 1940*. Oxford: Clarendon Press, 1998.

Strickland, C. F. *The Co-operative Movement in China: Report on Observations Made During a Trip to China, 1934 - 1935*. Nanjing: Sino-British Cultural Association, 1936.

Su Nongfei 苏农非. "Jiangsu nongcun yu dushi jian zhi xin jinrongwang" 江苏农村与都市间之新金融 (New financial circulation between villages and cities in Jiangsu). *Zhongguo jingji* 中国经济 4, no. 7 (July 15, 1936): 51 - 59.

Sugihara Kaoru 杉原薫. *Ajia kan bōeki no keisei to kōzō* アジア間貿易の形成と構造 (Formation and structure of intra-Asian trade). Kyoto: Minereba shobō, 1996.

Takamura Naosuke 高村直助. *Kindai Nihon mengyō to Chūgoku* 近代日本绵业と中国 (The modern Japanese cotton industry and China). Tokyo: Tōkyō daigaku shuppankai, 1982.

Takita Kenji 滝田賢二. "Roosevelt seiken to Bei-Chū kyōtei" ルーズベルト政権と米中協定 (The Roosevelt administration and the U. S.-China agreement). In *Chūgoku no heisei kaikaku to kokusai kankei* 中国の幣制改革と国際関係, ed. Nozawa Yutaka 野澤豊, pp. 165 - 98. Tokyo: Tōkyō daigaku shuppankai, 1981.

Tamagna, Frank. *Banking and Finance in China*. New York: Institute of Pacific Relations, 1942.

Tanaka Masatoshi 田中正俊. *Chūgoku kindai keizaishi kenkyū josetsu* 中国近代経済史研究序説 (Introduction to modern Chinese economic history). Tokyo: Tōkyō daigaku shuppankai, 1973.

Tang Keke 汤可可. "Dasheng shachang de zichan he lirun fenpei: Zhongguo jindai qiyeshi jiliang fenxi ruogan wenti de tantao" 大生纱厂的资产和利润分配:中国近代企业史计量分析若干问题的探讨 (Distribution of the assets and profits of Dasheng cotton-spinning mill: A preliminary inquiry into the qualitative analysis of modern Chinese businesses). Paper presented at the second conference on ZhangJian, Nanjing University, Aug. 1995.

Tang Youren 唐有壬. "Zhongguo jingji bingtai de zhenduan" 中国经济病态的诊断 (An analysis of the maladies of the Chinese economy). *ZHYK* 5, no. 6 (Dec. 1932): 1 - 4.

Tawney, R. H. *Land and Labour in China*. London: Allen & Unwin, 1932.

Ting, Leonard. *Recent Developments in China's Cotton Industry*. N. p.: China Institute of Pacific Relations, 1936.

Tōa kenkyūjo 東亚研究所. *Keizai ni kansuru Shina kankō chōsa hōkokusho: Shina sanshigyō ni okeru torihiki kankō* 経済に関する支那調査報告書:支那蚕糸業に於ける取引慣行 (Report on Chinese economic customs: customs in the Chinese silk industry). Tokyo: Tōa kenkyūjo, 1941.

——. *Shōji ni kansuru kankō chōsa hōkokusho: gōko no kenkyū* 商事に関する慣行調査報告書:合股の研究 (Report on Chinese commercial customs: A study of *hege*). Tokyo: Tōa kenkyūjo, 1943.

Toda Yoshirō 户田义郎. "Shina bōseki kaisha no keiei ni tsuite" 支那紡績会社の経営について (Management of Chinese textile businesses). *Shina kenkyu* 支那研究 36 (Mar. 1935): 203 - 40.

Tomizawa Yoshia 富沢芳亚. "Ginkō dan sekkan ki no Taisei daiichi bōshoku kōshi: kindai Chūgoku ni okeru kin'yū shihon no bōshoku kigyō dairi kanri o megutte" 銀行団接管期の大生第一紡織公司:近代中国における金融資本の紡織企業代理管理をぬぐつて (Dasheng cotton-spinning and-weaving company under the control of creditor banks: financial capital's management of textile businesses in modern China). *Shigaku kenkyū* 史学研究 204 (1994): 67 - 94.

Tsuchiya Keizō 土屋计左右. *Chūka minkoku no kokusai taishaku* 中華民国の国際貸借 (The balance of payments of Republican China). Tokyo: N. p., 1932.

Ueno Hiroya 上野裕也. *Senkan ki no sanshigyō to bōsekigyō* 戦間期の蚕糸業と紡績業 (The silk-reeling and the cotton-spinning industries during the interwar period). Tokyo: Nihon keizai shinbunsha, 1994.

U. S. Department of State. *Foreign Relations of the United States: Diplomatic Papers, 1933 - 1934*. Vol. 3. Washington, DC: Government Printing Office, 1949.

——. *Foreign Relations of the United States: Diplomatic Papers, 1935*. Vol. 3. Washington, DC: Government Printing Office, 1953.

van der Eng, Pierre. "The Silver Standard and Asia's Integration into the World Economy, 1850 - 1914." *Working Papers in Economic History* 175. Australia National University, Aug. 1993.

von Glahn, Richard. *Fountain of Fortune: Money and Monetary Policy in China, 1000 - 1700*. Berkeley: University of California Press, 1996.

Wagel, Srinivas R. *Chinese Currency and Banking*. Shanghai: North-China Daily News & Herald, 1915.

——. *Finance in China*. Shanghai: North-China Daily News & Herald, 1914.

Walker, Kathy Le Mons. *Chinese Modernity and the Peasant Path: Semicolonialism in the Northern Yangzi Delta*. Stanford: Stanford University Press, 1999.

Wang Shuhuai 王树槐. "Jiangsu sheng de tianjia, 1912 - 1937" 江苏省的田价, 1912 - 1937 (Farmland prices in Jiangsu, 1912 - 37). In *Jindai Zhongguo nongcun jingjishi lunwenji* 近代中国农村经济史论文集, ed. Zhongyang yanjiuyuan, Jindaishi yanjiusuo 中央研究院近代史研究所, 161 - 221. Nan'gang: Zhongyang yanjiuyuan, Jindaishi yanjiusuo,

1989.

Wang Tianyu 王天予. "Wuxi Beixia de nongcun jingji" 无锡北夏的农村经济 (The rural economy of Beixia village in Wuxi). *NHYK* 2, no. 11 (Nov. 1935): 15 - 31.

Wang Weiyin 王维骃. "Jiuji nongcun ying tiaoji nongcun jinrong zhi shangque" 救济农村应调剂农村金融之商榷 (Strategies to regulate rural credits for rehabilitating villages). *YHZB* 18, no. 22 (June 12, 1934): 1 - 5.

Wang Wenjun 王文钧. "Shangye yinhang zai nongcun zhong zhi dongtai" 商业银行在农村中之动态 (Commercial banks' activities in rural areas). *YHZB* 19, no. 48 (Dec. 10, 1935): 21 - 29.

Wang Xi 汪熙. *Qiusuoji* 求索集. Shanghai: Shanghai renmin chubanshe, 1999.

Wang Yeh-Chien (Wang Yejian) 王业键. "Secular Trends of Rice Prices in the Yangzi Delta, 1683 - 1935." In *Economics and the Historian*, ed. Thomas Rawski, pp. 35 - 68. Berkeley: University of California Press, 1996.

——. *Zhongguo jindai huobi yu yinhang de yanjin* 中国近代货币与银行的演进 (Development of currencies and banking in modern China). Nangang: Zhongyang yanjiuyuan, 1981.

Wang Yuru 王玉茹. "Kindai Chūgoku no toshi ni okeru oroshiuri bukka hendō to keizai seichō" 近代中国の都市に於ける卸売り物価変動と経済成長 (Wholesale price fluctuations and urban economic development in modern China). *Kagoshima kokusai daigaku chiiki sōgō kenkyū* 鹿儿岛国际大学地域综合研究 31, no. 2 (Mar. 2004): 17 - 29.

Wang Zhenzhong 王镇中 and Wang Zijian 王子健. *Qisheng Huashang shachang diaocha baogao* 七省华商纱厂调查报告 (Reports of investigation on Chinese cotton mills in seven provinces). Shanghai: Shangwu yinshuguan, 1935.

Wong, R. Bin. *China Transformed: Historical Change and the Limits of European Experience*. Ithaca, NY: Cornell University Press, 1997.

——. "Chinese Economic History and Development: A Note on the MyersHuang Exchange." *Journal of Asian Studies* 51, no. 3 (Aug. 1992): 600 - 611.

——. "The Development of China's Peasant Economy: A New Formulation of an Old Problem." *Peasant Studies* 18, no. 1 (1990): 5 - 26.

——. "The Search for European Differences and Domination in the Early Modern World: A View from Asia." *American Historical Review* 107, no. 2 (Apr. 2002): 447 - 69.

World Bank. *East Asia: The Road to Recovery*. Washington, DC: World Bank, 1998.

Wright, Tim. "Coping with the World Depression: The Nationalist Government's Relations with Chinese Industry and Commerce, 1932 - 1936." *Modern Asian Studies* 25, no. 4 (Oct. 1991): 649 - 74.

——. "Distant Thunder: The Regional Economies of Southwest China and the Impact of the Great Depression." *Modern Asian Studies* 34, no. 3 (July 2000): 697 - 738.

Wu Jingyan 吴经砚. "Shanghai shangye chuxu yinhang lishi gaishu" 上海商业储蓄银行历史概述 (A short history of the Shanghai Commercial and Savings Bank). In *Chen Guangfu yu Shanghai yinhang* 陈光甫与上海银行, ed. Jindai Zhongguo gongshang jingji congshu bianweihui 近代中国工商经济丛书编委会, pp. 1 - 44. Beijing: Zhongguo wenshi chubanshe, 1991.

Xu Dixin 许涤新 and Wu Chengming 吴承明, eds. *Zhongguo zibenzhuyi fazhanshi* 中国资本主义发展史 (The development of Chinese capitalsm), vol. 2. Beijing: Renmin chubanshe, 1990.

Xu Hongkui 徐洪奎. "Yixing xian xiangcun xinyong zhi gaikuang ji qi yu diquan yidong zhi guanxi" 宜兴县乡村信用之概况 (A survey of credit in Yixing and of its relationship with land transactions). *Minguo ershi niandai Zhongguo dalu tudi wenti ziliao* 民国二十年代中国大陆土地问题资料, ed. Xiao Zheng 萧铮, pp. 46327 - 550. Zhongguo dizheng yanjiusuo congkan 中国地政研究所丛刊, no. 88. Taibei: Chengwen chubanshe, 1977.

Xu Weiyong 许维雍 and Huang Hanming 黄汉民. *Rongjia qiye fazhan shi* 荣家企业发展史 (The development of the Rong family's businesses). Beijing: Renmin chubanshe, 1985.

Xu Xinwu 徐新吾, ed. *Jiangnan tubu shi* 江南土布史 (History of domestic cotton cloth in Jiangnan). Shanghai: Shanghai shehui kexue yuan chubanshe, 1992.

——. *Zhongguo jindai saosi gongyeshi* 中国近代缫丝工业史 (History of

modern sericulture in China). Shanghai: Shanghai renmin chubanshe, 1990.

Xu Youchun 徐友春, ed. *Minguo renwu dacidian* 民国人物大辞典 (Encyclopedia of eminent people in Republican China). Shijiazhuang: Hebei renmin chubanshe, 1991.

Yah Esheng 严谔声. *Shanghai shangshi guanli* 上海商事惯例 (Shanghai business customs). Shanghai: Xinsheng tongxunshe chubanbu, 1933.

Yan Ge 严格. "Zhongguo nongcun jinrong liutong fangshi de yantao" 中国农村金融流通方式的研讨 (An investigation into the liquidity of Chinese rural credit). *NHYK* 2, no. 10 (Oct. 1935): 9 - 15.

Yan Zhongping 严中平. *Zhongguo mianfangzhi shigao* 中国棉纺织史稿 (A history of the Chinese cotton industry). Beijing: Kexue chubanshe, 1963.

Yang, Lien-sheng. *Money and Credit in China: A Short History*. Cambridge, MA: Harvard University Press, 1952.

Yang, Sueh-Chang. "China's Depression and Subsequent Recovery, 1931 - 1936: An Inquiry into the Applicability of the Modern Income-Determination Theory." Ph. D. diss., Harvard University, 1950.

Yang, W. Y. "Index Numbers of Farm Prices in Chung Hwa Men, Nanking" and "Index Numbers of Farm Prices in Suhsien, Anhwei." *University of Nanking Indexes Bulletin*, n. s. 54 (Jan. 1941): 262 - 73, 283 - 91.

Yang Yinpu 杨荫溥. "Zhongguo dushi jinrong yu nongcun jinrong" 中国都市金融与农村金融 (Chinese urban banking and rural banking). *Xin Zhonghua* 新中华 1, no. 8 (Apr. 1933): 1 - 31.

——. *Zhongguo jinrong lun* 中国金融论 (Remarks on Chinese banking). Shanghai: Liming shuju, 1936.

Yao Qingsan 姚庆三. "Duiwai maoyi yu woguo nongcun jingji" 对外贸易与我国农村经济 (Trade and our rural economy). *Shehui jingji yuekan* 社会经济月刊 1, no. 9 (Sept. 1934): 75 - 85.

Ye Yuanding 叶元鼎 and Gu Henian 顾鹤年. "Ershi nianlai zhi mianye" 二十年来之棉业 (Cotton industry in the past twenty years). *GSBY* 2, no. 1 (Jan. 1, 1931): 1 - 40.

Young, Arthur. *China's Nation-Building Effort, 1927 - 1937: The Financial and Economic Record*. Stanford: Hoover Institution Press,

1971.

Zanasi, Margherita. *Saving the Nation: Economic Modernity in Republican China*. Chicago: University of Chicago Press, 2006.

Zelin, Madeleine. "The Fu-Rong Salt-Yard Merchant." In *Chinese Local Elites and Patterns of Dominance*, ed. Joseph Esherick and Mary Backus Rankin, pp. 85 - 115. Berkeley: University of California Press, 1990.

——. *The Merchants of Zigong: Industrial Entrepreneurship in Early Modern China*. New York: Columbia University Press, 2005.

Zhang Diken 张迪恳. "Sichang zulinzhi yuanyin chutan" 丝厂租赁制原因初探 (Preliminary investigation of the causes for filature rental system). *Zhongguo shehui kexue yuan Jingji yanjiusuo jikan* 中国社会科学院经济研究所季刊 10 (June 1988): 224 - 51.

Zhang Lüluan 张履鸾. *Jiangsu Wujin wujia zhi yanjiu* 江苏武进物价之研究 (A study of prices in Wujin, Jiangsu province). Nanjing: Jinling daxue, 1933.

Zhang Naiqi 章乃器. "Fazhan nongye jinrong yi gonggu jingji jichu yi" 发展农业金融以巩固经济基础议 (Development of agricultural credit for the strong foundation of the economy). *YHZB* 16, no. 21 (June 1932).

Zhang Xinyi 张心一. "Gesheng nongye gaikuang guji baogao" 各省农业概况估计报告 (A report of general estimates of agriculture in each province). *Tongji yuebao* 统计月报 2, no. 7 (July 1930): 23 - 51.

Zhang Youyi 章有义, ed. *Zhongguo nongyeshi ziliao* 中国农业史资料 (Materials on the history of Chinese agriculture). Beijing: Sanlian shudian, 1957.

Zhang Zhongli 张仲礼, ed. *Jindai Shanghai chengshi yanjiu* 近代上海城市研究 (A study on modern Shanghai city). Shanghai: Shanghai renmin chubanshe, 1990.

Zhao Guohong 赵国鸿. "Yinhang daikuan nongcun yingyou zhi zhuyi ji qi zeren wenti" 银行贷款农村应有之注意及其责任问题 (Cautions for bank loans to rural areas and the problem of credit). *NHYK* 1, no. 8 (Dec. 1934): 1 - 2.

Zhao Wenlin 赵文林 and Xie Shujun 谢淑君. *Zhongguo renkou shi* 中国人口史 (A history of Chinese demography). Beijing: Renmin chubanshe, 1988.

Zhao Zongxu 赵宗煦. "Jiangsu sheng nongye jinrong yu diquan yidong zhi guanxi" 江苏省农业金融与地权异动之关系 (Relationships between rural finance and transfers of landownership in Jiangsu province). In *Minguo ershi niandai Zhongguo dalu tudi wenti ziliao* 民国二十年代中国大陆土地问题资料, ed. Xiao Zheng 萧铮, 45717 – 6326. Zhongguo dizheng yanjiusuo congkan 中国地政研究所丛刊, no. 87. Taipei: Chengwen chubanshe, 1977.

Zhejiang xingye yinhang. Diaochachu 浙江兴业银行调查处. "1931 nian zhi haiwai sishi huigu" 1931 年之海外丝市回顾 (Review of foreign silk markets in 1931). *SYYB* 12 no. 3 (Mar. 1931): 29 – 30.

——. "Qunian Shanghai zhongyao shangpin shikuang zhi huigu (3): sishi" 去年上海重要商品市况之回顾(3): 絲市 (The Shanghai markets in important commodities in the previous year [3]: silk). *SYYB* 12, no. 1 (Jan. 1932): 4 – 6.

Zhongguo dier lishi dang'an guan 中国第二历史档案馆, ed. *Minguo dang'an ziliao* 民国档案资料 (Materials from the Nationalist government archives). Series 5, no. 1. Nanjing: Jiangsu guji chubanshe, 1994.

Zhongguo gongchandang. Zhongyang wenxian yanjiushi 中国共产党中央文献研究室, ed. *San zhongquanhui yilai: zhongyao wenxian xuanbian* 三中全会以来:重要文献选编 (Since the Third Plenum of the Central Committee: collection of important documents). Beijing: Renmin chubanshe, 1982.

Zhongguo kexueyuan. Shanghai jingji yanjiusuo 中国科学院上海经济研究所; and Shanghai shehui kexue yuan. Jingji yanjiusuo 上海社会科学院经济研究所, eds. *Shanghai jiefang qianhou wujia ziliao huibian* 上海解放前后物价资料汇编 (Collected materials on Shanghai commodity prices before and after the Liberation). Shanghai: Shanghai renmin chubanshe, 1958.

Zhongguo lianhe zhunbei yinhang 中国联合准备银行. *Zhongguo neiwaizhai xiangbian* 中国内外债详编 (Details about Chinese domestic and foreign bonds). Beijing: Zhongguo lianhe zhunbei yinhang, Diaochashi, 1940.

Zhongguo renmin yinhang. Shanghai shi fenhang 中国人民银行上海市分行, ed. *Shanghai qianzhuang shiliao* 上海钱庄史料 (Materials on Shanghai native banks). Shanghai: Shanghai renmin chubanshe, 1960.

Zhongguo renmin yinhang. Shanghai shi fenhang. Jinrong yanjiusuo 中国人

民银行上海市分行金融研究所，ed. *Jincheng yinhang shiliao* 金城银行史料（Materials on the Jincheng Bank）. Shanghai：Shanghai renmin chubanshe，1983.

——. *Shanghai shangye chuxu yinhang shiliao* 上海商业储蓄银行史料（Materials on the Shanghai Commercial and Savings Bank）. Shanghai：Shanghai renmin chubanshe，1990.

Zhongguo renmin yinhang. Zonghang canshishi 中国人民银行总行参事室，ed. *Zhonghua minguo huobishi ziliao dierji，1927 - 1937* 中华民国货币史资料第二辑，1927 - 1937（Materials on the monetary history of Republican China，second series，1927 - 37）. Shanghai：Shanghai renmin chubanshe，1991.

Zhongguo yinhang. Jingji yanjiushi 中国银行经济研究室. "Ershisan nianfen woguo zhongyao shangpin zhi huigu" 二十年份我国重要商品之回顾（Review of important products of our country in 1934）. *ZHYK* 10，nos. 1 - 2（Jan.-Feb. 1935）：65 - 71.

——. "1933 nian guoji zhongyao shangpin zhi huigu" 1933 年国际重要商品之回顾（Review of important international commodities in 1933）. *ZHYK* 8，nos. 1 - 2（Feb. 1934）：12 - 40.

Zhongguo yinhang zonghang 中国银行总行 and Zhongguo dier lishi dang'an guan 中国第二历史档案馆，eds. *Zhongguo yinhang hangshi ziliao huibian shangbian（1912 - 1940）* 中国银行行史资料汇编 上编（1912 - 1949）（History of the Bank of China，1912 - 49）. Nanjing：Dang'an chubanshe，1990.

Zhongyang yinhang. Jingji yanjiuchu，中央银行经济研究处，ed. *Zhongguo nongye jinrong gaiyao* 中国农业金融概要（A summary of agricultural credits in China）. Shanghai：Shangwu yinshuguan，1936.

Zhu Yingui 朱荫贵. "Kindai Chūgoku ni okeru kabushikisei kigyō no shikin chōtatsu" 近代中国に於ける株式制企業の資金調達（Capital accumulation by stock companies in modern China）*Chūgoku kenkyū geppō* 中国研究月報 59，no. 11（Nov. 2005）：1 - 11.

Zhuo Zunhong 卓遵宏. *Kangzhanqian shinian huobishi ziliao* 抗战前十年货币史资料（Materials on currency history in the decade prior to the Sino-Japanese war）. 3 vols. Taipei：Guoshiguan，1985.

Zweig，David. *Internationalizing China：Domestic Interests and Global Linkages*. Ithaca，NY：Cornell University Press，2002.

Journals

Chenbao 晨报
Dichan yuekan 地产月刊
Finance and Commerce (*FC*)
Gongshang banyuekan (*GSBY*) 工商半月刊
Guoji maoyi daobao 国际贸易道报
Nonghang yuekan (*NHYK*) 农行月刊
Qianye yuebao 钱业月报
Shangye yuebao (*SYYB*) 商业月报
Shehui jingji yuebao 社会经济月报
Shishi xinbao 时事新报
Tongji yuebao 统计月报
Xin Zhonghua 新中华
Yinhang zhoubao (*YHZB*) 银行周报
Zhonghang yuekan (*ZHYK*) 中行月刊
Zhongwai shangye jinrong huibao 中外商业金融汇报

索　引

（按汉语拼音顺序排列，页码参见本书边码；由于中译本将英文版的尾注改为页下注，故索引里带有注释标志 n 的地方的页码已核改为中文版页码，如“1n1”表示中文版第 1 页注释①）

译后记

城山智子教授的《大萧条时期的中国——市场、国家与世界经济(1929—1937)》中文版即将面世,出版社要求按例提供“译者的话”,介绍本书的主旨和成就。这本是我们责无旁贷的事情,但译者均非经济学或经济史专业出身,不敢妄论是书在上述领域的贡献,故只能概述其内容,再结合学术研究谈点读译感想。

如书名所示,本书考察了 20 世纪 30 年代前后的世界经济大萧条对中国的重大影响。经过数十年的工业化与“对外开放”,此时的中国早已以各种方式同整个世界联结在一起,故中国经济也未能免于大萧条的灾难性后果。在诸多可能的传导链条(资本流动、对外贸易等)中,作者发现国际白银价格的波动对中国产生了更为直接而重大的影响,并以此为突破口展开论述。

由于从 19 世纪末开始世界大多数国家都陆续采用金本位制,而中国是世界上屈指可数的使用白银本位货币制度的国家,因此,世界白银市场得以通过一整套机制影响中国经济各部门,乃至最终动摇其货币体系,迫使民国政府最终放弃银本位。

理解这一整套机制的关键在于:对于金本位制国家,白银只是商品,而对于中国,它是通货,同时,国内货币体系和国际白银贸易之间缺乏政府监管的屏障。另一个重要背景则是:从 19 世纪末到 20 世纪 30 年代,由于多数国家采取金本位导致全球白银持续贬值，由此带来的汇率下降和物价微涨促进了中国的出口，继而推动了长江三角洲地区的工业化进程，作者甚至认为这一背景对于中国早期工业化起到了决定性的作用。

正因如此，到1931年后，多数国家因经济危机冲击而放弃金本位并使本国货币贬值以应对危机，仍坚持银本位的中国顿时陷入白银急剧升值随之白银大量外流、国际贸易逆差和国内通货紧缩的境地中，中国城市工业部门和农村农业部门也因而出现严重的危机。

作者以长江中下游地区的棉纺业和缫丝业为例详细解析了工农业部门如何深深嵌入整个中国的经济链条并与世界经济结为一体，以及大萧条的负面效应如何通过上述链条传导到相关部门和地区。简言之，当1929年大萧条开始时，中国纺织行业目标市场的需求已明显下降，但受银价贬值所带来的短期通胀的误导，中国企业家很晚才意识到危机的严重性。到1931年银价回升后，出口导向的工业如缫丝业失去了低汇率时期的比较优势，以国内市场为目标的工业如棉纺业则面临需求萎缩的局面。随着商业的萧条，地方（农村）企业发现很难再从银行（钱庄）取得信贷，金融机构的管理者也开始忧虑建立在抵押物（生产资料、工业产品）上的借贷安全。于是资金从农村地区退出。这一方面使农村地区的工农业生产遭受现金和信贷短缺，另一方面这些资金涌入上海金融市场，大大推高了当地房地产的价格，也扩大了地产信贷。其深重后果则是一方面导致城市和农村之间的资金流通停止，城市—农村信贷关系系统随之崩溃，另一方面使城市金融机构信贷畸形扩张，自身变得非常脆弱。到了1934年，由于持续经年的白银外流，加上美国通过《白银收购法案》的雪上加霜，中国经济出现更为严重的通缩，房地产市场崩溃，大量卷入抵押业务的金融机构严重受损。而此时，世界其他各国正渐渐从大萧条中复苏。

大萧条之于中国的影响远非经济一端，它也深刻地改变了中国内部国家—市场的关系，后者亦正是作者本书关注的另一重要议题。经济萧条和严重的银行危机令国民政府意识到，由于采用银本位制但又无法控制国际上白银的供给和需求，致使中国经济在国际银价波动中显得十分脆弱。终于在 1935 年 11 月 4 日，中国放弃了银本位制，建立中央银行，发行统一货币“法币”。这场币制改革也是大萧条带给中国的另一后果。其意义则远超出经济领域。它意味着中国历史上第一次出现政府掌控货币供应的情况，国民政府在货币和金融体系中的地位被大大提升。

改革币制也许是当时决策者们“最不坏的选择”。在艰难地向美国出售白银获得币制改革的准备金后，政府通过加强金融控制、努力平衡预算以稳定外汇率和保证兑换，凭着对新货币体系小心翼翼的管理，政府取得了改革中国币制的成功，并推动了经济和贸易的复苏。

然而，由于决策者们把币制改革的成功当作首要目标，其机会成本便是牺牲政府治理的自主性。政府既要坚持稳定外汇率这一宗旨，同时又面对国内农村、小工商业和钱庄对政府救济的呼声，由于尚未能把握货币政策与财政政策之间的关系，国民政府面对着两难处境，在经济管理上也表现忽强忽弱。

在本书最后，作者分析指出了币制改革的遗产对大萧条之后中国经济—政治的影响。自 20 世纪 30 年代中期以后，中国与国际货币体系的联系继续影响着国家与市场的关系。国民政府努力维持汇率稳定和货币可兑换性，直到抗日战争爆发、政府内迁四川，此时政府已无法继续保证汇率稳定和实施健全的财政政策。由于缺乏足够多的外汇储备来维持汇率，同时军费开支不断扩大，政府不得不向通胀压力让步，最终未能阻止恶性通货膨胀在中国的蔓延。

如上所述，本书考察了大萧条前后与期间中国政治—经济丰富而复杂的变化。作者关注的核心是国内政策与国际经济的关联（故以“市场、国家与世界经济”为副题）。同时，作者还在书中剖析了关于中国经济的几个主要关系，包括城乡关系、银行与工业企业的关系、政府与市场的关系以及国内经济与世界经济的关系。对这些关系的清理对于我们理解中国近代经济史无疑是十分关键的。更为重要的是，作者将大萧条视为现代中国形成过程的分水岭，为我们理解现代中国历史以及大萧条如何改变现代世界经济提供了一个全新的视角。

作为一本专门的学术著作，本书向我们展示了作者细密而扎实的资料爬梳功底。更有价值的是，作者还通过此书向我们具体演示了如何切入诸如大萧条对中国经济—政治之影响这样宏大的论题并进行严谨而切实的探究。从典型案例的选取、资料的勾稽运用、视野的出入宏通无不体现了一名受过优秀学术训练（这种训练包含理论能力、文献能力、写作能力等诸多能力在内）的现代学者的综合素质。联系到中国人文社会科学学者普遍的学术瓶颈之慨，我们似乎能从本书和作者那里获得论题之外的启示。关键在于我们能否直面真实的差距而不是忽视或者麻木于这种差距。

本书翻译分工如下：导论，唐磊、孟凡礼译；上卷（第1—3章），尚国敏译；下卷（第4—8章）及结论，孟凡礼译。全书由唐磊统校。本次再版，由孟凡礼根据英文版对全书重新校订，更正了初版中的误译和疏漏；补充了初版中省略的参考文献和索引。限于译者水平，本书仍难免舛错，祈请方家指正。

“海外中国研究丛书”书目

1. 中国的现代化　[美]吉尔伯特·罗兹曼 主编　国家社会科学基金“比较现代化”课题组 译　沈宗美 校
2. 寻求富强:严复与西方　[美]本杰明·史华兹 著　叶凤美 译
3. 中国现代思想中的唯科学主义(1900—1950)　[美]郭颖颐 著　雷颐 译
4. 台湾:走向工业化社会　[美]吴元黎 著
5. 中国思想传统的现代诠释　余英时 著
6. 胡适与中国的文艺复兴:中国革命中的自由主义,1917—1937　[美]格里德 著　鲁奇 译
7. 德国思想家论中国　[德]夏瑞春 编　陈爱政 等译
8. 摆脱困境:新儒学与中国政治文化的演进　[美]墨子刻 著　颜世安 高华 黄东兰 译
9. 儒家思想新论:创造性转换的自我　[美]杜维明 著　曹幼华 单丁 译　周文彰 等校
10. 洪业:清朝开国史　[美]魏斐德 著　陈苏镇 薄小莹　包伟民 陈晓燕 牛朴 谭天星 译　阎步克 等校
11. 走向21世纪:中国经济的现状、问题和前景　[美]D. H. 帕金斯 著　陈志标 编译
12. 中国:传统与变革　[美]费正清 赖肖尔 主编　陈仲丹 潘兴明 庞朝阳 译　吴世民 张子清 洪邮生 校
13. 中华帝国的法律　[美]D. 布朗 C. 莫里斯 著　朱勇 译　梁治平 校
14. 梁启超与中国思想的过渡(1890—1907)　[美]张灏 著　崔志海 葛夫平 译
15. 儒教与道教　[德]马克斯·韦伯 著　洪天富 译
16. 中国政治　[美]詹姆斯·R. 汤森 布兰特利·沃马克 著　顾速 董方 译
17. 文化、权力与国家:1900—1942年的华北农村　[美]杜赞奇 著　王福明 译
18. 义和团运动的起源　[美]周锡瑞 著　张俊义 王栋 译
19. 在传统与现代性之间:王韬与晚清革命　[美]柯文 著　雷颐 罗检秋 译
20. 最后的儒家:梁漱溟与中国现代化的两难　[美]艾恺 著　王宗昱 冀建中 译
21. 蒙元入侵前夜的中国日常生活　[法]谢和耐 著　刘东 译
22. 东亚之锋　[美]小R. 霍夫亨兹 K. E. 柯德尔 著　黎鸣 译
23. 中国社会史　[法]谢和耐 著　黄建华 黄迅余 译
24. 从理学到朴学:中华帝国晚期思想与社会变化面面观　[美]艾尔曼 著　赵刚 译
25. 孔子哲学思微　[美]郝大维 安乐哲 著　蒋弋为 李志林 译
26. 北美中国古典文学研究名家十年文选　乐黛云 陈珏 编选
27. 东亚文明:五个阶段的对话　[美]狄百瑞 著　何兆武 何冰 译
28. 五四运动:现代中国的思想革命　[美]周策纵 著　周子平 等译
29. 近代中国与新世界:康有为变法与大同思想研究　[美]萧公权 著　汪荣祖 译
30. 功利主义儒家:陈亮对朱熹的挑战　[美]田浩 著　姜长苏 译
31. 莱布尼兹和儒学　[美]孟德卫 著　张学智 译
32. 佛教征服中国:佛教在中国中古早期的传播与适应　[荷兰]许理和 著　李四龙 裴勇 等译
33. 新政革命与日本:中国,1898—1912　[美]任达 著　李仲贤 译
34. 经学、政治和宗族:中华帝国晚期常州今文学派研究　[美]艾尔曼 著　赵刚 译
35. 中国制度史研究　[美]杨联陞 著　彭刚 程钢 译

36. 汉代农业:早期中国农业经济的形成 [美]许倬云 著 程农 张鸣 译 邓正来 校
37. 转变的中国:历史变迁与欧洲经验的局限 [美]王国斌 著 李伯重 连玲玲 译
38. 欧洲中国古典文学研究名家十年文选 乐黛云 陈珏 龚刚 编选
39. 中国农民经济:河北和山东的农民发展,1890—1949 [美]马若孟 著 史建云 译
40. 汉哲学思维的文化探源 [美]郝大维 安乐哲 著 施忠连 译
41. 近代中国之种族观念 [英]冯客 著 杨立华 译
42. 血路:革命中国中的沈定一(玄庐)传奇 [美]萧邦奇 著 周武彪 译
43. 历史三调:作为事件、经历和神话的义和团 [美]柯文 著 杜继东 译
44. 斯文:唐宋思想的转型 [美]包弼德 著 刘宁 译
45. 宋代江南经济史研究 [日]斯波义信 著 方健 何忠礼 译
46. 一个中国村庄:山东台头 杨懋春 著 张雄 沈炜 秦美珠 译
47. 现实主义的限制:革命时代的中国小说 [美]安敏成 著 姜涛 译
48. 上海罢工:中国工人政治研究 [美]裴宜理 著 刘平 译
49. 中国转向内在:两宋之际的文化转向 [美]刘子健 著 赵冬梅 译
50. 孔子:即凡而圣 [美]赫伯特·芬格莱特 著 彭国翔 张华 译
51. 18 世纪中国的官僚制度与荒政 [法]魏丕信 著 徐建青 译
52. 他山的石头记:宇文所安自选集 [美]宇文所安 著 田晓菲 编译
53. 危险的愉悦:20 世纪上海的娼妓问题与现代性 [美]贺萧 著 韩敏中 盛宁 译
54. 中国食物 [美]尤金·N. 安德森 著 马孆 刘东 译 刘东 审校
55. 大分流:欧洲、中国及现代世界经济的发展 [美]彭慕兰 著 史建云 译
56. 古代中国的思想世界 [美]本杰明·史华兹 著 程钢 译 刘东 校
57. 内闱:宋代的婚姻和妇女生活 [美]伊沛霞 著 胡志宏 译
58. 中国北方村落的社会性别与权力 [加]朱爱岚 著 胡玉坤 译
59. 先贤的民主:杜威、孔子与中国民主之希望 [美]郝大维 安乐哲 著 何刚强 译
60. 向往心灵转化的庄子:内篇分析 [美]爱莲心 著 周炽成 译
61. 中国人的幸福观 [德]鲍吾刚 著 严蓓雯 韩雪临 吴德祖 译
62. 闺塾师:明末清初江南的才女文化 [美]高彦颐 著 李志生 译
63. 缀珍录:十八世纪及其前后的中国妇女 [美]曼素恩 著 定宜庄 颜宜葳 译
64. 革命与历史:中国马克思主义历史学的起源,1919—1937 [美]德里克 著 翁贺凯 译
65. 竞争的话语:明清小说中的正统性、本真性及所生成之意义 [美]艾梅兰 著 罗琳 译
66. 中国妇女与农村发展:云南禄村六十年的变迁 [加]宝森 著 胡玉坤 译
67. 中国近代思维的挫折 [日]岛田虔次 著 甘万萍 译
68. 中国的亚洲内陆边疆 [美]拉铁摩尔 著 唐晓峰 译
69. 为权力祈祷:佛教与晚明中国士绅社会的形成 [加]卜正民 著 张华 译
70. 天潢贵胄:宋代宗室史 [美]贾志扬 著 赵冬梅 译
71. 儒家之道:中国哲学之探讨 [美]倪德卫 著 [美]万白安 编 周炽成 译
72. 都市里的农家女:性别、流动与社会变迁 [澳]杰华 著 吴小英 译
73. 另类的现代性:改革开放时代中国性别化的渴望 [美]罗丽莎 著 黄新 译
74. 近代中国的知识分子与文明 [日]佐藤慎一 著 刘岳兵 译
75. 繁盛之阴:中国医学史中的性(960—1665) [美]费侠莉 著 甄橙 主译 吴朝霞 主校
76. 中国大众宗教 [美]韦思谛 编 陈仲丹 译
77. 中国诗画语言研究 [法]程抱一 著 涂卫群 译
78. 中国的思维世界 [日]沟口雄三 小岛毅 著 孙歌 等译

79. 德国与中华民国 [美]柯伟林 著 陈谦平 陈红民 武菁 申晓云 译 钱乘旦 校
80. 中国近代经济史研究:清末海关财政与通商口岸市场圈 [日]滨下武志 著 高淑娟 孙彬 译
81. 回应革命与改革:皖北李村的社会变迁与延续 韩敏 著 陆益龙 徐新玉 译
82. 中国现代文学与电影中的城市:空间、时间与性别构形 [美]张英进 著 秦立彦 译
83. 现代的诱惑:书写半殖民地中国的现代主义(1917—1937) [美]史书美 著 何恬 译
84. 开放的帝国:1600 年前的中国历史 [美]芮乐伟·韩森 著 梁侃 邹劲风 译
85. 改良与革命:辛亥革命在两湖 [美]周锡瑞 著 杨慎之 译
86. 章学诚的生平与思想 [美]倪德卫 著 杨立华 译
87. 卫生的现代性:中国通商口岸健康与疾病的意义 [美]罗芙芸 著 向磊 译
88. 道与庶道:宋代以来的道教、民间信仰和神灵模式 [美]韩明士 著 皮庆生 译
89. 间谍王:戴笠与中国特工 [美]魏斐德 著 梁禾 译
90. 中国的女性与性相:1949 年以来的性别话语 [英]艾华 著 施施 译
91. 近代中国的犯罪、惩罚与监狱 [荷]冯客 著 徐有威 等译 潘兴明 校
92. 帝国的隐喻:中国民间宗教 [英]王斯福 著 赵旭东 译
93. 王弼《老子注》研究 [德]瓦格纳 著 杨立华 译
94. 寻求正义:1905—1906 年的抵制美货运动 [美]王冠华 著 刘甜甜 译
95. 传统中国日常生活中的协商:中古契约研究 [美]韩森 著 鲁西奇 译
96. 从民族国家拯救历史:民族主义话语与中国现代史研究 [美]杜赞奇 著 王宪明 高继美 李海燕 李点 译
97. 欧几里得在中国:汉译《几何原本》的源流与影响 [荷]安国风 著 纪志刚 郑诚 郑方磊 译
98. 十八世纪中国社会 [美]韩书瑞 罗友枝 著 陈仲丹 译
99. 中国与达尔文 [美]浦嘉珉 著 钟永强 译
100. 私人领域的变形:唐宋诗词中的园林与玩好 [美]杨晓山 著 文韬 译
101. 理解农民中国:社会科学哲学的案例研究 [美]李丹 著 张天虹 张洪云 张胜波 译
102. 山东叛乱:1774 年的王伦起义 [美]韩书瑞 著 刘平 唐雁超 译
103. 毁灭的种子:战争与革命中的国民党中国(1937—1949) [美]易劳逸 著 王建朗 王贤知 贾维 译
104. 缠足:"金莲崇拜"盛极而衰的演变 [美]高彦颐 著 苗延威 译
105. 饕餮之欲:当代中国的食与色 [美]冯珠娣 著 郭乙瑶 马磊 江素侠 译
106. 翻译的传说:中国新女性的形成(1898—1918) 胡缨 著 龙瑜宬 彭珊珊 译
107. 中国的经济革命:20 世纪的乡村工业 [日]顾琳 著 王玉茹 张玮 李进霞 译
108. 礼物、关系学与国家:中国人际关系与主体性建构 杨美惠 著 赵旭东 孙珉 译 张跃宏 译校
109. 朱熹的思维世界 [美]田浩 著
110. 皇帝和祖宗:华南的国家与宗族 [英]科大卫 著 卜永坚 译
111. 明清时代东亚海域的文化交流 [日]松浦章 著 郑洁西 等译
112. 中国美学问题 [美]苏源熙 著 卞东波 译 张强强 朱霞欢 校
113. 清代内河水运史研究 [日]松浦章 著 董科 译
114. 大萧条时期的中国:市场、国家与世界经济 [日]城山智子 著 孟凡礼 尚国敏 译 唐磊 校
115. 美国的中国形象(1931—1949) [美] T. 克里斯托弗·杰斯普森 著 姜智芹 译
116. 技术与性别:晚期帝制中国的权力经纬 [英]白馥兰 著 江湄 邓京力 译

117. 中国善书研究 [日]酒井忠夫 著 刘岳兵 何英莺 孙雪梅 译
118. 千年末世之乱:1813 年八卦教起义 [美]韩书瑞 著 陈仲丹 译
119. 西学东渐与中国事情 [日]增田涉 著 由其民 周启乾 译
120. 六朝精神史研究 [日]吉川忠夫 著 王启发 译
121. 矢志不渝:明清时期的贞女现象 [美]卢苇菁 著 秦立彦 译
122. 明代乡村纠纷与秩序:以徽州文书为中心 [日]中岛乐章 著 郭万平 高飞 译
123. 中华帝国晚期的欲望与小说叙述 [美]黄卫总 著 张蕴爽 译
124. 虎、米、丝、泥:帝制晚期华南的环境与经济 [美]马立博 著 王玉茹 关永强 译
125. 一江黑水:中国未来的环境挑战 [美]易明 著 姜智芹 译
126. 《诗经》原意研究 [日]家井真 著 陆越 译
127. 施剑翘复仇案:民国时期公众同情的兴起与影响 [美]林郁沁 著 陈湘静 译
128. 华北的暴力和恐慌:义和团运动前夕基督教传播和社会冲突 [德]狄德满 著 崔华杰 译
129. 铁泪图:19 世纪中国对于饥馑的文化反应 [美]艾志端 著 曹曦 译
130. 饶家驹安全区:战时上海的难民 [美]阮玛霞 著 白华山 译
131. 危险的边疆:游牧帝国与中国 [美]巴菲尔德 著 袁剑 译
132. 工程国家:民国时期(1927—1937)的淮河治理及国家建设 [美]戴维·艾伦·佩兹 著 姜智芹 译
133. 历史宝筏:过去、西方与中国妇女问题 [美]季家珍 著 杨可 译
134. 姐妹们与陌生人:上海棉纱厂女工,1919—1949 [美]韩起澜 著 韩慈 译
135. 银线:19 世纪的世界与中国 林满红 著 詹庆华 林满红 译
136. 寻求中国民主 [澳]冯兆基 著 刘悦斌 徐硙 译
137. 墨梅 [美]毕嘉珍 著 陆敏珍 译
138. 清代上海沙船航运业史研究 [日]松浦章 著 杨蕾 王亦诤 董科 译
139. 男性特质论:中国的社会与性别 [澳]雷金庆 著 [澳]刘婷 译
140. 重读中国女性生命故事 游鉴明 胡缨 季家珍 主编
141. 跨太平洋位移:20 世纪美国文学中的民族志、翻译和文本间旅行 黄运特 著 陈倩 译
142. 认知诸形式:反思人类精神的统一性与多样性 [英]G. E. R. 劳埃德 著 池志培 译
143. 中国乡村的基督教:1860—1900 江西省的冲突与适应 [美]史维东 著 吴薇 译
144. 假想的"满大人":同情、现代性与中国疼痛 [美]韩瑞 著 袁剑 译
145. 中国的捐纳制度与社会 伍跃 著
146. 文书行政的汉帝国 [日]富谷至 著 刘恒武 孔李波 译
147. 城市里的陌生人:中国流动人口的空间、权力与社会网络的重构 [美]张骊 著 袁长庚 译
148. 性别、政治与民主:近代中国的妇女参政 [澳]李木兰 著 方小平 译
149. 近代日本的中国认识 [日]野村浩一 著 张学锋 译
150. 狮龙共舞:一个英国人笔下的威海卫与中国传统文化 [英]庄士敦 著 刘本森 译 威海市博物馆 郭大松 校
151. 人物、角色与心灵:《牡丹亭》与《桃花扇》中的身份认同 [美]吕立亭 著 白华山 译
152. 中国社会中的宗教与仪式 [美]武雅士 著 彭泽安 邵铁峰 译 郭潇威 校
153. 自贡商人:近代早期中国的企业家 [美]曾小萍 著 董建中 译
154. 大象的退却:一部中国环境史 [英]伊懋可 著 梅雪芹 毛利霞 王玉山 译
155. 明代江南土地制度研究 [日]森正夫 著 伍跃 张学锋 等译 范金民 夏维中 审校
156. 儒学与女性 [美]罗莎莉 著 丁佳伟 曹秀娟 译

157. 行善的艺术:晚明中国的慈善事业(新译本) [美]韩德玲 著 曹晔 译
158. 近代中国的渔业战争和环境变化 [美]穆盛博 著 胡文亮 译
159. 权力关系:宋代中国的家族、地位与国家 [美]柏文莉 著 刘云军 译
160. 权力源自地位:北京大学、知识分子与中国政治文化,1898—1929 [美]魏定熙 著 张蒙 译
161. 工开万物:17 世纪中国的知识与技术 [德]薛凤 著 吴秀杰 白岚玲 译
162. 忠贞不贰:辽代的越境之举 [英]史怀梅 著 曹流 译
163. 内藤湖南:政治与汉学(1866—1934) [美]傅佛果 著 陶德民 何英莺 译
164. 他者中的华人:中国近现代移民史 [美]孔飞力 著 李明欢 译 黄鸣奋 校
165. 古代中国的动物与灵异 [英]胡司德 著 蓝旭 译
166. 两访中国茶乡 [英]罗伯特·福琼 著 敖雪岗 译
167. 缔造选本:《花间集》的文化语境与诗学实践 [美]田安 著 马强才 译
168. 扬州评话探讨 [丹麦]易德波 著 米锋 易德波 译 李今芸 校译
169.《左传》的书写与解读 李惠仪 著 文韬 许明德 译
170. 以竹为生:一个四川手工造纸村的 20 世纪社会史 [德]艾约博 著 韩巍 译 吴秀杰 校
171. 东方之旅:1579—1724 耶稣会传教团在中国 [美]柏理安 著 毛瑞方 译
172. "地域社会"视野下的明清史研究:以江南和福建为中心 [日]森正夫 著 于志嘉 马一虹 黄东兰 阿风 等译
173. 技术、性别、历史:重新审视帝制中国的大转型 [英]白馥兰 著 吴秀杰 白岚玲 译
174. 中国小说戏曲史 [日]狩野直喜 张真 译
175. 历史上的黑暗一页:英国外交文件与英美海军档案中的南京大屠杀 [美]陆束屏 编著/翻译
176. 罗马与中国:比较视野下的古代世界帝国 [奥]沃尔特·施德尔 主编 李平 译
177. 矛与盾的共存:明清时期江西社会研究 [韩]吴金成 著 崔荣根 译 薛戈 校译
178. 唯一的希望:在中国独生子女政策下成年 [美]冯文 著 常姝 译
179. 国之枭雄:曹操传 [澳]张磊夫 著 方笑天 译
180. 汉帝国的日常生活 [英]鲁惟一 著 刘洁 余霄 译
181. 大分流之外:中国和欧洲经济变迁的政治 [美]王国斌 罗森塔尔 著 周琳 译 王国斌 张萌 审校
182. 中正之笔:颜真卿书法与宋代文人政治 [美]倪雅梅 著 杨简茹 译 祝帅 校译
183. 江南三角洲市镇研究 [日]森正夫 编 丁韵 胡婧 等译 范金民 审校
184. 忍辱负重的使命:美国外交官记载的南京大屠杀与劫后的社会状况 [美]陆束屏 编著/翻译
185. 修仙:古代中国的修行与社会记忆 [美]康儒博 著 顾漩 译
186. 烧钱:中国人生活世界中的物质精神 [美]柏桦 著 袁剑 刘玺鸿 译
187. 话语的长城:文化中国历险记 [美]苏源熙 著 盛珂 译
188. 诸葛武侯 [日]内藤湖南 著 张真 译
189. 盟友背信:一战中的中国 [英]吴芳思 克里斯托弗·阿南德尔 著 张宇扬 译
190. 亚里士多德在中国:语言、范畴和翻译 [英]罗伯特·沃迪 著 韩小强 译
191. 马背上的朝廷:巡幸与清朝统治的建构,1680—1785 [美]张勉治 著 董建中 译
192. 申不害:公元前四世纪中国的政治哲学家 [美]顾立雅 著 马腾 译
193. 晋武帝司马炎 [日]福原启郎 著 陆帅 译
194. 唐人如何吟诗:带你走进汉语音韵学 [日]大岛正二 著 柳悦 译

195. 古代中国的宇宙论 [日]浅野裕一 著 吴昊阳 译
196. 中国思想的道家之论:一种哲学解释 [美]陈汉生 著 周景松 谢尔逊 等译 张丰乾 校译
197. 诗歌之力:袁枚女弟子屈秉筠(1767—1810) [加]孟留喜 著 吴夏平 译
198. 中国逻辑的发现 [德]顾有信 著 陈志伟 译
199. 高丽时代宋商往来研究 [韩]李镇汉 著 李廷青 戴琳剑 译 楼正豪 校
200. 中国近世财政史研究 [日]岩井茂树 著 付勇 译 范金民 审校
201. 魏晋政治社会史研究 [日]福原启郎 著 陆帅 刘萃峰 张紫毫 译
202. 宋帝国的危机与维系:信息、领土与人际网络 [比利时]魏希德 著 刘云军 译
203. 中国精英与政治变迁:20世纪初的浙江 [美]萧邦奇 著 徐立望 杨涛羽 译 李齐 校
204. 北京的人力车夫:1920年代的市民与政治 [美]史谦德 著 周书垚 袁剑 译 周育民 校
205. 1901—1909年的门户开放政策:西奥多·罗斯福与中国 [美]格雷戈里·摩尔 著 赵嘉玉 译
206. 清帝国之乱:义和团运动与八国联军之役 [美]明恩溥 著 郭大松 刘本森 译